家國書運

——八千卷樓藏書特展圖録

南京圖書館　編

國家圖書館出版社

圖書在版編目(CIP)數據

家國書運：八千卷樓藏書特展圖録 / 南京圖書館編. —
北京：國家圖書館出版社，2021.1
ISBN 978-7-5013-7015-3

Ⅰ. ①家… Ⅱ. ①南… Ⅲ. ①古籍－圖書目録－中國
Ⅳ. ①Z838

中國版本圖書館CIP數據核字（2020）第116017號

國家圖書館出版社
官方微信

書　　名　家國書運：八千卷樓藏書特展圖録
著　　者　南京圖書館　編
責任編輯　南江濤　潘雲俠
裝幀設計　徐新狀

出版發行　國家圖書館出版社（北京市西城區文津街7號 100034）
（原書目文獻出版社　北京圖書館出版社）
010-66114536 63802249 nlcpress@nlc.cn（郵購）
網　　址　http://www.nlcpress.com
印　　裝　北京金康利印刷有限公司
版次印次　2021年1月第1版　2021年1月第1次印刷

開　　本　889×1194（毫米） 1/16
印　　張　16
書　　號　ISBN 978-7-5013-7015-3
定　　價　298.00圓

編輯委員會

前　言

圖書館是近現代産生的面向社會的公益機構，南京圖書館的前身江南圖書館是中國較早的現代圖書館之一。江南圖書館在民國間能異軍突起，除年代早，更重要的是它整體收藏了清季四大藏書樓之一八千卷樓的藏書。

有清一代，藏書文化興盛，降至同光間，形成了藏書四大家，分别爲常熟鐵琴銅劍樓瞿氏、湖州皕宋樓陸氏、聊城海源閣楊氏、杭州八千卷樓丁氏。皕宋樓書後爲日本岩崎氏購得，今藏静嘉堂文庫。瞿氏之書亦未能完整流傳，收藏相對分散。海源閣書在歷次戰争中多毁，今存者僅是少數。時至今日，較爲完整地藏於中國大陸者惟丁氏八千卷樓舊藏。

丁氏所藏宋元舊槧不及他三家，然"經臚三傳，史備晉唐，亦云難得"，而藏書之富更難有其匹。羅榘爲丁氏《八千卷樓書目》所作序稱，"舉重寫文瀾閣書之底本暨所藏群籍四十萬卷有奇"。清光緒三十三年（1907），丁氏家族經商失敗，八千卷樓第四代主人丁立誠遂將藏書售予江南圖書館，以補虧空。在江南圖書館同仁的保護下，八千卷樓藏書歷經清末劇變、抗日戰争、解放戰争等，雖有戰火侵蝕，然大體仍較完整，較諸歷代藏書毁於兵燹者，可謂幸甚。1952年，當時的江蘇省立國學圖書館（即江南圖書館）併入國立南京圖書館（今南京圖書館），八千卷樓藏書亦一併入藏南圖。所以，南圖今日的古籍收藏，特别是善本古籍的收藏，可以説是建立在江南圖書館藏書之上的，也就是以八千卷樓藏書爲中心的。南圖所藏萬餘部善本古籍中，有丁丙題跋者就有二千二百餘部，蔚爲大觀。

八千卷樓肇於丁國典，至丁申、丁丙兄弟達於極盛，而聲名猶著者即丁丙。丁丙（1832—1899），字嘉魚，號松生、松存。浙江錢塘（今杭州）人。庠生。江蘇補用知縣，同知銜。丁氏蒐集圖書不爲矜夸其富，亦不將之視爲枕中之秘，而是將罕見之本刊刻流布，以嘉惠藝林。其種種志業中尤可彪炳史册者，乃於太平天國戰争間搶救文瀾閣《四庫全書》，且在戰後奮力鈔補，文瀾閣藏書幾復舊觀。而今，江南三閣中僅有文瀾閣能劫後重興，可以説多仰賴丁氏之力。故柳詒徵贊曰："丁氏於文化史上之價值實遠過瞿、楊、陸三大家。"

2019年是八千卷樓主人丁丙逝世120周年，南京圖書館爲此特舉辦紀念展。本圖録即配合此次展覽編纂，分爲"卷起八千""插架琳琅""文瀾再現""嘉惠藝林""盋山公藏"五部分，大體以時間爲綫，收録展覽中展呈的八千卷樓珍藏，描繪百年八千卷樓的風雨歷程，用彰前人藏書之業，思先輩守書之艱，啓後生篤效之志。

南京圖書館歷史文獻部

2019年11月

凡　例

一　本圖録爲配合2019年4月舉辦之“家國書運——八千卷樓藏書特展”而作，其中涉及藏品主要爲南京圖書館所藏，間有上海圖書館、浙江圖書館藏品。

二　本圖録以八千卷樓收藏史爲依據，展品亦以時間綫爲主要排列次序，不依四部分類。

三　本圖録共收八千卷樓舊藏及與之相關的珍貴古籍五十三種及丁氏刻書書版一種。

四　本圖録分五部分編纂，每部分前撰有引言，略述丁氏家族及八千卷樓藏書史，於行文中隱括圖録所收藏品内容。凡收入本圖録之古籍，於首見書名處括注“圖某”，即可見相應編號之圖。

五　本圖録於各書圖版之首幅標明書名、卷數、作者、版本、批校題跋者、藏地等基本著録項。

六　本圖録藏品爲南京圖書館藏者均不注，若爲他館所藏則注明藏於何處。

七　本圖録選擇能反映該書版本特徵及八千卷樓收藏史的書影一至多幅，采用原件拍攝或掃描。

八　本圖録後附丁氏家族譜系及學者論文，以期更全面地展現丁氏家族及八千卷樓在中國藏書史中的價值。

目　録

文瀾再現

嘉惠藝林

盋山公藏

卷起八千

《丁氏家譜》（圖1）載，丁氏祖籍浙江紹興，清軍入關攻陷越中，丁丙五世祖丁天相遂遷家杭州。三傳至丁大容，爲丁丙高祖。大容子軾，軾子國典，即丁丙祖父。丁國典放棄舉業，鋭意經商，逐漸積纍起較爲雄厚的財力，丁氏藏書也由其肇始。丁國典因慕先世丁顗（北宋藏書家）藏書八千卷，於是在杭州梅東里築一小樓，請當時的書法名家梁元穎題名"八千卷樓"。其子丁英，能承父志，往來南北，蒐求圖籍，丁氏藏書日益豐富。再傳至英子丁申、丁丙兄弟，二人更肆力購書，八千卷樓藏書量達三萬册左右，可比肩當時著名的汪氏振綺堂、瞿氏清吟閣、勞氏丹鉛精舍。

丁氏藏書史以太平天國戰争爲界，可分爲兩個時期。關於丁丙前期的藏書活動記載較少，丁立中撰《先考松生府君年譜》云咸豐九年丁丙"廣購書籍"，而丁丙自述購書活動則更早，其跋盧文弨校本《金淵集》（圖2）後曰："咸豐六、七年間流入保祐坊小瑯嬛温鳳庭書肆，索值甚高。余正評值，董杏塍明經聞之亦來觀閲，蓋重盧校耳。"而這樣悠游地購書、藏書生活在太平天國戰争之下化爲烏有。咸豐十一年（1861），太平軍圍攻杭州，城内絶糧。陳季鴻持元刻《説文解字韻譜》至丁家易米，丁氏因重其書，故在斷炊之下仍贈米數溢。未料是年城破，此書與其他八千卷樓藏書同毁於難。丁氏檢視所藏鈔本《説文解字韻譜》（圖3），撰跋憶及當年情事，讀之不禁令人鼻酸。

太平天國戰争是對江南文化的一次重大打擊，八千卷樓藏書同樣未能幸免。《八千卷樓收藏書籍記》云："咸豐十一年十一月二十八日，賊再陷杭州。寒家無長物，惟藏書數十橱傳自祖庭者，悉遭毒厄……特寒家八千卷樓所藏，無一册璧還，易勝惘然。"所存者惟丁國典日夕把玩之《周易本義》（圖4）。胡丹鳳《嘉惠堂藏書目序》云："咸豐辛酉冬，粤寇再陷杭城，竹舟家室遭毁，其與身幸免者僅隱君日夕把玩之《周易本義》一書而已。"在頓失三代藏書的悲痛心情下，一部書的到來讓丁丙喜出望外。同治三年（1864），與丁氏往來密切的書賈周蓮舫至丁家，帶來了一部宋刻本《昌黎先生集》（圖5）。此書是周氏從闕晉軒處爲丁氏購得的，然周氏尚未至杭州，太平軍已破城。因此，周氏不得不携書避難，所幸歷經坎坷，此書終得保全，丁氏感歎如有神靈呵護。

戰爭平息後，丁氏試圖尋找前期藏書的下落，惜未能尋回一部。或是天可憐見，同治十三年（1874），丁氏出北郭求醫，在普濟堂遇張叟，此人將一部乾隆刻本《遠村吟稿》（圖6）送歸丁氏，正是劫前藏書。三萬册前期藏書中，僅此一部於戰後又回到了八千卷樓，然而從八千卷樓被毁，到丁氏重遇此書，整整過了十年。此本今藏浙江圖書館，亦可謂故書藏於故家。

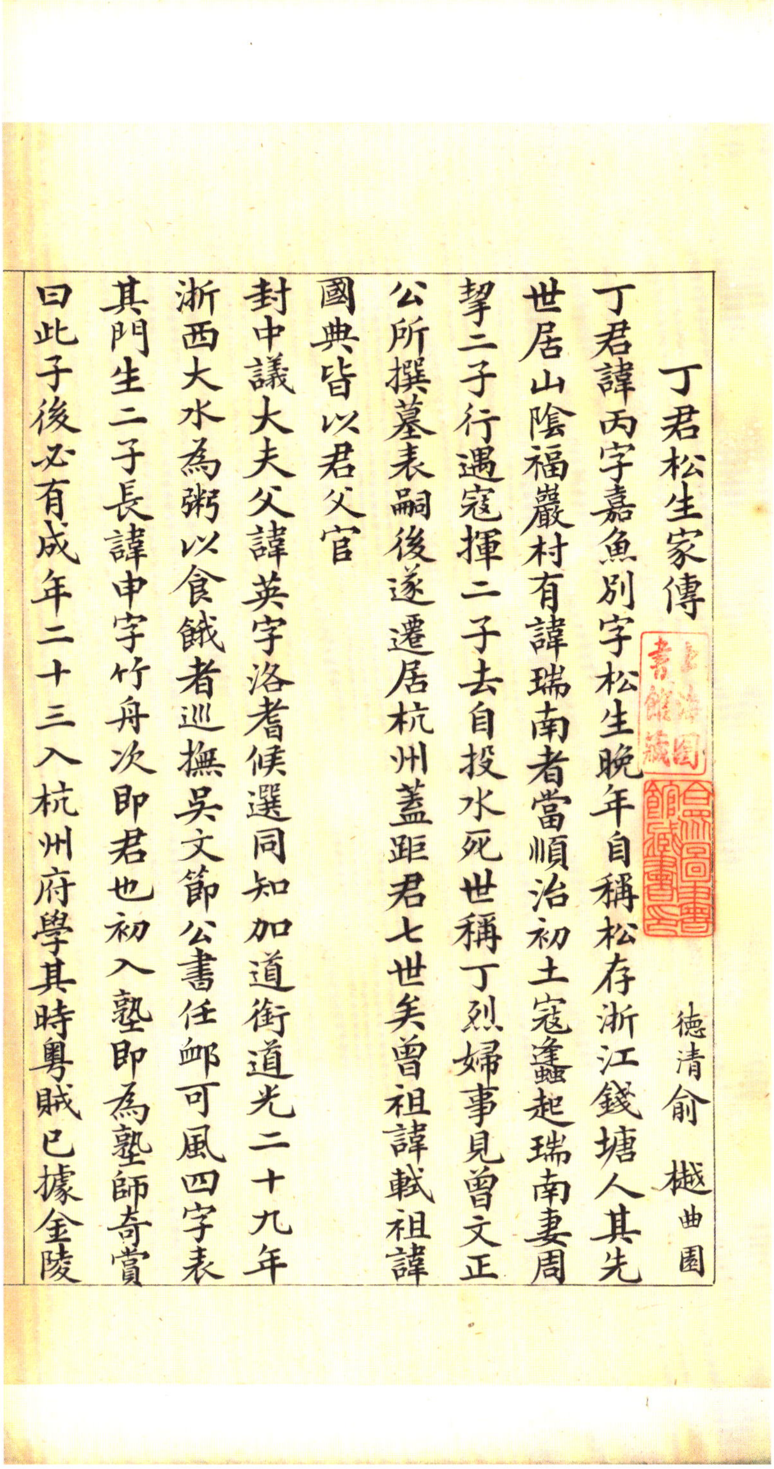

丁君松生家傳

德清俞　樾曲園

丁君諱丙字嘉魚別字松生晚年自稱松存浙江錢塘人其先
世居山陰福巖村有諱瑞南者當順治初土寇蠭起瑞南妻周
挈二子行遇寇揮二子去自投水死世稱丁烈婦事見曾文正
公所撰墓表嗣後遂遷居杭州蓋距君七世矣曾祖諱軾祖諱
國典皆以君父官
封中議大夫父諱英字洛耆候選同知加道銜道光二十九年
浙西大水為粥以食餓者巡撫吴文節公書任邮可風四字表
其門生二子長諱申字竹舟次即君也初入塾即為塾師奇賞
曰此子後必有成年二十三入杭州府學其時粵賊已據金陵

1 丁氏家譜　稿本　上海圖書館藏

十世祖考掌六太府君象

十一世
先考洛耆府君象

二十世
先考竹舟府君象

十二世
先考松生府君象

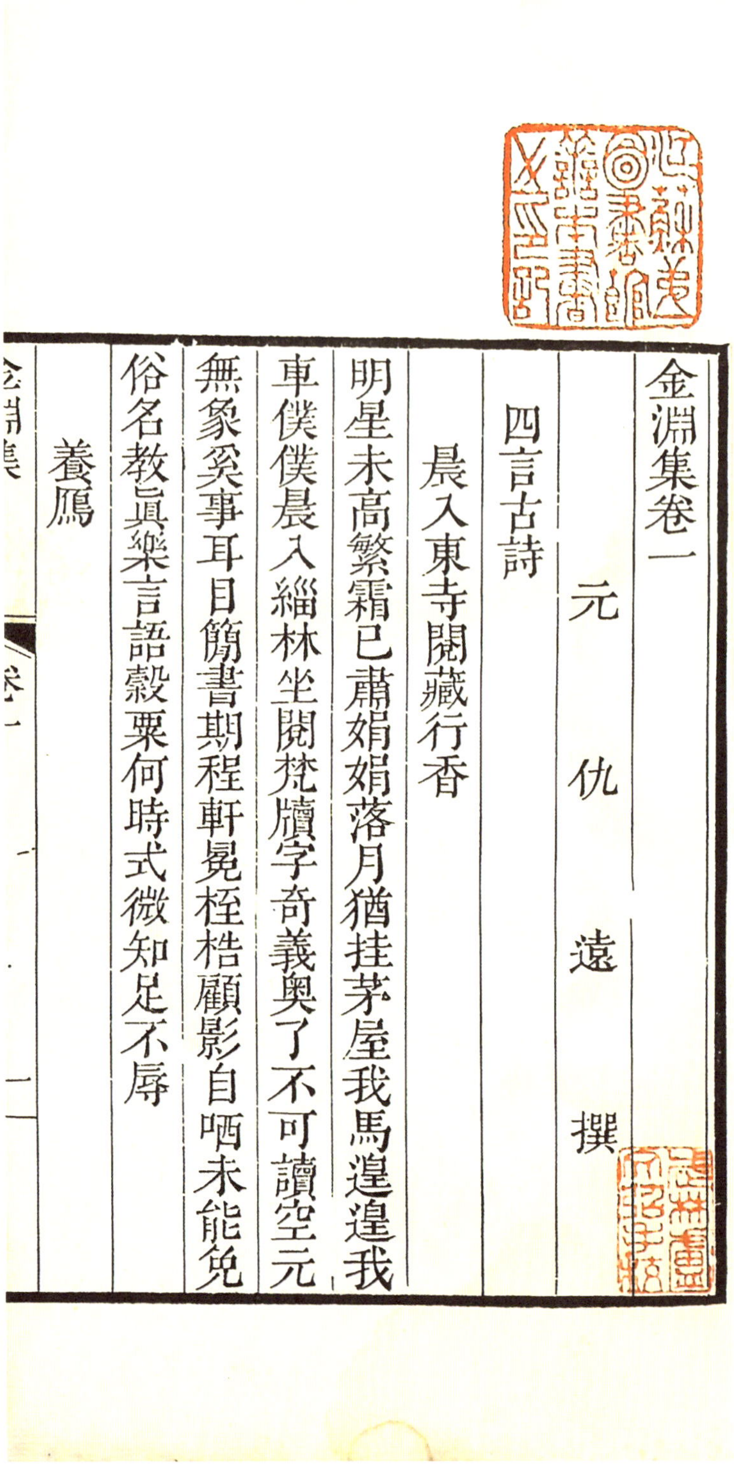
金淵集卷一
元 仇遠 撰
四言古詩
晨入東寺閱藏行香
明星未高繁霜已肅娟娟落月猶挂茅屋我馬遑遑我
車僕僕晨入緇林坐閱梵牘字奇義奧了不可讀空元
無象奚事耳目觔書期程軒冕桎梏顧影自哂未能免
俗名教眞樂言語穀粟何時式微知足不辱
養鴈

2 金淵集六卷　（元）仇遠撰　清乾隆浙江刻武英殿聚珍版書本

清盧文弨校　丁丙跋

深衣脫卻作閒人

乾隆辛丑後五月十九日西湖盧文弨在晉陽三立書
院再看一周令我懷鄉之情益不能過

金淵集卷六

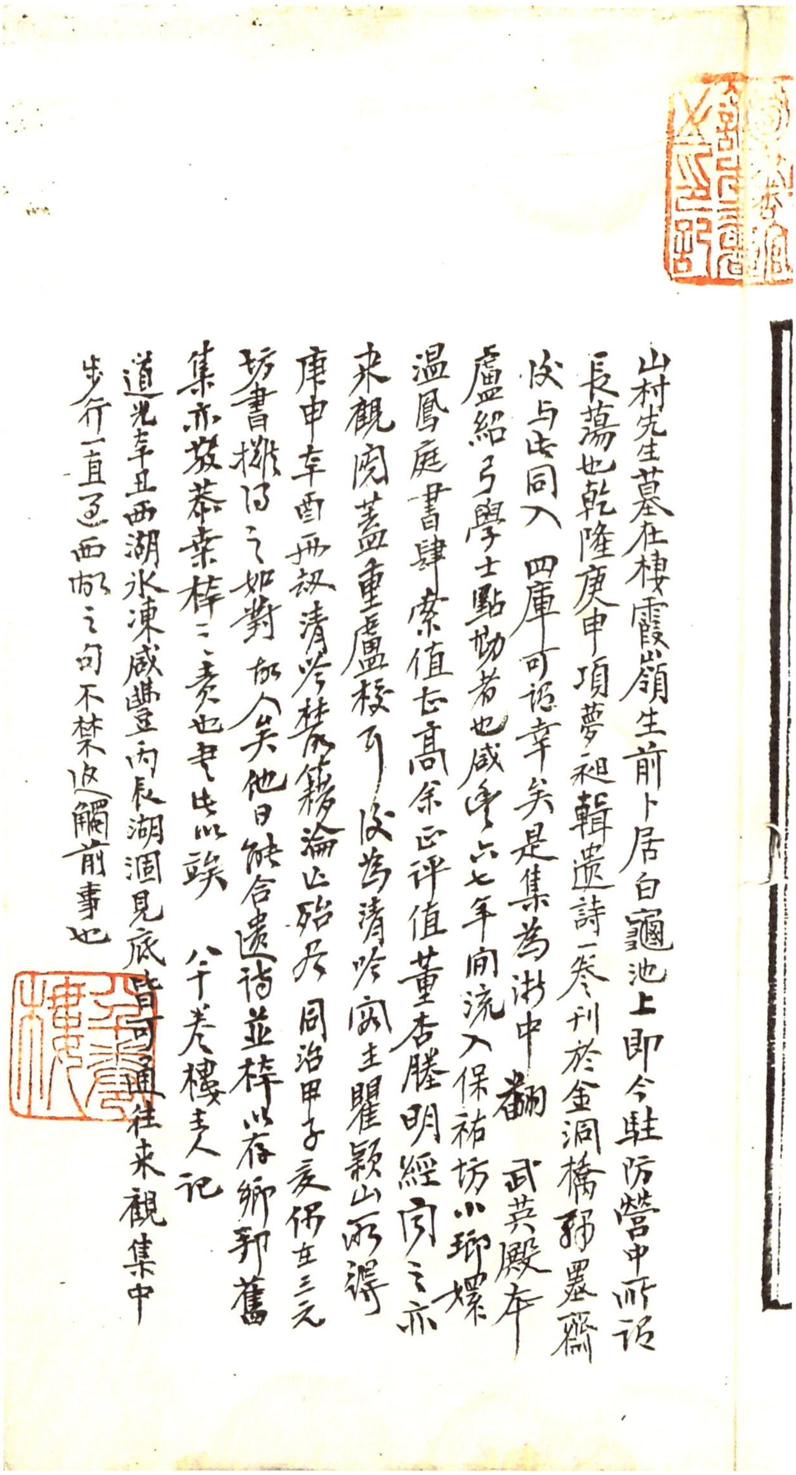
山村先生墓在棲霞嶺生前卜居白龜池上即今駐防營中所謂
長蕩也乾隆庚申項夢昶輯遺詩一卷刊於金洞橋孫墨齋
校与此同入四庫可證幸矣是集為浙中翻 武英殿本
盧紹弓學士點勘者也咸豐六七年向流入保祐坊小琅嬛
溫鳳庭書肆索值甚高余正評值董杏塍明經問之亦
來觀閱蓋重盧校耳後為清吟閣主瞿穎山所得
庚申辛酉兩劫清吟楼藏籍淪亡殆盡同治甲子友侶在三元
坊書攤得之如對故人矣他日能合遺詩並梓以存鄉邦舊
集亦敬恭桑梓之意也書此以俟 八千卷樓主人記
道光辛丑西湖冰凍咸豐丙辰湖涸見底皆可通往來觀集中
步行一直過西湖之句不禁追觸前事也

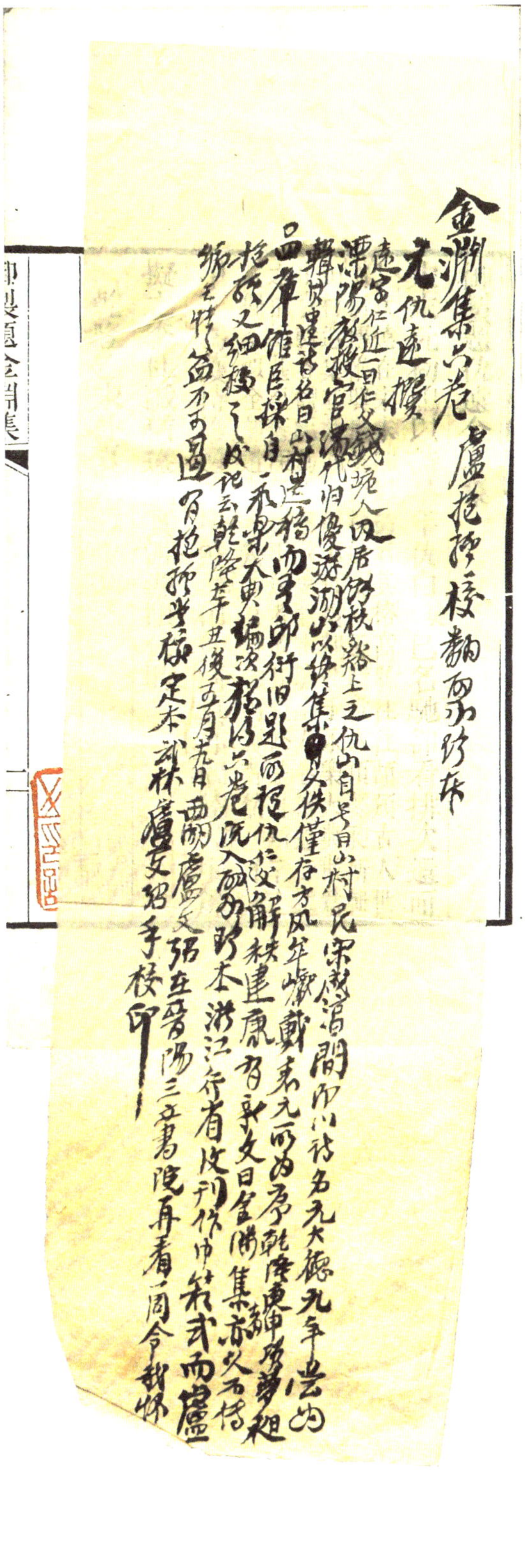

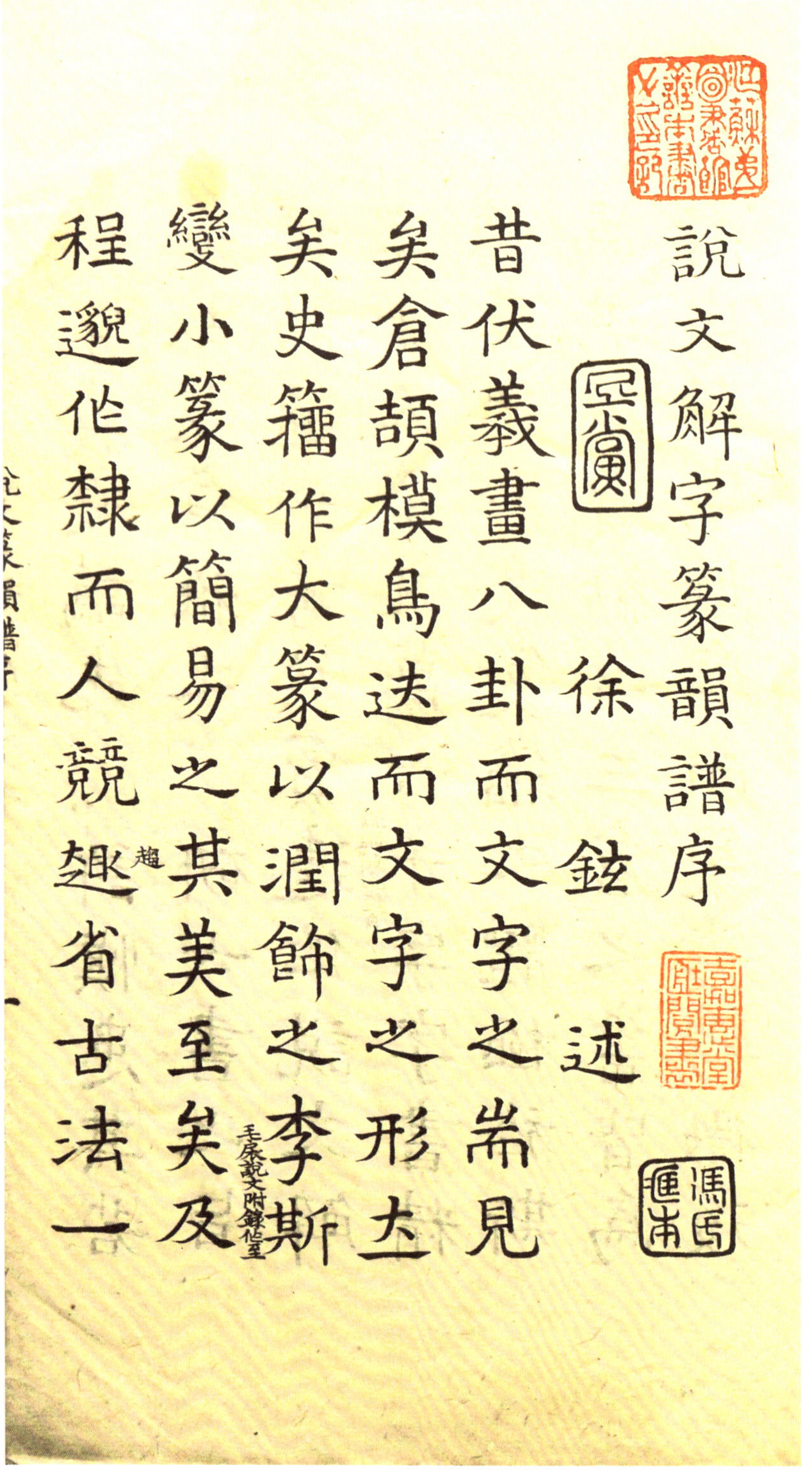
說文解字篆韻譜序
徐鉉述
昔伏羲畫八卦而文字之耑見矣倉頡模鳥迹而文字之形立矣史籀作大篆以潤飾之李斯變小篆以簡易之其美至矣及程邈作隸而人競趣省古法一

3 說文解字韻譜五卷　（南唐）徐鍇撰　清鈔本　清丁丙跋

說文解字韻譜上平聲卷第一

東部一　冬部二　鍾部三

江部四　支部五　脂部六

之部七　微部八　魚部九

虞部十　模部十一　齊部十二

佳部十三　皆部十四　灰部十五

開部十六　眞部十七　諄部十八

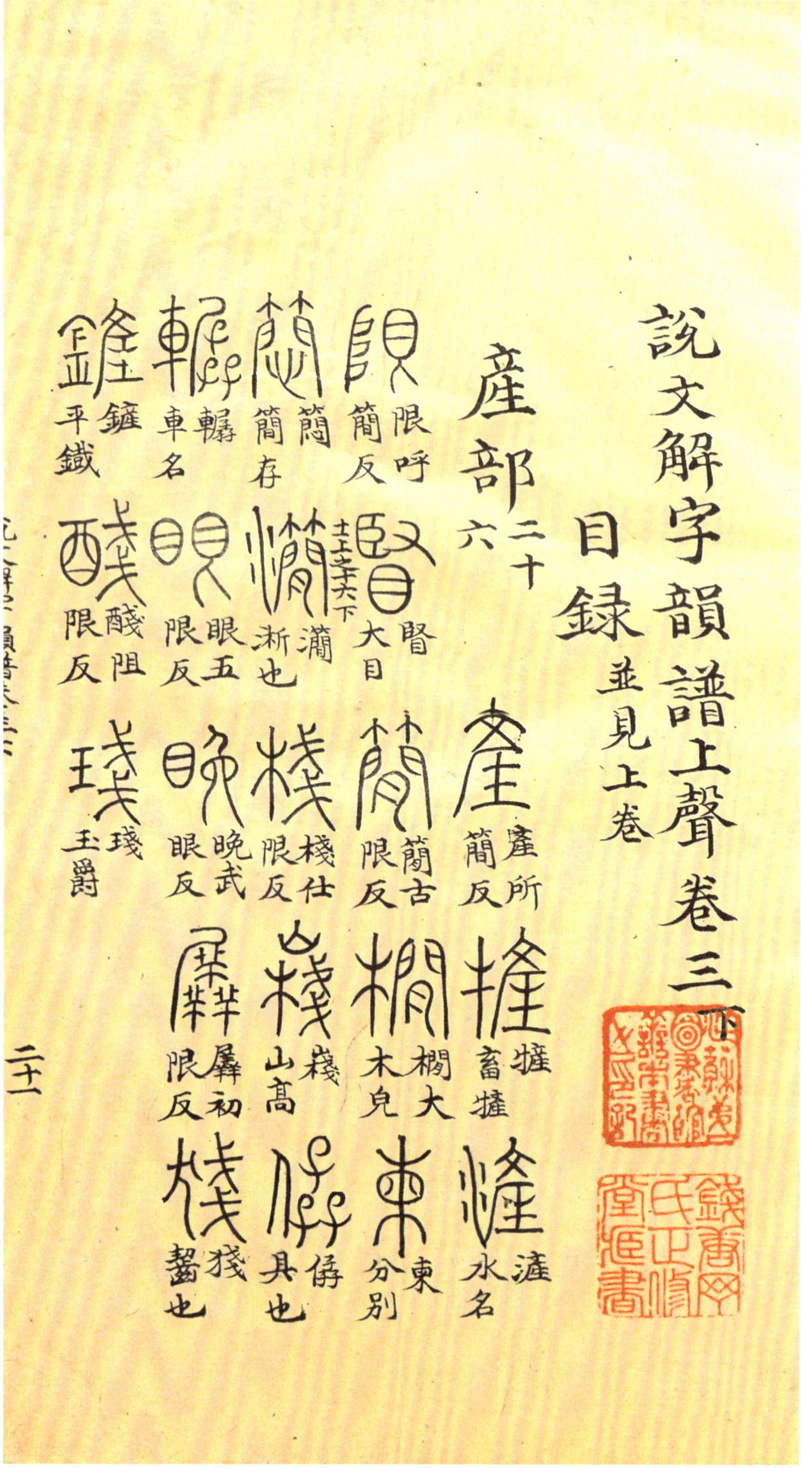

説文解字韻譜上聲卷三下
目録 並見上卷
産部二十六

産 所簡反　㹌 畜㹌　滻 水名

簡 古限反　橺 大木皃　柬 分別

限 呼簡反　瞖 大目　棧 仕限反　巉 山高　僝 具也

簡 簡存　灡 淅也　晚 武眼反　羼 初限反　殘 餟也

轏 車名　眼 五限反

鏟 平鐵　醆 阻限反　琖 玉爵

二十一

說文解字韻譜五卷　舊抄本

右為南唐贈禮部侍郎廣陵徐鍇撰，兄鉉序云：舍弟楚金特善小篆，因命取叔重所記以切韻次之，名曰韻譜，開卷可覩。楚金又集通釋四十篇，考先賢之微言，暢許氏之玄旨，正陽冰之新義，祈流俗之異端，文字之學善矣盡矣。今此書止欲便於檢討，無聊存訓詁，以為別識。按通釋即說文繫傳也，此書有元刊本，為朱彝尊所藏，乾隆癸巳汪啟淑進呈四庫，[illegible]御題[illegible]發還本家收藏，[illegible]咸豐年間十月中旬，粵匪圍杭城，[illegible]時已絕糧，陳李潞表丈為其友黃鳳超持以易米，余家亦[illegible]炊，因事於書[illegible]勉[illegible]米數[illegible]，[illegible]而覓書閱數日，城陷，書室付之浩劫矣。今僅舊抄本，忽觸前事，謹記於此。

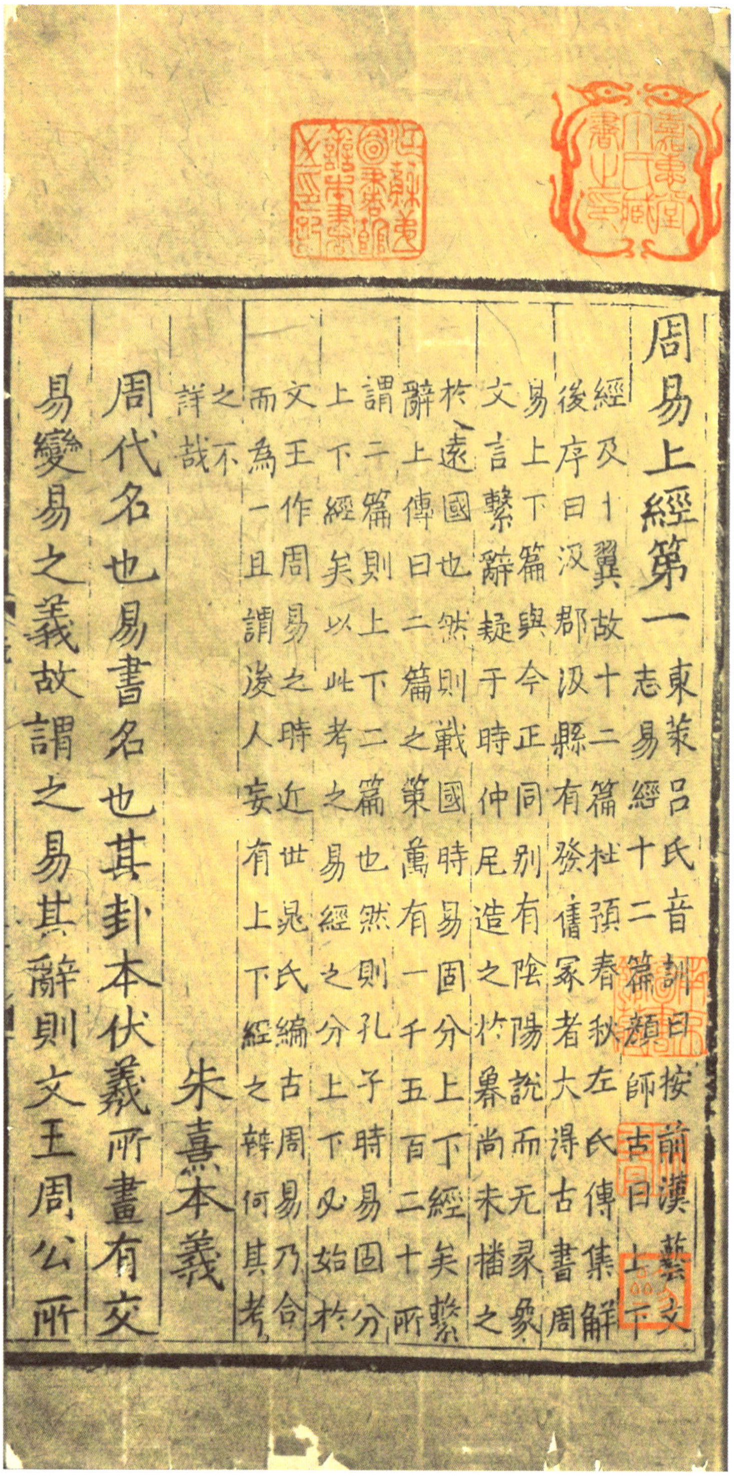

4 周易本義十二卷易圖一卷五贊一卷 （宋）朱熹撰　明刻本

清朱彝尊、顧廣譽、丁丙跋

朱子易本義析爲十二卷以存漢志篇目之舊較之程子易傳依王輔嗣本原不相同惟因臨海董氏楷輯周易傳義附錄一書乃隨合之移易本義次序以就程傳明初頒用以取士故不復分其後習朱子業者專主本義漸置程傳不講於是鄉貢進士吳人成矩殊度署奉化儒學教諭削去程傳乃不復本義原本更正其義則出乎

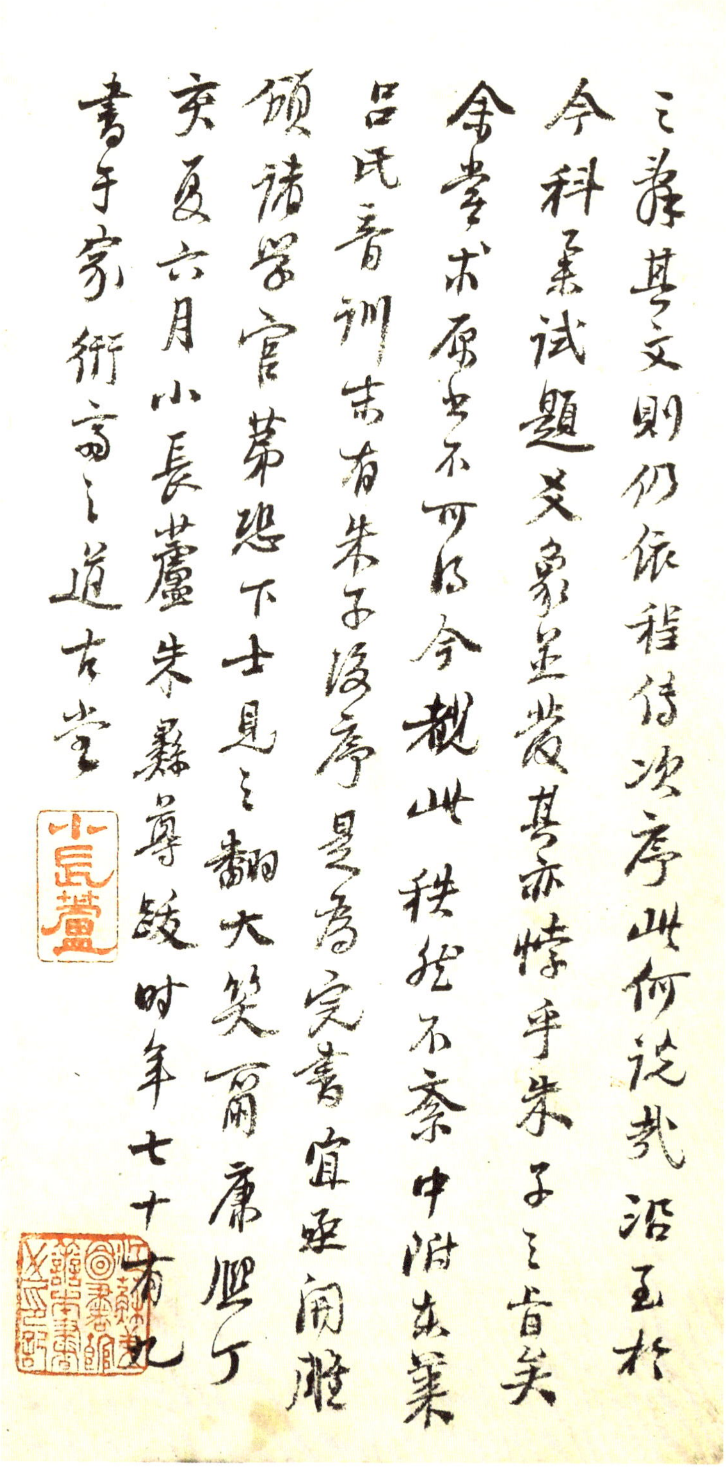

之義其文則仍依程傳次序此何說哉沿至於
今科舉試題爻彖呈裂其亦悖乎朱子之旨矣
余嘗求原本不可得今覩此袟猶不棄中附東萊
呂氏音訓末有朱子後序是爲定書宜亟開雕
頒諸學官第恐下士見之翻大笑爾康熙丁
亥夏六月小長蘆朱彝尊跋時年七十有九
書于家衍齋之道古堂

周易本義經二卷傳十卷冠以九圖殿以五贊筮儀而筮儀已闕前有
秀水朱氏跋文即見於曝書亭集者是也此書不著何人所刻與開
雕年月篆意大較出明初人手觀其不用永樂大全與成矩妄度次序
可見矣跋文稱中附東萊呂氏音訓末有朱子後序是為朱全書則
蒙有疑焉呂氏援據詳博本義簡略其厘為十二卷者以還孔氏古文之
舊至於訓釋要為各不相謀今取以分隸經傳之下則於朱子書有如方
枘圓鑿之不可合者竊謂不如析刻而仍各自為首尾乃盡善耳寶應王
氏予中嘗斥今行本義卷端諸圖非朱子所定有嘗觀是書所謂九圖者
河圖洛書也伏羲文王諸圖也卦變圖也凡皆朱子所嘗言固不足深怪
惟今本有卦歌鄙俚竊可怪而是書無之然則是書自音訓外猶存本義舊
觀而通行坊本乃為庸妄子所變亂矣跋文謂宜亟以頒諸學官信矣
夫錢唐丁君丙嘉魚好學有志著述出此見示且曰我祖掌六君孝治書
君所收藏皆善書八千卷樓庋之往年為粵匪一炬焚盡此其燼
餘也余以其事有足感者因并著之同治三年季春中旬後學顧廣譽
謹跋

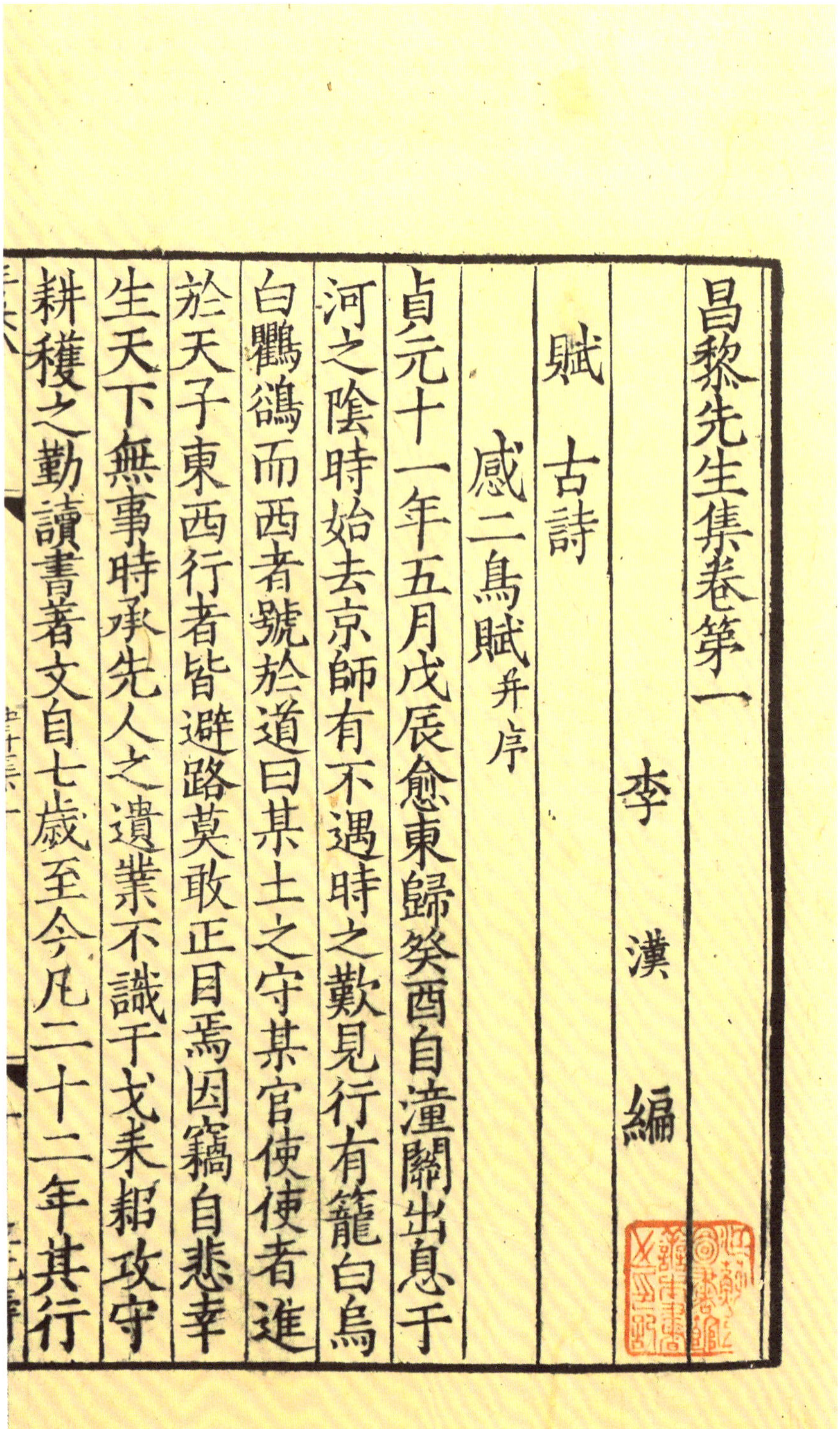

昌黎先生集卷第一

李漢　編

賦　古詩

感二鳥賦并序

貞元十一年五月戊辰愈東歸癸酉自潼關出息于河之陰時始去京師有不遇時之歎見行有籠白烏白鸜鵒而西者號於道曰某土之守某官使使者進於天子東西行者皆避路莫敢正目焉因竊自悲幸生天下無事時承先人之遺業不識干戈耒耜攻守耕穫之勤讀書著文自七歲至今凡二十二年其行

5 昌黎先生集四十卷　（唐）韓愈撰　宋刻本（卷十八配另一宋刻本）　清王棻、丁丙跋

昌黎先生文集卷第十八

與鳳翔邢尚書書 君牙一云與京西節度使

愈再拜布衣之士身居窮約不借勢於王公大人則無以成其志王公大人功業顯著不借譽於布衣之士則無以廣其名是故布衣之士雖

廿

右昌黎先生集四十卷門人李漢編無外集遺文首載漢序有乾學陽文徐健菴陰文二印蓋傳是樓舊藏本也板心上下魚尾上記卷數下記葉數又上記字數又下記刻人姓名每葉二十行行二十字惟第八卷聯句第九卷律詩皆行二十二字與前后異而板樣如一凡敬敦匡胤恒禎貞偵楨徵讓曙署豎樹煦桓完莞構慤穀慎敦擴廓等字皆缺末筆當係甯宗時刊本獨第十八卷首末題昌黎先生文集多一文字書十首目錄總題於前每篇間注別本異同行數字數亦皆二十而板樣經寸許卷內殷讓樹敬完等字皆缺筆而廓字乃甯宗嫌名獨不缺筆知當在慶元以前所刊矣卷後有木石居長印西池方印皆陰文不知何許人也板心上記卷數有魚尾下記葉數無魚尾並下記刻人姓名而上不記字數與諸卷異然雖屬配合本而皆為宋刻無疑矣晴窗展讀古色古香真可寶也光緒丙申四月十日松生先生出示余因識於後黃巖王棻

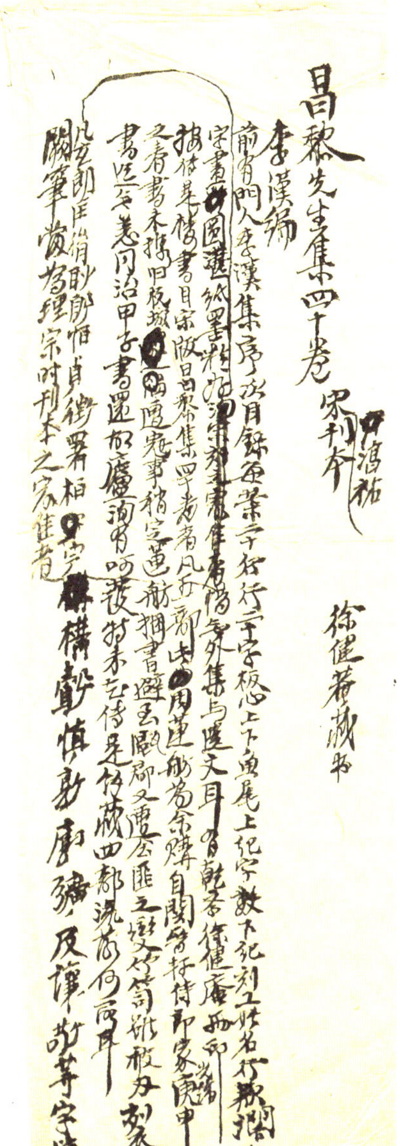
昌黎先生集四十卷　宋刊本

李漢編

前有門人李漢集序，次目錄，每葉二十行，行二十字，板心上下魚尾，上紀字數，下紀刻工姓名

徐健菴藏書

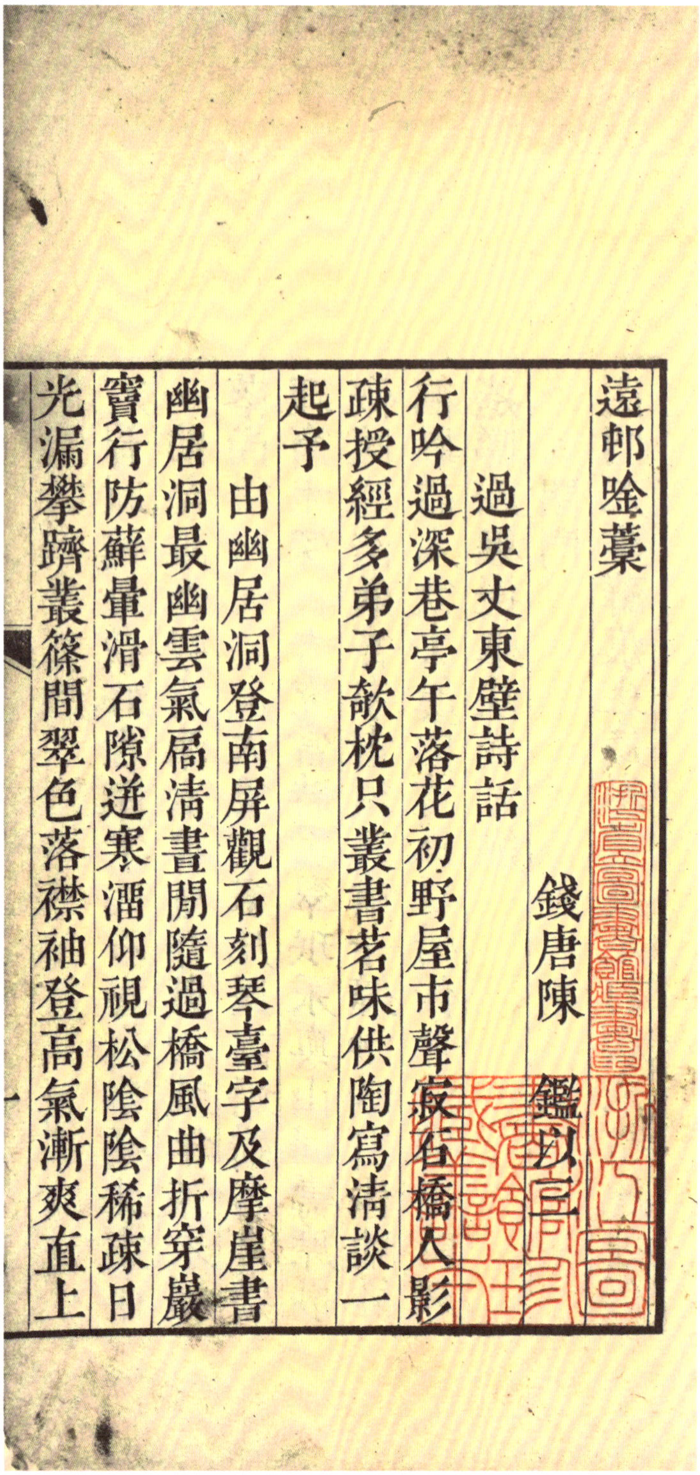

遠邨唫藁

錢唐陳　鑑以三

過吳丈東壁詩話

行吟過深巷亭午落花初野屋市聲寂石橋人影
疎授經多弟子欹枕只叢書茗味供匋寫清談一
起予

由幽居洞登南屏觀石刻琴臺字及摩崖書

幽居洞最幽雲氣扃清晝閒隨過橋風曲折穿巖
竇行防蘚暈滑石隙迸寒洏仰視松陰陰稀疎日
光漏攀躋叢篠閒翠色落襟袖登高氣漸爽直上

6 遠村吟稿一卷　（清）陳鑑撰　清乾隆刻本　浙江圖書館藏

清丁丙跋

恩意肯虛負昨讀嶺南編大冶退羣有崢嶸風骨
殊迥出建安右始知學海寬益慚詩筆醜言贍問
字亭倘亦容載酒惟公汲植多知弗棄藜莠

去春二月花朝與陳次棠表叔同客雲間聞安吉之警臨歸船將攜出令先祖遂村
先生詩集為贈且云版已燬于竹竿巷舊宅矣余歸杭四日而賊至越九日而城破遲三日縋
艮山門走雲間杭城旋克復時大營猶未潰也閏三月十七日金陵豕突直竄姑蘇雲間亦于五
月十三日不守復與次棠避青浦二十七日松郡收復次棠方遭先堂之痛憂勞瘁發病于六月
十七日化去自雲間再避近南匯病瘧七十日臘尾二十四日甫航海抵甬今春正月抵故
園重理書卷檢及是編不勝物故人故常之感矣　遂村先生為有南山射策同曹枝
漢道南圖為華新羅所繪如金壽門王漁樵曹荔帷沈學子汪槐塘諸先生皆有
題詠于上今兵燹之余未知此卷尚能留遺人間否耶　咸豐十一年十一月十一日居圍
城中已四十五日援軍不至糧絕兵飢餓莩滿道恐一城鼎沸余則一息尚存藉此破悶
無所性庵丁丙記

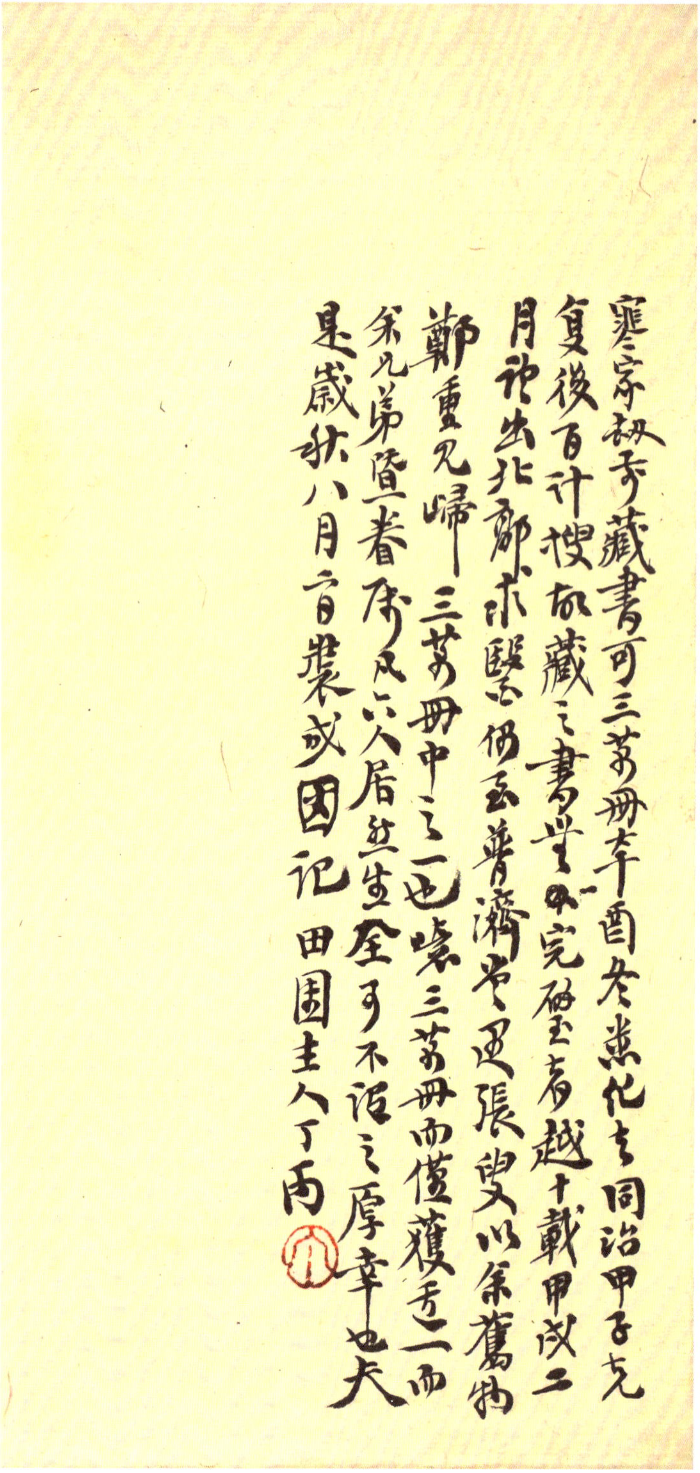
寒家叔季藏書可三萬冊辛酉冬燬於火同治甲子克
復後百計搜訪藏之書架無一完璧今越十載甲戌二
月初出北郭求醫偶至普濟堂見張叟以余舊物
鄭重見歸三萬冊中之一也噫三萬冊而僅獲其一而
余兄弟暨眷屬凡六八居然生全于不泯之厚幸也夫
是歲秋八月旨農成園記 田園主人丁丙

插架琳琅

戰爭雖讓八千卷樓舊藏付之劫灰，但丁氏在顛沛流離之際仍竭力搜購書籍，這也爲之後八千卷樓復興打下了基礎。同治三年（1864）三月，清軍奪回杭州，丁氏遂得返里。此後，丁氏開始了更大規模的古籍收藏，並最終傲立螳林，成爲清季四大藏書家之一。丁氏藏書，雖宋元舊槧未能與他三家頡頏，“然經臚三傳，史備晉唐，亦云難得”（柳詒徵《中央大學國學圖書館小史》）。

所謂“三傳”，即《春秋左氏傳》《春秋公羊傳》《春秋穀梁傳》。南宋末年，福建建陽地區興起了一種新的經書刊刻形式，將經書學習所必備的經、注、疏、釋文四者進行合刻，方便閲讀，甫一出現便備受歡迎。因其半葉十行，後世多稱爲“十行本”。元泰定前後，對此進行了翻刻，一直傳至明代，遞經修補印刷。然而，宋刻十行本傳世極少，很長一段時間，元十行本一直被當作宋刻本。直至近代，學界方有了較爲正確的認識。丁氏藏春秋三傳（圖7—9），《善本書室藏書志》均著録爲“宋刊本”，實是元刻明修，然亦可珍。“史備晉唐”者即丁氏所藏宋刻本《晉書》《新唐書》（圖10、11），二者均爲南宋前期建安坊刻本，字體接近瘦金體，獨具風格。

除了宋刻元刊，丁氏所藏又有稿本、名儒校本、大家藏本等，種類極爲豐富。如明稿本《芸莊雜録備遺》（圖12），作者管律爲寧夏人。寧夏在明代爲邊疆，著述傳世者鮮，自明傳今之稿本更是少之又少，且此本又經沈復粲“鳴野山房”收藏，甚可寶。又清盧文弨鈔校本《對牀夜語》（圖13），爲盧氏手鈔（前三卷）手校之書，趙鴻謙《陶風樓藏盧抱經校本述要》云：“館藏抱經寫校本，手寫手校者惟此三卷耳，尤可珍矣。”明刻本《雲溪友議》（圖14），爲汪啓淑舊藏，又經鮑廷博審定、顧千里題識，丁氏稱“三絶”。張氏愛日精廬鈔本《中州啓劄》（圖15），張金吾稱其爲“當世絶無僅有之書”“尤藝林所欲争先快睹者”。因此，丁氏所藏可謂明清兩代藏書家之結晶。

丁氏長期留心鄉邦文獻，戰後更是竭力收存，其跋明萬曆丙辰刻本《快雪堂集》云：“余少好武林瑣細舊聞，嘗聚小志數十種。辛酉圍城中，尚得金江聲先生《吴山志》。雖炮火滿天，干戈遍地，一時不顧也。未幾城陷，家室流離，圖書蕩盡，僅以身免。甲子亂平，重返故廬，復收殘燼，杜門息影，輯《杭城坊巷志》，益思網羅群籍。”桑梓深情溢於言表。所藏《［成化］杭州府志》（圖16），經丁丙、丁立中兩代搜求，合爲善本，立中云可與宋本《［咸淳］臨安志》並駕齊驅。又明萬曆刻本《增補武林舊事》（圖17），此書明刻傳本甚罕，除南圖外，上圖亦藏一部。此本李小山得於故書攤，持贈丁氏。卷首鈐“古杭董醇”長方印，又有“桐香館”及“平陽汪氏家藏書畫法帖圖記”印，知此本爲董醇、汪震、汪敦善遞藏。董醇爲杭州人，咸豐十一年（1861）杭城破，絶食死。汪震爲其入室弟子，敦善爲震之子。丁立誠表弟李梅孫爲敦善弟子，故立誠又將此本贈與梅孫。時在宣統元年（1909），八千卷樓書已歸江南圖書館，則此本或爲遺留。今輾轉又入南圖，則因緣不淺。鄉邦文獻除地志掌故外，還有當地人的著述，丁氏對之亦著意收藏，特别是作者稿本。繆荃孫爲善本書室所作《藏書志序》云：“《愛日精廬》間收國朝人未刻之書，今仿其例，尤留意於鄉人，雖一卷半帙，亦必詳悉備載。”進而由鄉人稿本，擴展至其他稿本。如“珍重又在宋槧元刊之外”的清厲鶚稿本《東城雜記》（圖18），“風神遒逸，真可作法帖觀”的陳撰《玉几山房聽雨録》手稿（圖19），孫星衍初稿本《泰山石刻記》（圖20）等。

清初曹溶慨於藏書家自矜其書、秘不示人之弊，曾撰《流通古書約》云：“自宋以來，書目十有餘種，燦然可觀。按實求之，其書十不存四五，非盡久遠散佚也，不善藏者護惜所有，以獨得爲可矜，以公諸世爲失策也。”提出藏書家之間應互通有無，互换鈔書。丁氏即與當時藏書家往來密切，清鈔本《閤皁山志》（圖21）書末就載丁氏至罟里訪鐵琴銅劍樓事，“瞿鏡之、濬之兄弟出景祐刻《漢書》，南宋刊《史記》《黄勉齋集》《東坡集》殘本、《劉後村集》《國朝文鑒》，元刊《論衡》《東坡全集》《蒼崖金石例》，凡十許種”請丁氏鑒賞。同時，丁氏也從他家藏書中鈔獲不少，其中以瞿氏鐵琴銅劍樓、陸氏皕宋樓對丁氏幫助尤多。也正是藏書家之間相互鈔書，使得不少藏書歷經劫難後仍能留存至今。如清鈔本《黄文獻公集》（圖22），此書二十三卷本至清代已稀，四庫館臣未之見。張金吾愛日精廬藏有兩部，元刊殘本與影鈔明正統補刊本（即此本），後分别爲常熟瞿氏鐵琴銅劍樓和杭州丁氏八千卷樓所得。此本在太平天國戰争中毁六卷，光緒九年（1883）三月丁丙至罟里（今常熟市古里鎮），向瞿氏借出席淏舊鈔本及元刊殘本，倩人補寫闕卷與闕文（朱筆）。並將此本與元刻比勘，撰闕目一卷附書後。此書命運顛沛，丁丙歎曰："特念此書流轉數姓中，遭劫火，忿殫九年之思，經三君之手，始成完書，洵乎集事之不易而善本之愈可寶也。"又鈔本《書小史》（圖23），丁丙從皕宋樓影鈔，原本亦非全爲宋刊，卷一至卷五爲毛氏影鈔。皕宋樓書售歸日本岩崎氏，國人殊難得見，賴此影鈔本可稍見其面目。

隨著丁氏藏書日益豐富，其數量已遠不止咸豐間三萬册之數，因此丁丙新建了一處藏書樓。世人多知丁氏八千卷樓，實際上，八千卷樓衹是丁氏藏書樓的一部分。光緒十四年（1888），丁丙在其家正修堂西北隅建嘉惠堂五楹，堂上爲八千卷樓，藏《四庫》著録、附存書。堂後有室五楹，上爲後八千卷樓，藏《四庫》未收書。又辟一室於西，名"善本書室"，樓曰"小八千卷樓"，爲今僅存之丁氏藏書樓遺迹。從藏書樓總名"嘉惠堂"，到藏書區域以《四庫》著録、附存、未收爲劃，丁氏藏書與《四庫全書》有著千絲萬縷的聯繫，而這一切就要從丁氏搶救文瀾閣書説起。

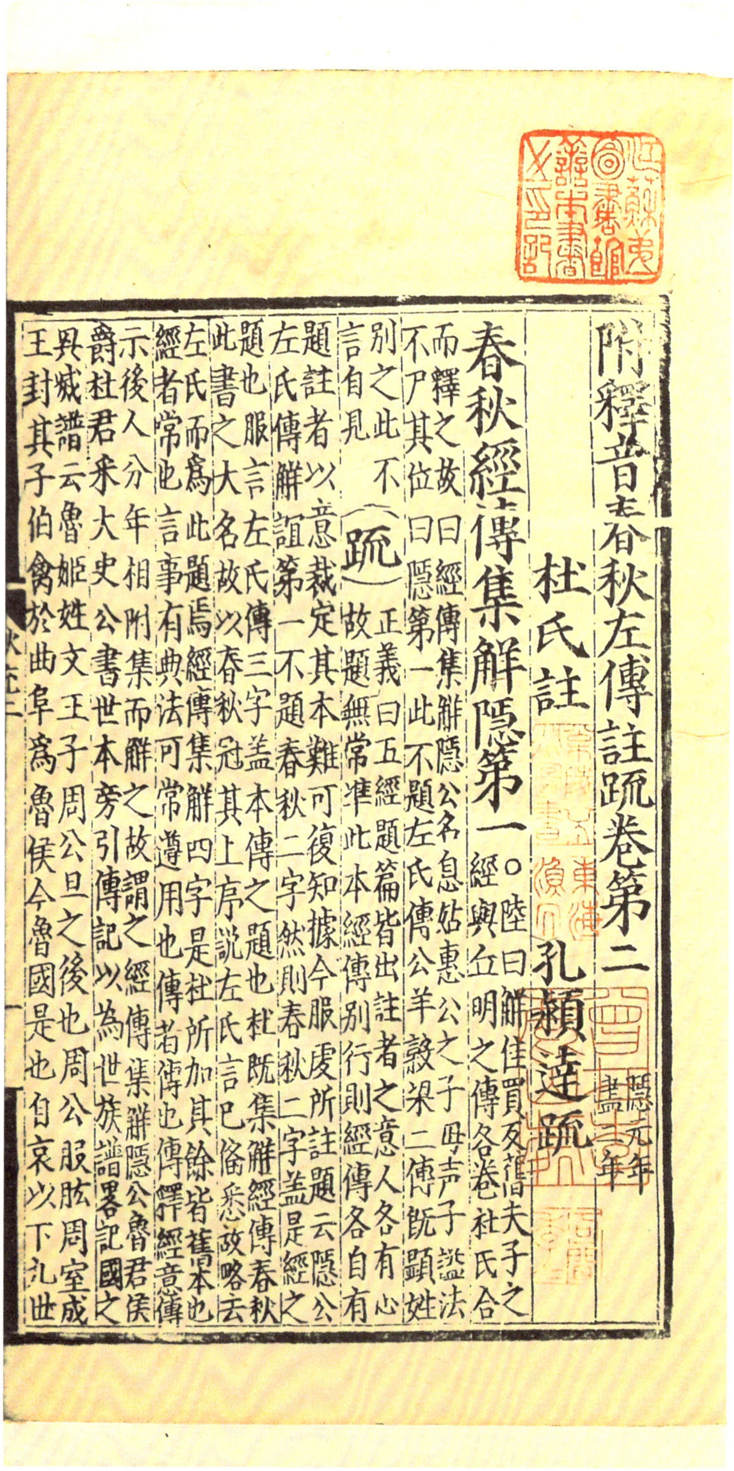

7 附釋音春秋左傳注疏六十卷 （晉）杜預注 （唐）孔穎達疏

（唐）陸德明釋文 元刻明修本 清丁丙跋

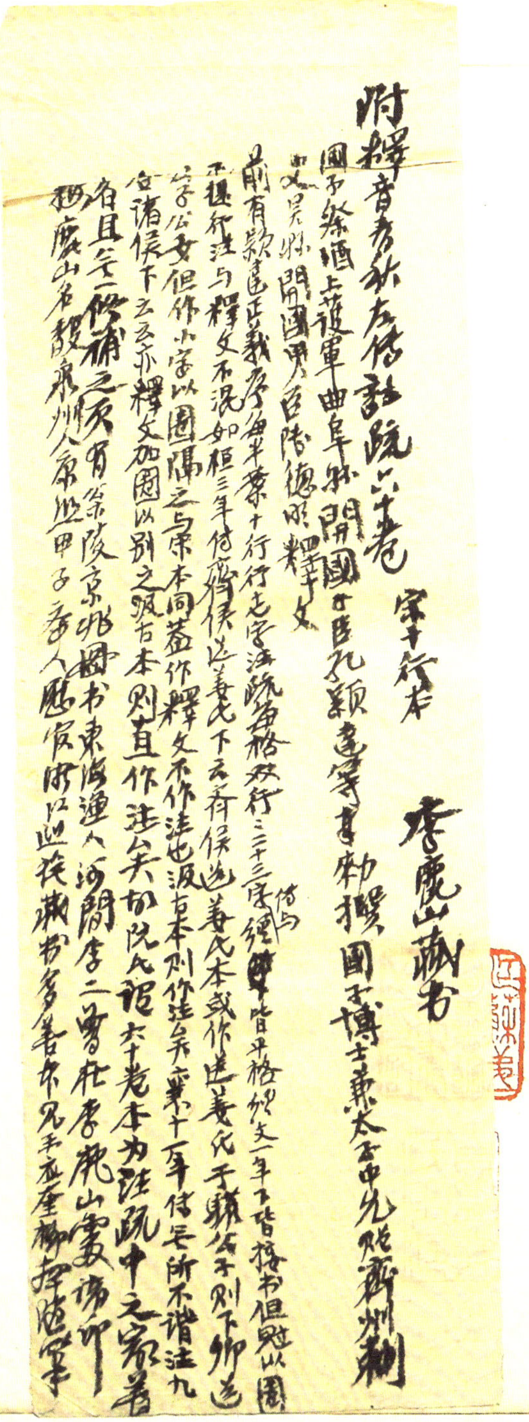
附釋音春秋左傳註疏六十卷　宋十行本　李鹿山藏書
國子祭酒上護軍曲阜縣開國子臣孔穎達等奉勑撰　國子博士兼太子中允贈齊州刺
史吳縣開國男臣陸德明釋文
前有穎達正義序每半葉十行行十七字注疏每格雙行二十三字經傳皆平格傳文一年下皆接書但冠以圈
不提行注與釋文不混如桓三年傳齊侯送姜氏下云齊侯送姜氏本或作送姜氏于讙公子則下卿送
公子公女但作小字以圈隔之與宋本同蓋作釋文不作注也汲古本則作注矣實十一年傳云所不諧注九
合諸侯下云云亦釋文加圈以別之汲古本則直作注矣阮氏記六十卷本爲注疏中之最善
者且無一修補之頁有[illegible]陵京兆圖書東海通人河間李二曾在李鹿山處[illegible]印
收鹿山名馥泉州人康熙甲子舉人歷官浙江巡撫藏書多善本見[illegible]

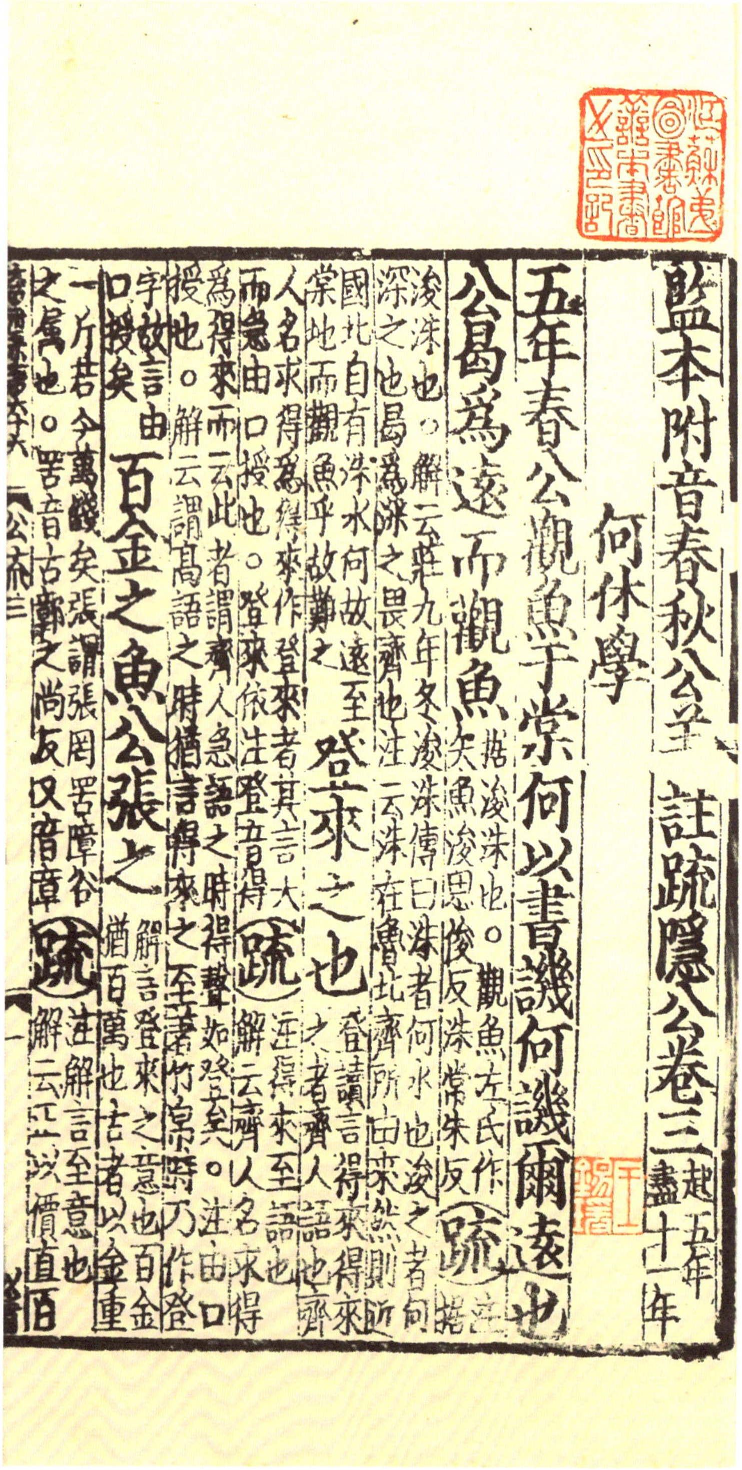
監本附音春秋公羊註疏隱公卷三 起五年盡十一年

何休學

五年春公觀魚于棠何以書譏何譏爾遠也

公曷為遠而觀魚 據濬洙也。觀魚左氏作矢魚濬思俊反洙棠朱反 疏 注據濬洙也。○解云莊九年冬濬洙傳曰洙者何水也濬之者何深之也曷為深之畏齊也注云洙在魯北齊所由來然則近國北自有洙水何故遠至棠地而觀魚乎故難之

登來之也 登讀言得得來之者齊人語也齊人名求得為得來作登來者其言大而急由口授也。○登來依注登音得 疏 注得來至語也 解云齊人名求得為得來而云此者謂齊人急語之時得聲如登矣。注由口授也。解云謂高語之時猶言得來之至著竹帛時乃作登字故言由口授矣

百金之魚公張之 解言登來之意也百金猶百萬也古者以金重一斤若今萬錢矣張謂張罔罟障谷之屬也。罟音古鄭之尚反又音障 疏 注解言至意也 解云正以價直百

8 監本附音春秋公羊注疏二十八卷　（漢）何休解詁

（唐）徐彦疏　（唐）陸德明釋文　元刻明修本　清丁丙跋

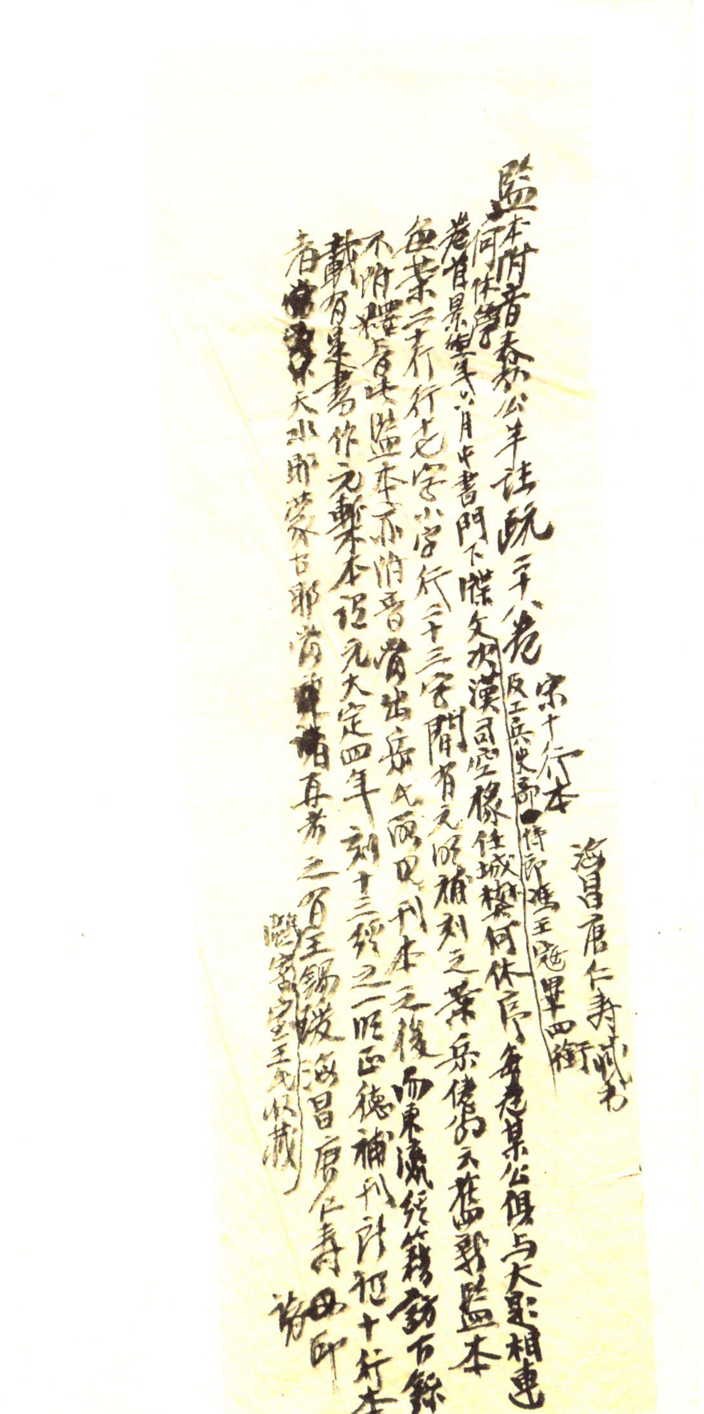

海昌唐仁壽識[illegible]

監本附音春秋公羊註疏二十八卷　宋十行本

何休學　[illegible]

卷首景德二年六月中書門下牒文[illegible]漢司空掾任城樊何休序[illegible]某公俱與大臣相連

每葉二十行　行大字小字行二十三字　間有元明補刻之葉　岳倦翁云蜀監本

不附釋音　此監本亦附音　當出岳氏所見刊本之後　而東瀛經籍訪古錄

載有是書　作元槧本　[illegible]元大定四年　刻十三經之一　明正德補刊　計記十行本

唐[illegible]天水郡[illegible]古鄉[illegible]存弟二百[illegible]王錫[illegible]跋　海昌唐仁壽印　諸

[illegible]王氏收藏

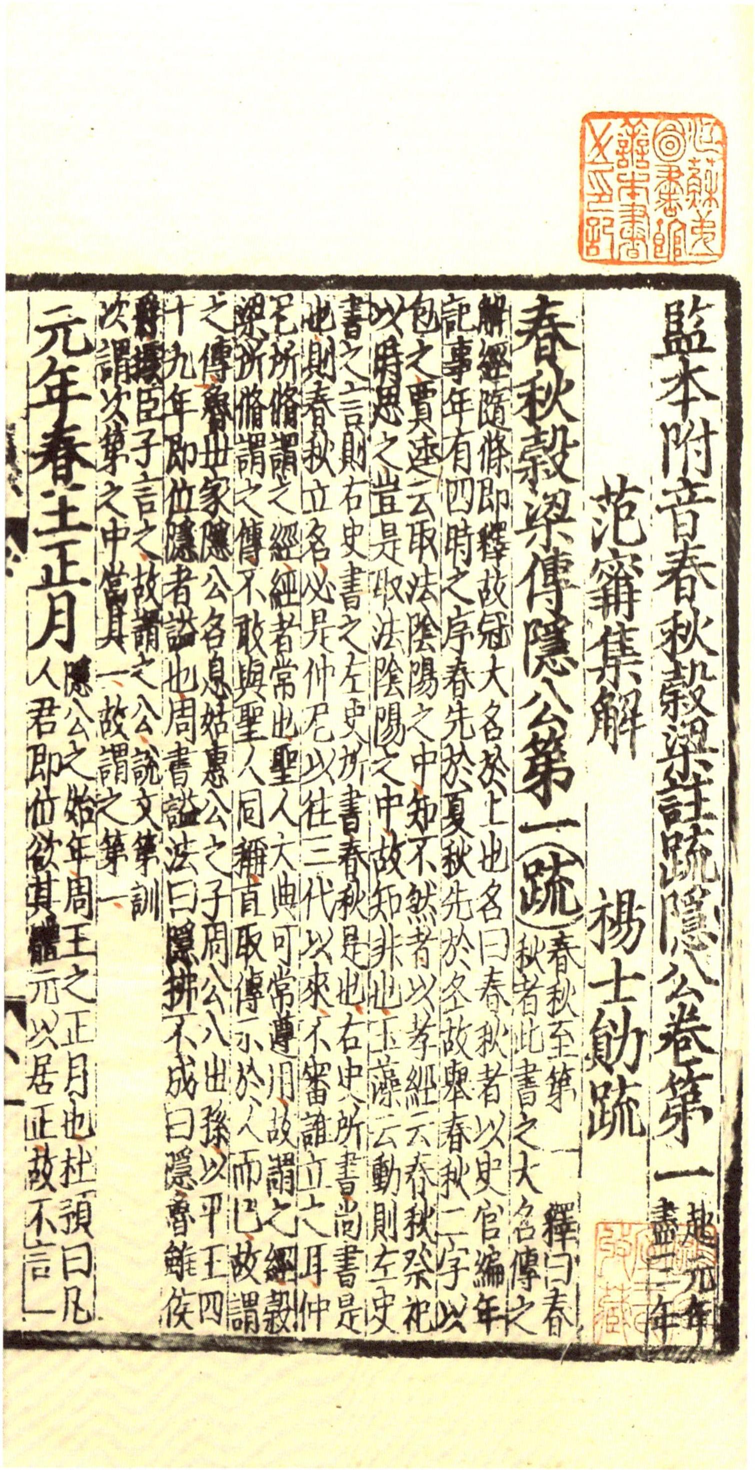

監本附音春秋穀梁註疏隱公卷第一 起元年盡三年

范甯集解　楊士勛疏

春秋穀梁傳隱公第一 疏 春秋至第一　釋曰春秋者此書之大名傳之

解經隨條即釋故冠大名於上也名曰春秋者以史官編年記事年有四時之序春先於夏秋先於冬故舉春秋二字以包之賈逵云取法陰陽之中知不然者以孝經云春秋祭祀以時思之豈是取法陰陽之中故知非也玉藻云動則左史書之言則右史書之左史所書春秋是也右史所書尚書是也則春秋立名必是仲尼以往三代以來不審誰立之耳仲尼所脩謂之經經者常也聖人大典可常遵用故謂之經穀梁所脩謂之傳傳不敢與聖人同稱直取傳示於人而已故謂之傳魯世家隱公名息姑惠公之子周公八世孫以平王四十九年即位隱者謚也周書謚法曰隱拂不成曰隱魯雖侯爵稱臣子言之故稱之公說文第訓次謂次第之中當其一故謂之第一

元年春王正月 隱公之始年周王之正月也杜預曰凡人君即位欲其體元以居正故不言一

9 監本附音春秋穀梁注疏二十卷　（晉）范甯集解　（唐）楊士勛疏　（唐）陸德明釋文　元刻明修本　清丁丙跋

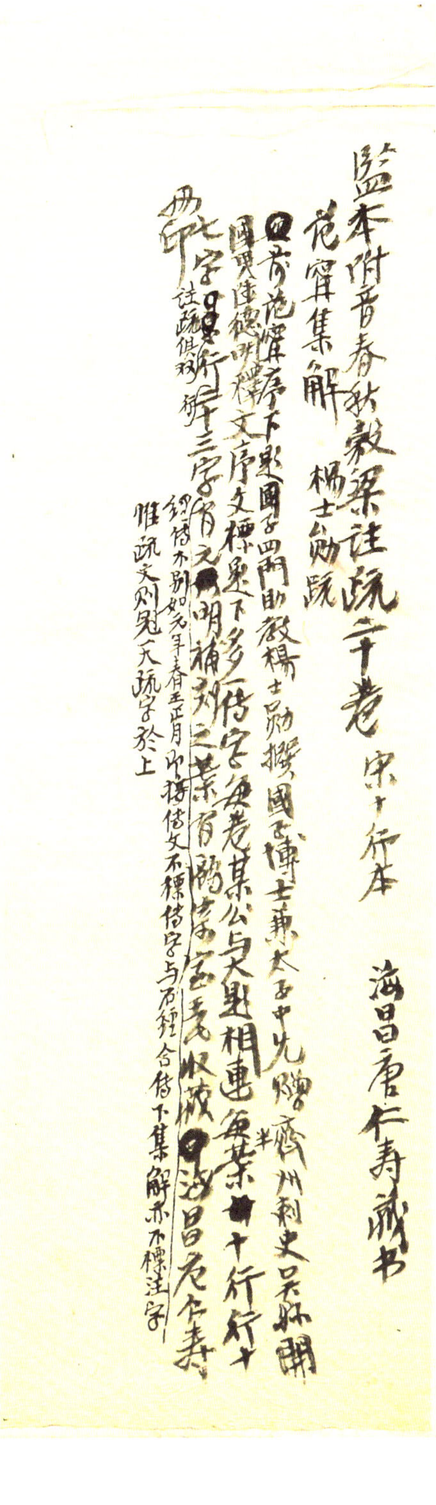
監本附音春秋穀梁注疏二十卷 宋十行本 海昌唐仁壽藏书
范甯集解 楊士勛疏
首范甯序下題國子四門助教楊士勛撰國子博士兼太子中允贈齊州刺史吳縣開
國男陸德明釋文序文標題下多一傳字每卷某公與大題相連每葉廿十行行十
七字注疏俱雙行釋文三字間有明補刻之葉首鈐海昌唐氏收藏海昌唐仁壽
印
經傳不別如元年春王正月即接傳文不標傳字與石經合傳下集解亦不標注字
惟疏文則冠一大疏字於上

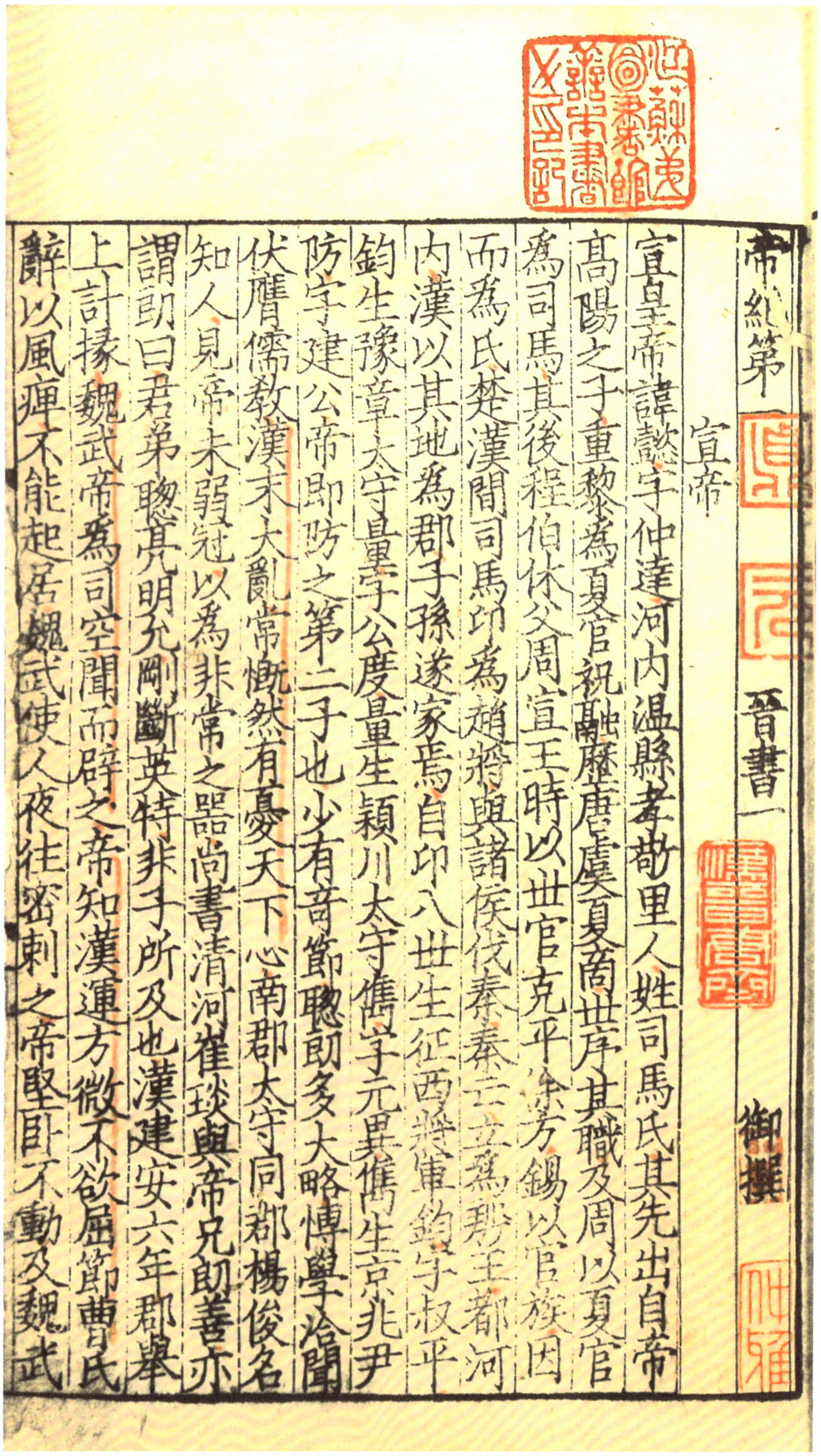
帝紀第一　晉書一　御撰
宣帝
宣皇帝諱懿字仲達河内温縣孝敬里人姓司馬氏其先出自帝
高陽之子重黎爲夏官祝融歷唐虞夏商世序其職及周以夏官
爲司馬其後程伯休父周宣王時以世官克平徐方錫以官族因
而爲氏楚漢間司馬卬爲趙將與諸侯伐秦秦亡立爲殷王都河
内漢以其地爲郡子孫遂家焉自卬八世生征西將軍鈞字叔平
鈞生豫章太守量字公度量生潁川太守儁字元異儁生京兆尹
防字建公帝即防之第二子也少有奇節聰朗多大略博學洽聞
伏膺儒教漢末大亂常慨然有憂天下心南郡太守同郡楊俊名
知人見帝未弱冠以爲非常之器尚書清河崔琰與帝兄朗善亦
謂朗曰君弟聰亮明允剛斷英特非子所及也漢建安六年郡舉
上計掾魏武帝爲司空聞而辟之帝知漢運方微不欲屈節曹氏
辭以風痹不能起居魏武使人夜往密刺之帝堅卧不動及魏武

10 晉書一百三十卷　（唐）房玄齡等撰　宋刻本（卷八至十、二十八至三十、四十三至四十五、一百一至一百五、一百十五至一百二十一配明鈔本）　清丁丙跋

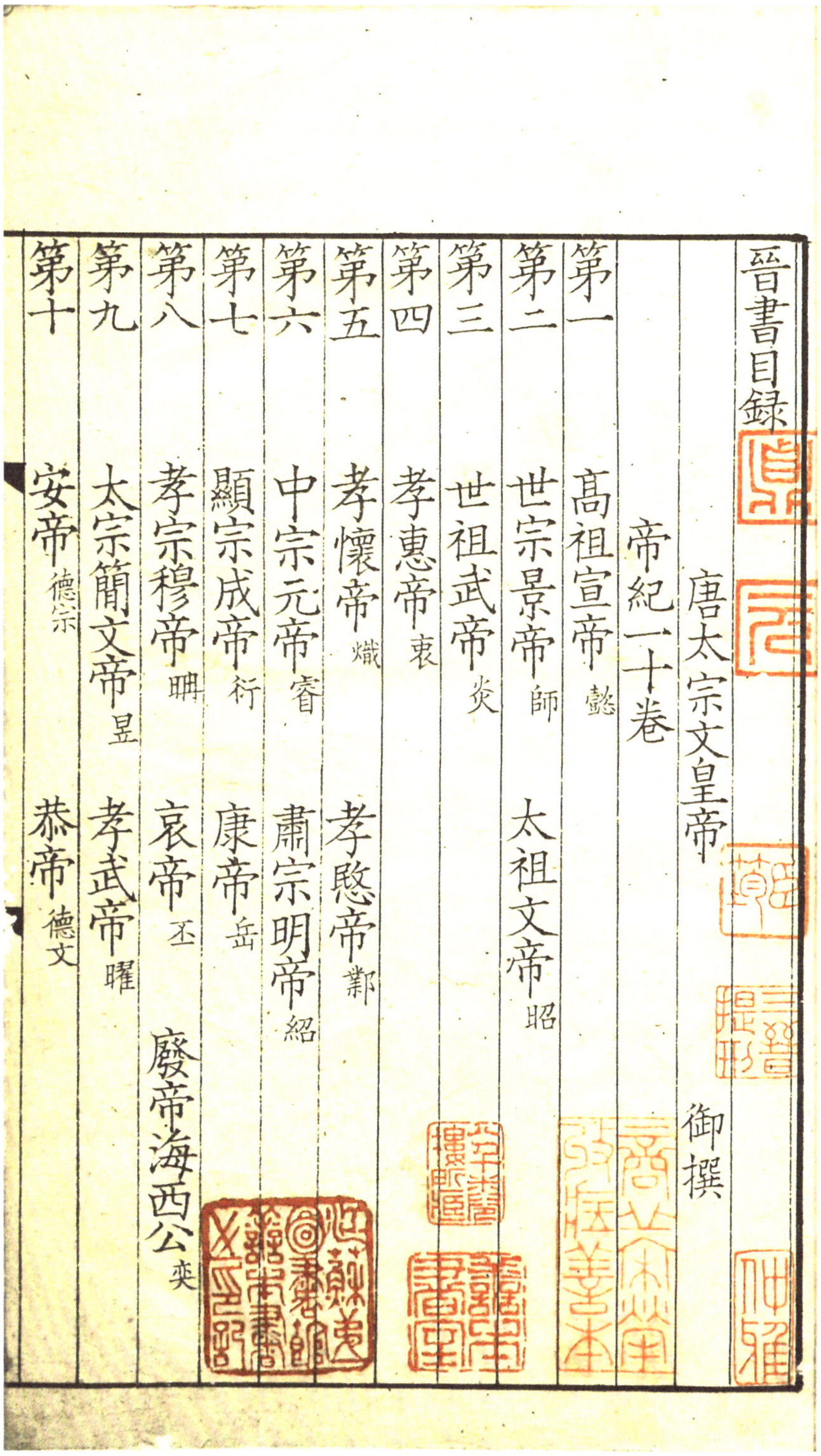

晉書目録

唐太宗文皇帝　御撰

帝紀一十卷

第二十九　沮渠蒙遜　第三十　赫連勃勃
右晉十二世十五帝一百五十六年
中朝四帝都洛陽五十四年
江左十一帝都建康一百二年
有五涼四燕三秦二趙夏蜀十六國附其書起乙酉盡庚申
晉書目録

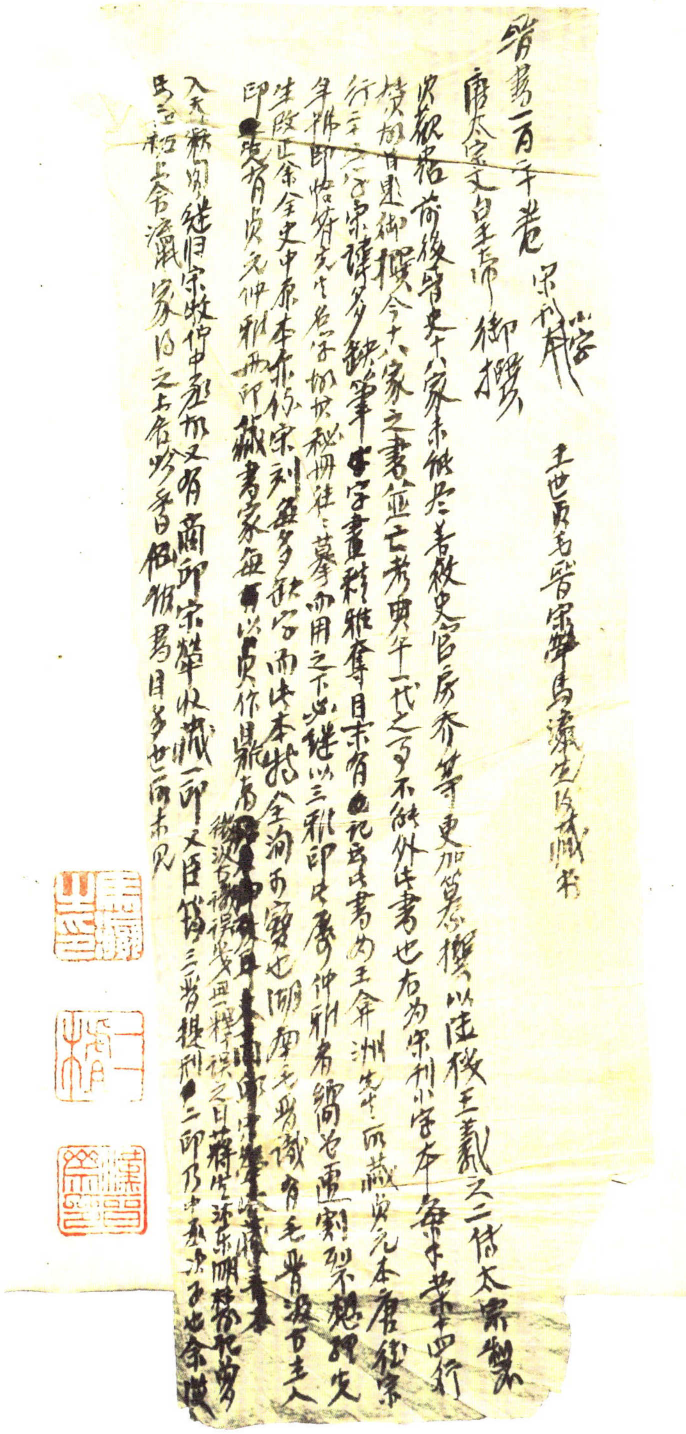
晉書一百三十卷 宋刊小字本
唐太宗文皇帝御撰
王世貞毛晉宋犖馬瀛先後收藏書

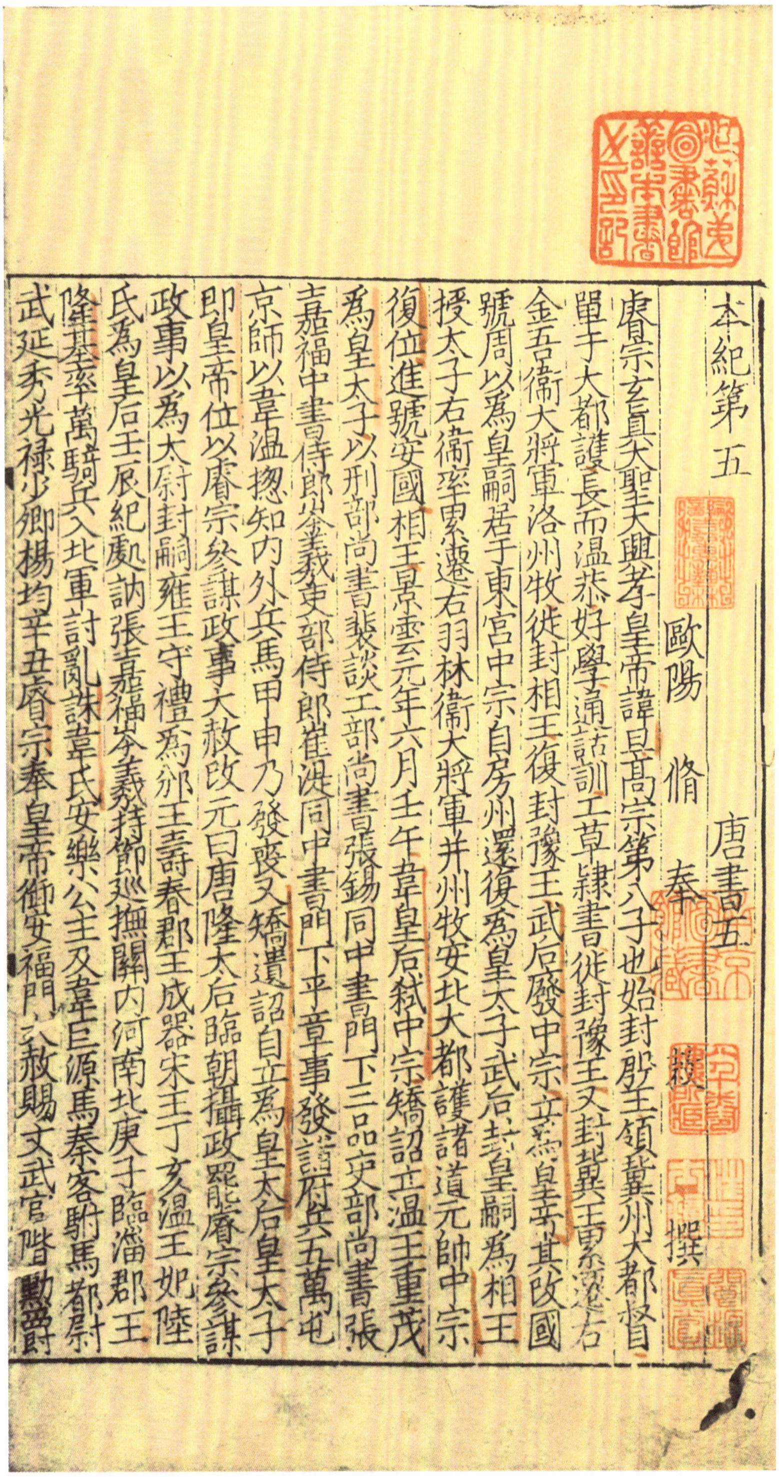
本紀第五　唐書五

歐陽　脩　奉　敕　撰

睿宗玄眞大聖大興孝皇帝諱旦高宗第八子也始封殷王領冀州大都督單于大都護長而温恭好學通詁訓工草隷書徙封豫王又封冀王更名輪遷右金吾衛大將軍洛州牧徙封相王復封豫王武后廢中宗立爲皇帝其改國號周以爲皇嗣居于東宮中宗自房州還復爲皇太子武后封皇嗣爲相王授太子右衛率更遷右羽林衛大將軍并州牧安北大都護諸道元帥中宗復位進號安國相王景雲元年六月壬午韋皇后弑中宗矯詔立温王重茂爲皇太子以刑部尚書裴談工部尚書張錫同中書門下三品吏部尚書張嘉福中書侍郎岑羲吏部侍郎崔湜同中書門下平章事發諸府兵五萬屯京師以韋温摠知内外兵馬甲申乃發喪又矯遺詔自立爲皇太后皇太子即皇帝位以睿宗參謀政事大赦改元曰唐隆太后臨朝攝政罷睿宗參謀政事以爲太尉封嗣雍王守禮爲邠王壽春郡王成器宋王丁亥温王妃陸氏爲皇后壬辰紀處訥張嘉福岑羲持節巡撫關内河南北庚子臨淄郡王隆基率萬騎兵入北軍討亂誅韋氏安樂公主及韋巨源馬秦客駙馬都尉武延秀光禄少卿楊均辛丑睿宗奉皇帝御安福門大赦賜文武官階勳爵

11 唐書二百二十五卷　（宋）歐陽脩撰　（宋）宋祁等撰

宋刻本（卷一配明鈔本）　存一百五十五卷　清丁丙跋

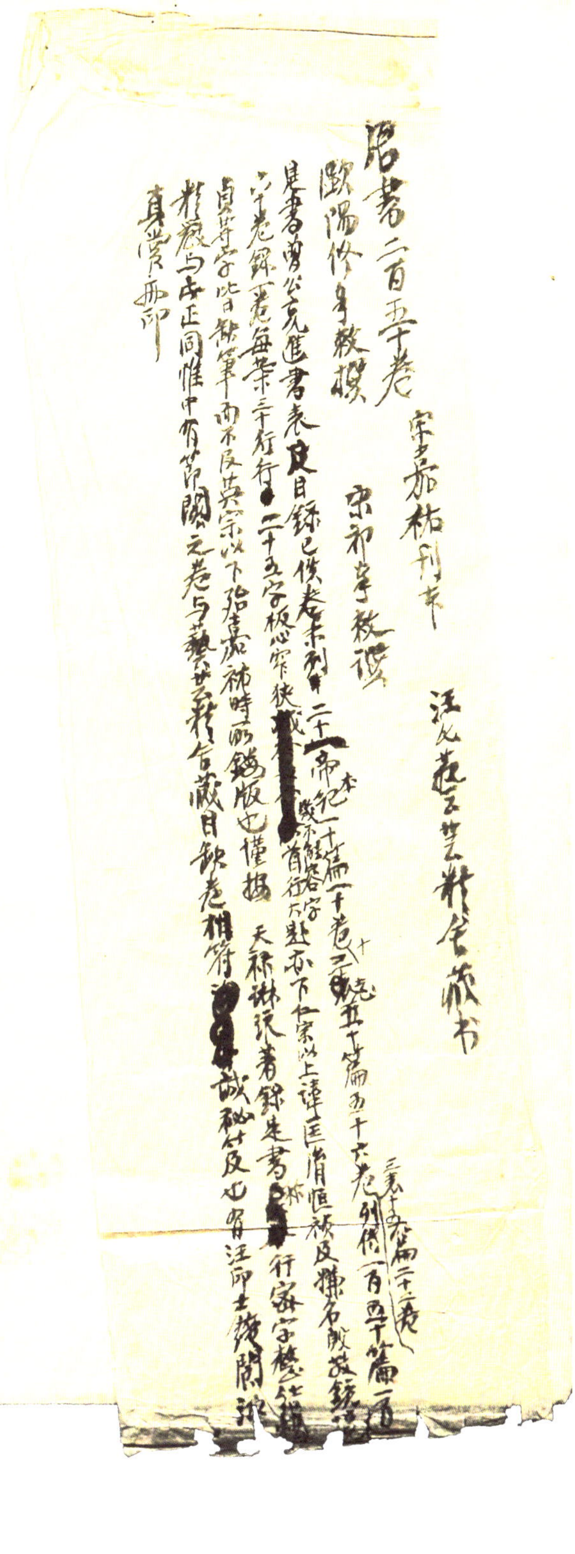

唐書二百五十卷 宋嘉祐刊本 汪允莊女士精舍藏书

歐陽修等奉敕撰 宋祁等奉敕撰

是書曾公亮進書表及目錄已佚 卷末列[redacted]二十[redacted]帝紀一十篇一十卷 志五十篇五十六卷 列傳一百五十篇一百

六十卷 錄下卷每葉二十行 行二十五字 板心窄狹[redacted]數不能容字 首行不題 下仁宗以上諱臣循恒被及擁名皆敘錄

貞卉字皆缺筆而不及英宗以下 殆嘉祐時所鐫版也 僅據 天祿琳琅著錄是書[redacted]行密字整

精嚴與本正同 惟中有節闕之卷與藝芸精舍藏目錄卷相符[redacted]識秘笈及也 汪印士鐸閱記

真賞 兩印

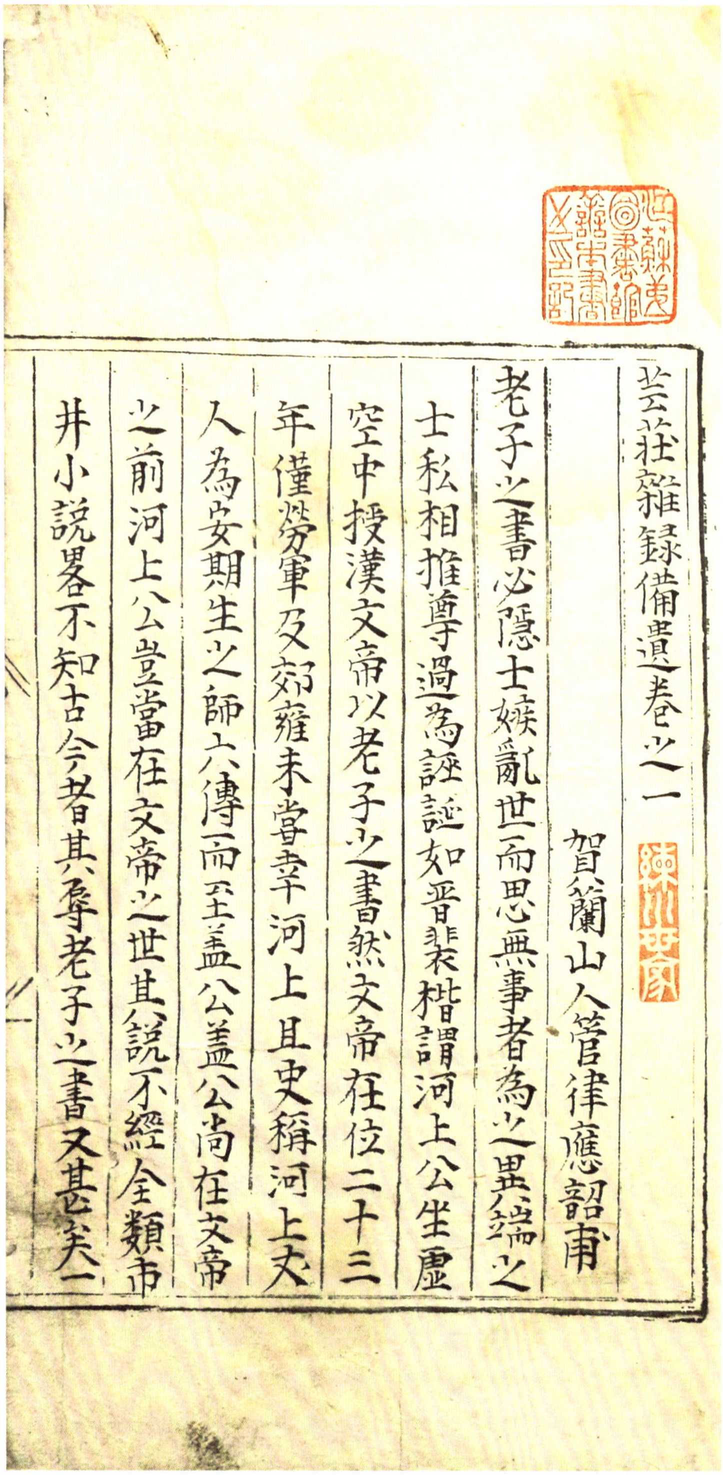
芸莊雜録備遺卷之一
賀蘭山人管律應韶甫
老子之書必隱士嫉亂世而思無事者為之異端之
士私相推尊過為誕誕如晉裴楷謂河上公生虚
空中授漢文帝以老子之書然文帝在位二十三
年僅勞軍及郊雍未嘗幸河上且史稱河上丈
人為安期生之師六傳而至蓋公蓋公尚在文帝
之前河上公豈當在文帝之世其説不經全類市
井小説畧不知古今者其尊老子之書又甚矣一

12 芸莊雜録備遺十六卷　（明）管律撰　稿本　清丁丙跋

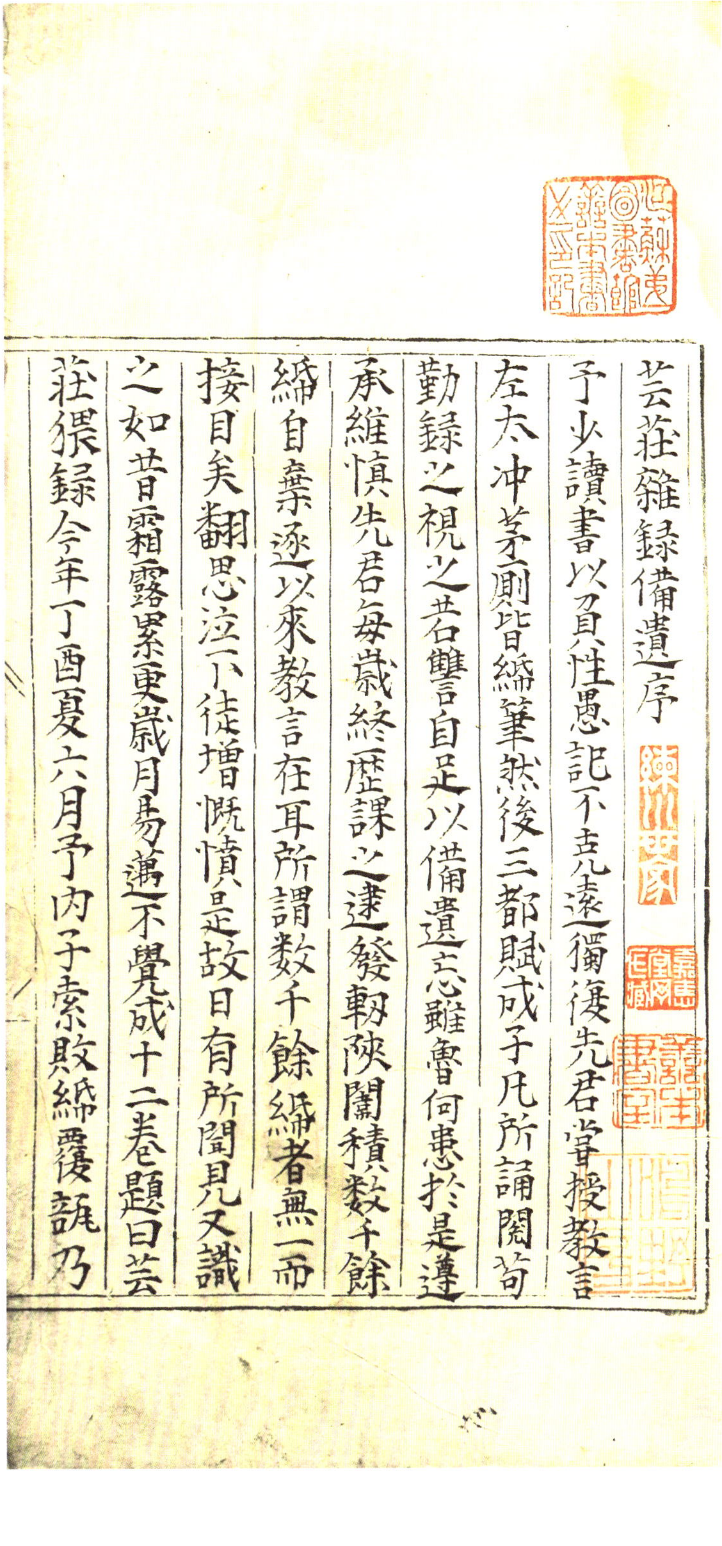
芸莊雜録備遺序

予少讀書以質性愚記不甚久遠獨復先君嘗授教言左太冲茅廁皆編筆然後三都賦成予凡所誦閱苟勤録之視之若讐言自足以備遺忘雖魯何患於是遵承維慎先君每歲終歷課之逮發軔陝闈積數千餘編自棄遂以來教言在耳所謂數千餘編者無一而接目矣翻思泣下徒增慨憤是故日有所聞見又識之如昔霜露累更歲月易邁不覺成十二卷題曰芸莊猥録今年丁酉夏六月予内子索敗編覆瓿乃

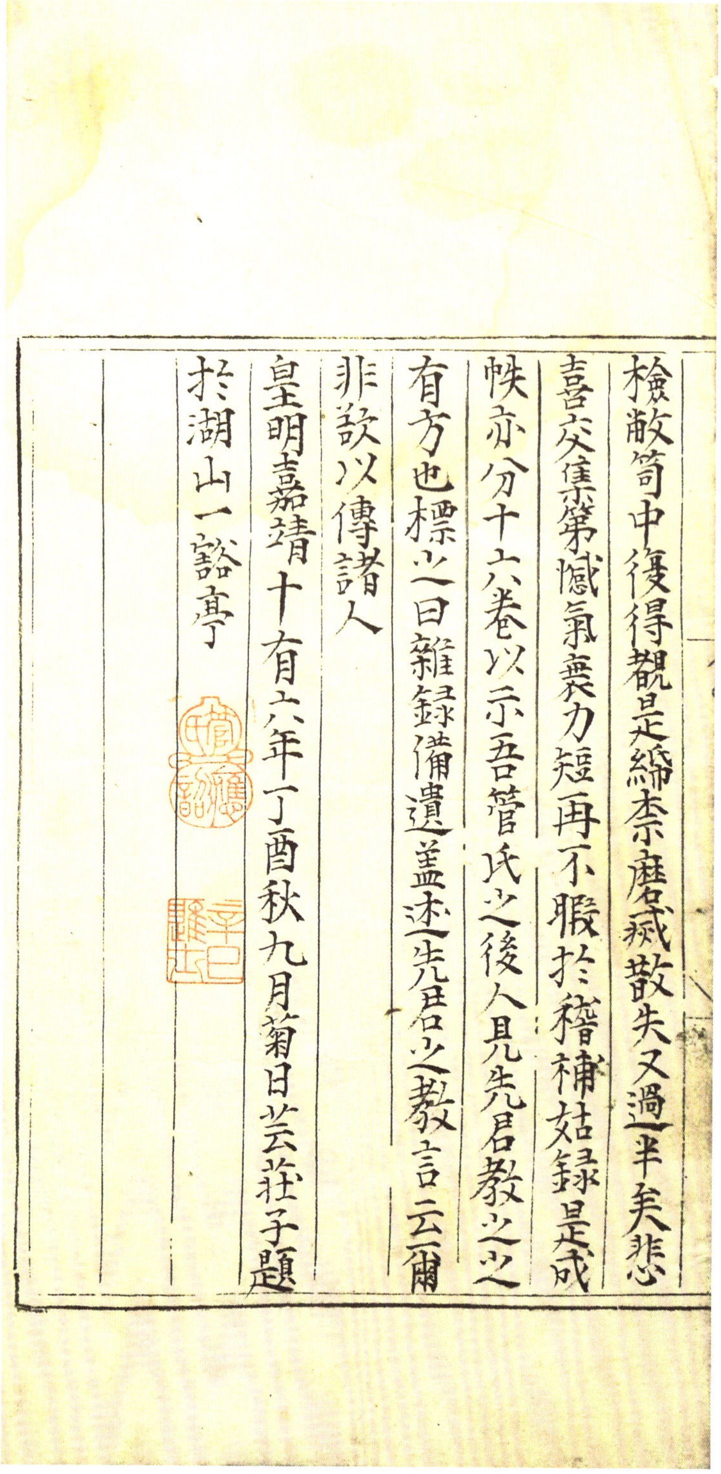
檢敝笥中復得覩是綿柰磨蝕散失又過半矣悲
喜交集第憾氣衰力短再不暇於稽補姑録是成
帙亦分十六卷以示吾管氏之後人見先君教之之
有方也標之曰雜録備遺蓋述先君之教言云爾
非敢以傳諸人
皇明嘉靖十有六年丁酉秋九月菊日芸莊子題
於湖山一豁亭

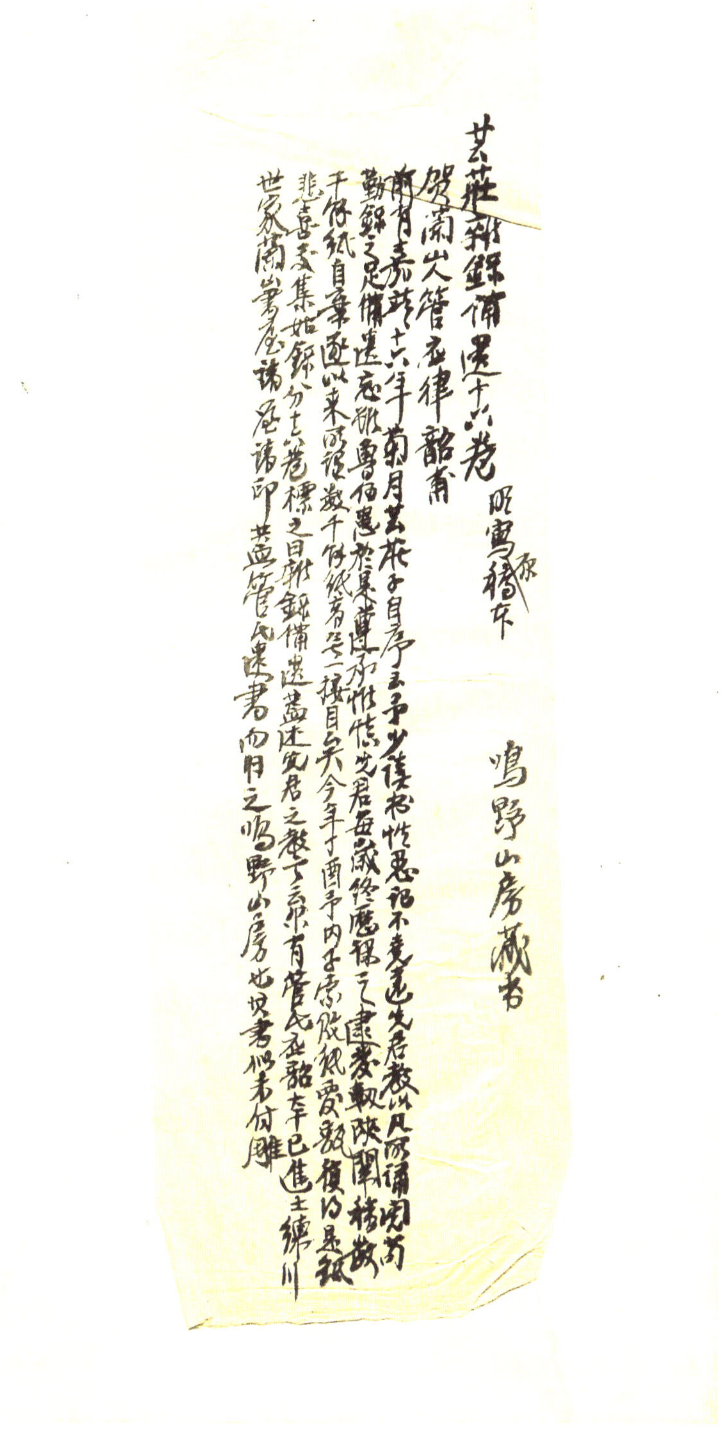

芸莊新錄補選十六卷　昭寓稽夾

賀蘭山人管庭律韶甫　　鳴野山房藏書

前有嘉慶十六年菊月芸莊子自序云予少讀書性愚鈍不竟學遂先君教以凡所讀閱有
勤錄之足備遺忘故粵伍選於某某過承惟恃先君每歲終應課之遺墨輙陳開稽数
千條紙自童蒙以來所讀數千條紙有分二類目矣今年丁酉予內子索假紙費數復乃是錄
悲喜交集始錄分十六卷標之曰新錄補選蓋述先君之教下云亦有管氏韶大年已進士綿川
世家賀蘭山書庫請庭請印共函管氏遺書而用之鳴野山房也此書似未付雕

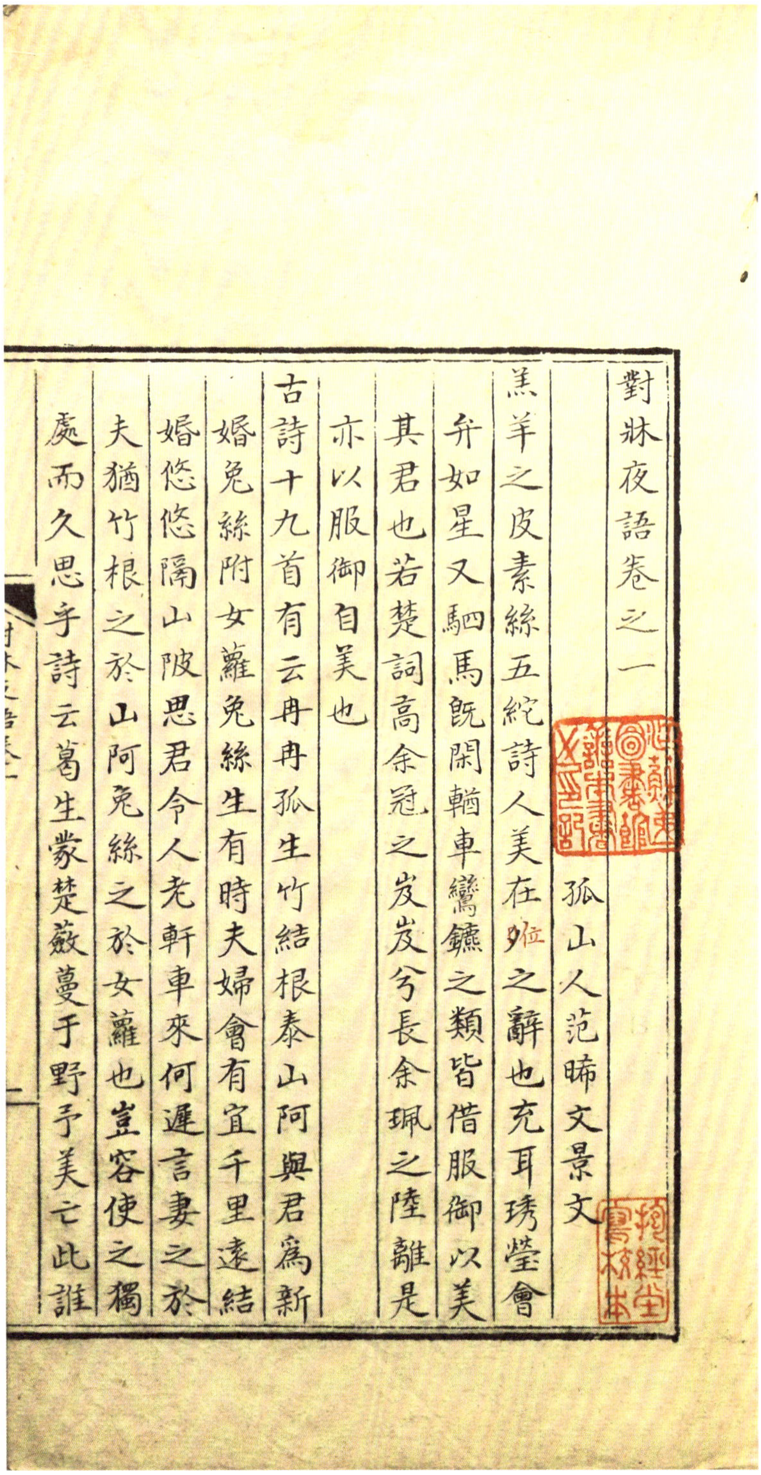

對牀夜語卷之一

孤山人范晞文景文

羔羊之皮素絲五紽詩人美在夕位之辭也充耳琇瑩會

弁如星又駟馬既閑輶車鑾鑣之類皆借服御以美

其君也若楚詞高余冠之岌岌兮長余珮之陸離是

亦以服御自美也

古詩十九首有云冉冉孤生竹結根泰山阿與君爲新

婚兔絲附女蘿兔絲生有時夫婦會有宜千里遠結

婚悠悠隔山陂思君令人老軒車來何遲言妻之於

夫猶竹根之於山阿兔絲之於女蘿也豈容使之獨

處而久思乎詩云葛生蒙楚蘞蔓于野予美亡此誰

13 對牀夜語五卷　（宋）范晞文撰　清乾隆盧文弨鈔校本　清盧文弨校並跋　嚴元照、丁丙跋

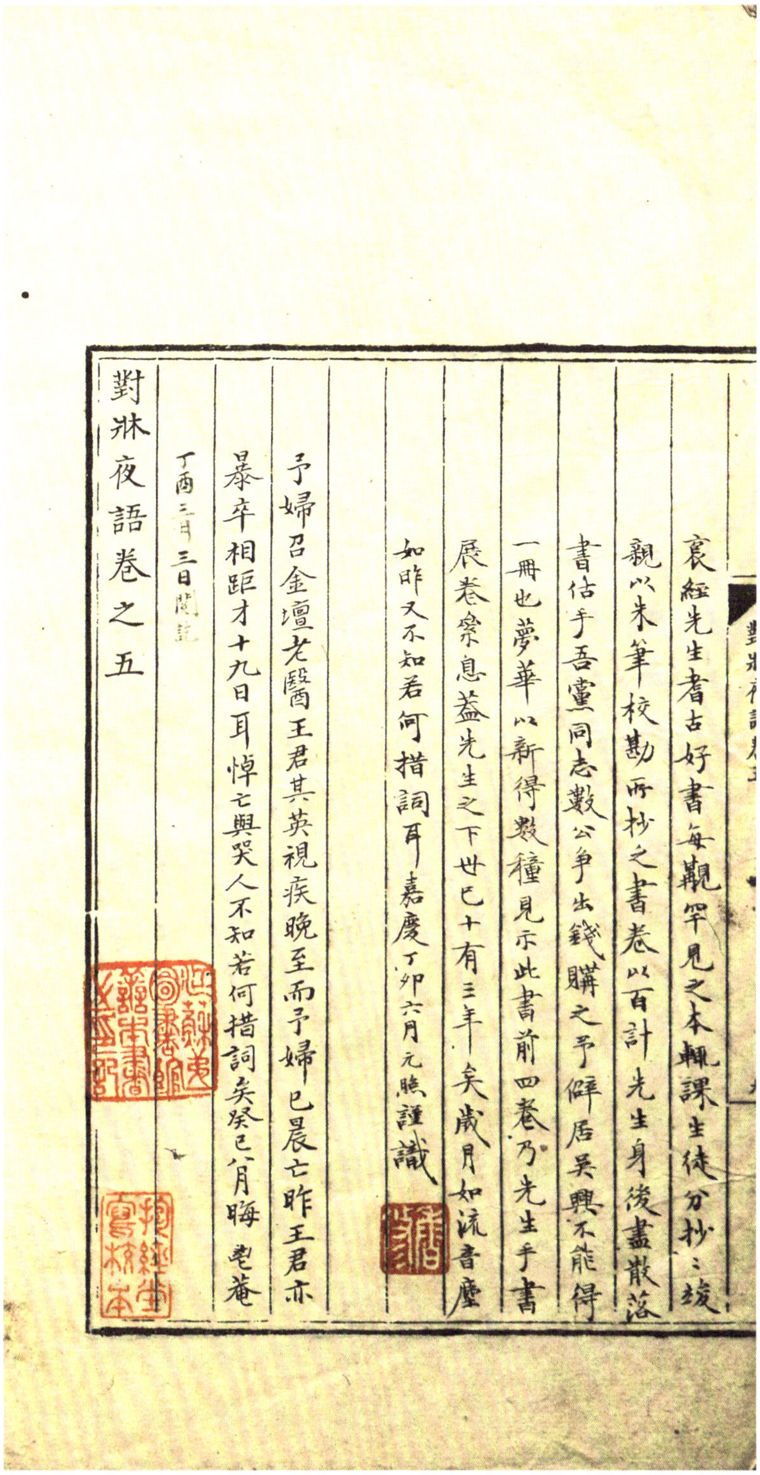
袌經先生耆古好書每覯罕見之本輒課生徒分抄々竣
親以朱筆校勘所抄之書卷以百計先生身後盡散落
書估手吾黨同志數公爭出錢購之予僻居吳興不能得
一冊也夢華以新得數種見示此書前四卷乃先生手書
展卷衆息蓋先生之下世已十有三年矣歲月如流音塵
如昨又不知若何措詞耳嘉慶丁卯六月元照謹識

予婦召金壇老醫王君其英視疾晚至而予婦已晨亡昨王君亦
暴卒相距才十九日耳悼亡與哭人不知若何措詞矣癸巳八月晦 老菴

丁酉三月三日閱訖

對牀夜語卷之五

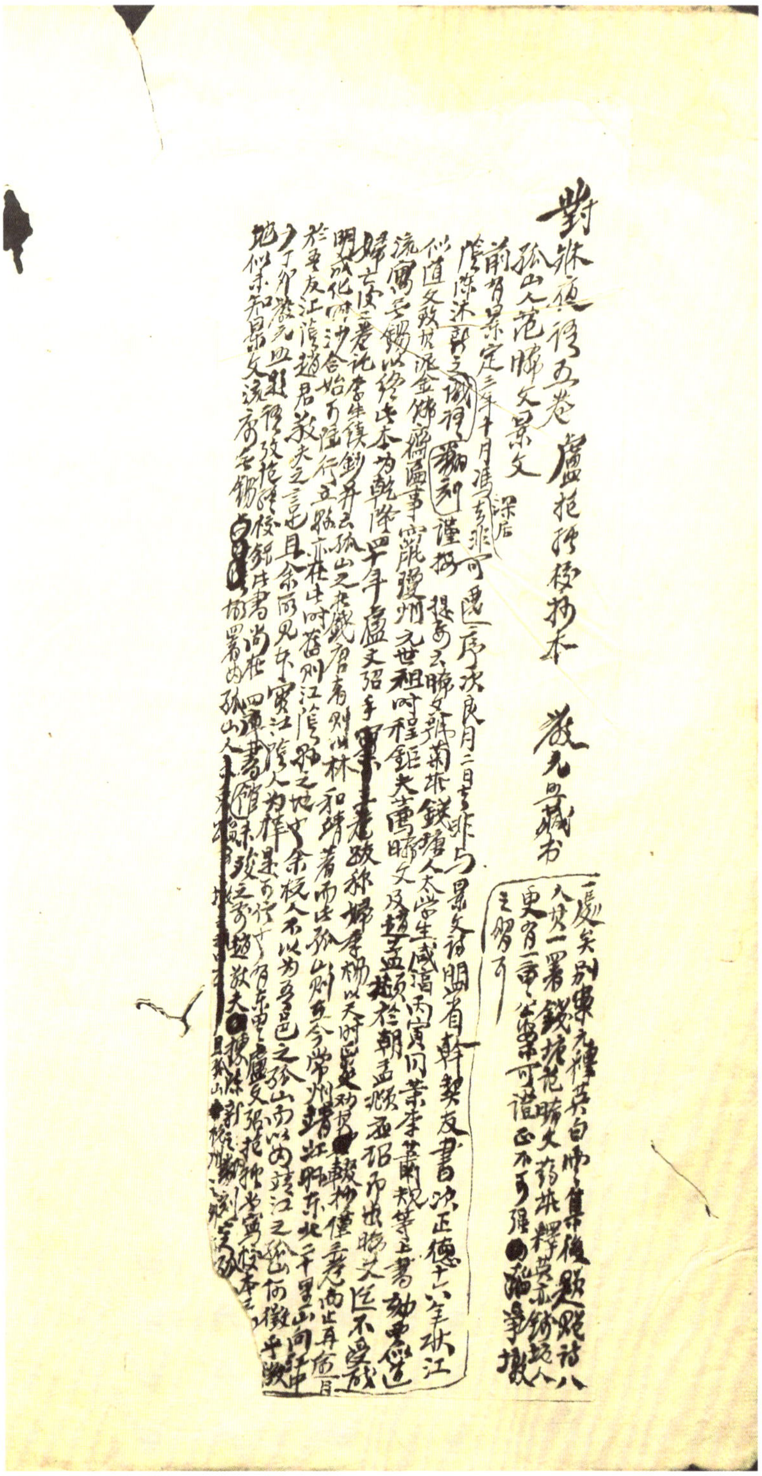
對牀夜語五卷 盧抱經校抄本
孤山人范晞文景文

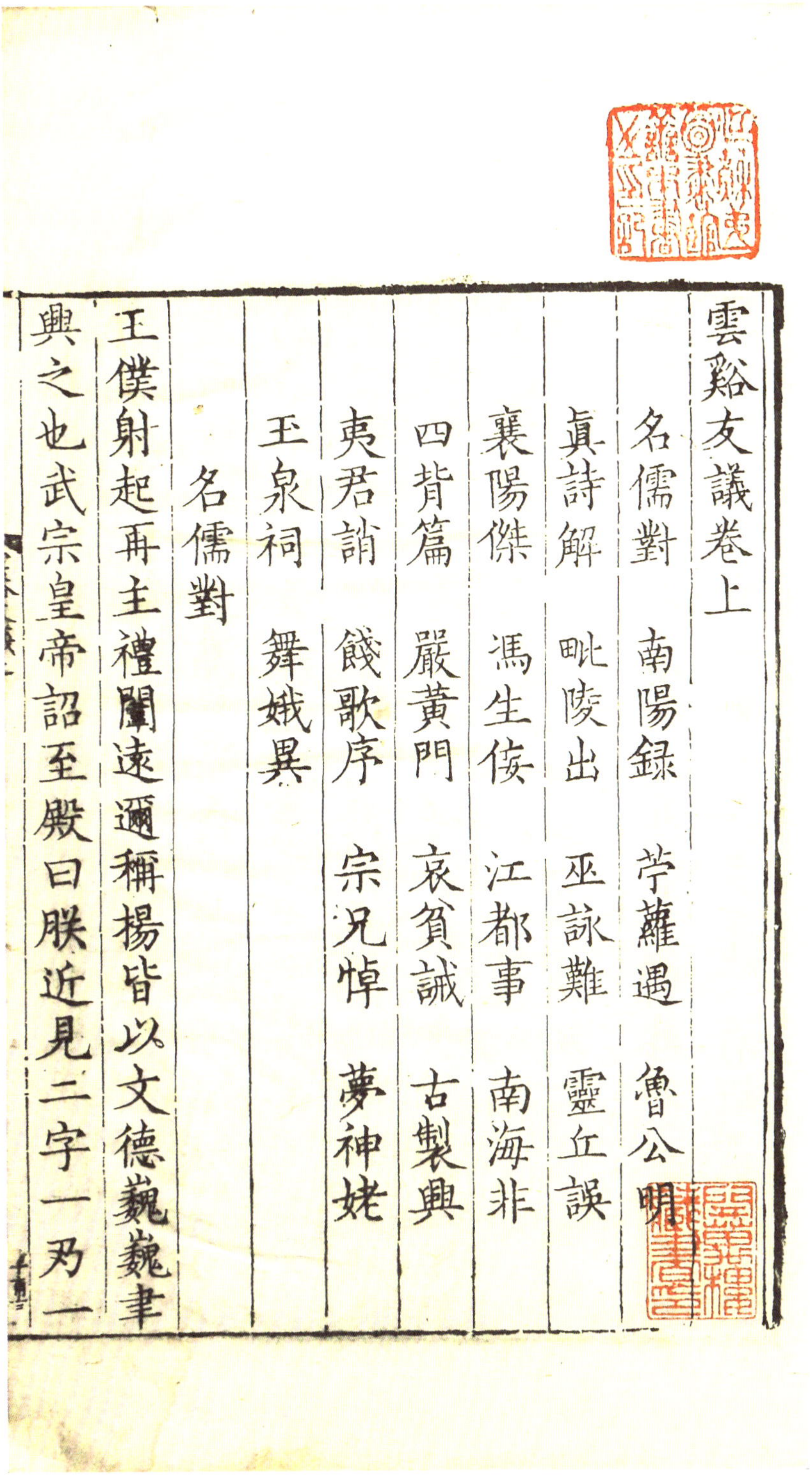
雲谿友議卷上
名儒對　南陽録　苧蘿遇　魯公明
眞詩解　毗陵出　巫詠難　靈丘誤
襄陽傑　馮生佞　江都事　南海非
四背篇　嚴黃門　哀貧誡　古製興
夷君誚　餞歌序　宗兄悼　夢神姥
玊泉祠　舞娥異
名儒對
王僕射起再主禮闈遠邇稱揚皆以文德巍巍聿
興之也武宗皇帝詔至殿曰朕近見二字一刃一

14 雲溪友議三卷　（唐）范攄撰　明刻本　清顧廣圻、丁丙跋

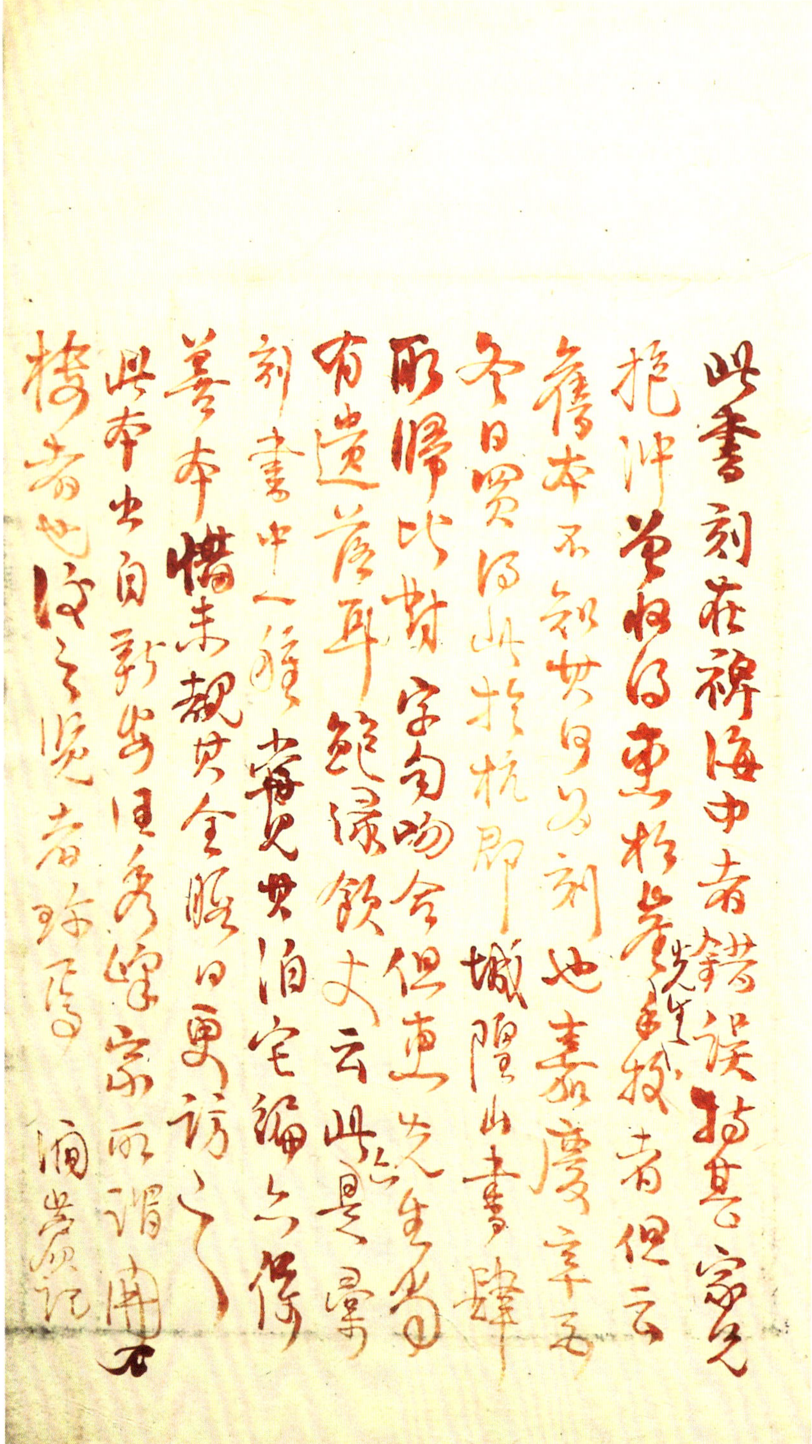

是書為汪秀峯舊藏鮑渌飲審定顧千里題識
可稱三絕秀峯寓杭之小粉場千里購自城隍山書
歸杭
十一向自
光緒丁亥

西溪叢語三卷 明刊本　汪秀峯舊藏
五雲谿人姚寬纂
前有自序無卷目錄按邱文唐老本三卷直齋書目作十二卷今（所錄多一時前人詩句日友故實詩話也）
商本稗海卷次同來自叙此說存之卷之舊藏澗賓記云家兄抱沖
曾借惠松崖手校者但云舊本不知何刻嘉慶六年酉買此於杭郡吳山
書肆所旧对照字句吻合鮑渌飲文云此亦是宋刻之一種嘗見泊
宅編亦同此版匡版更訪之此本出自刻本汪秀峯家所謂
開萬樓者也後之覽者珍焉

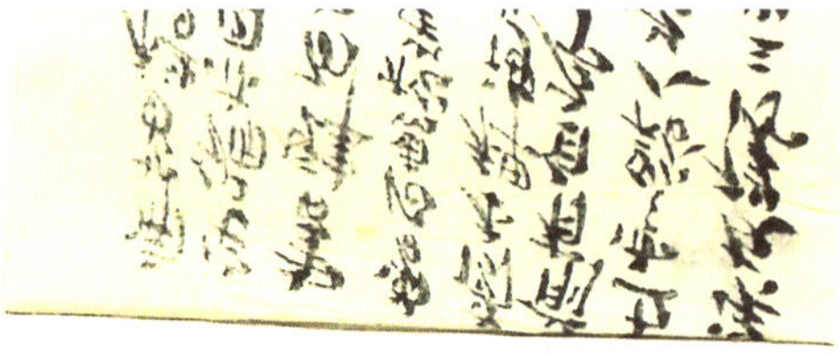

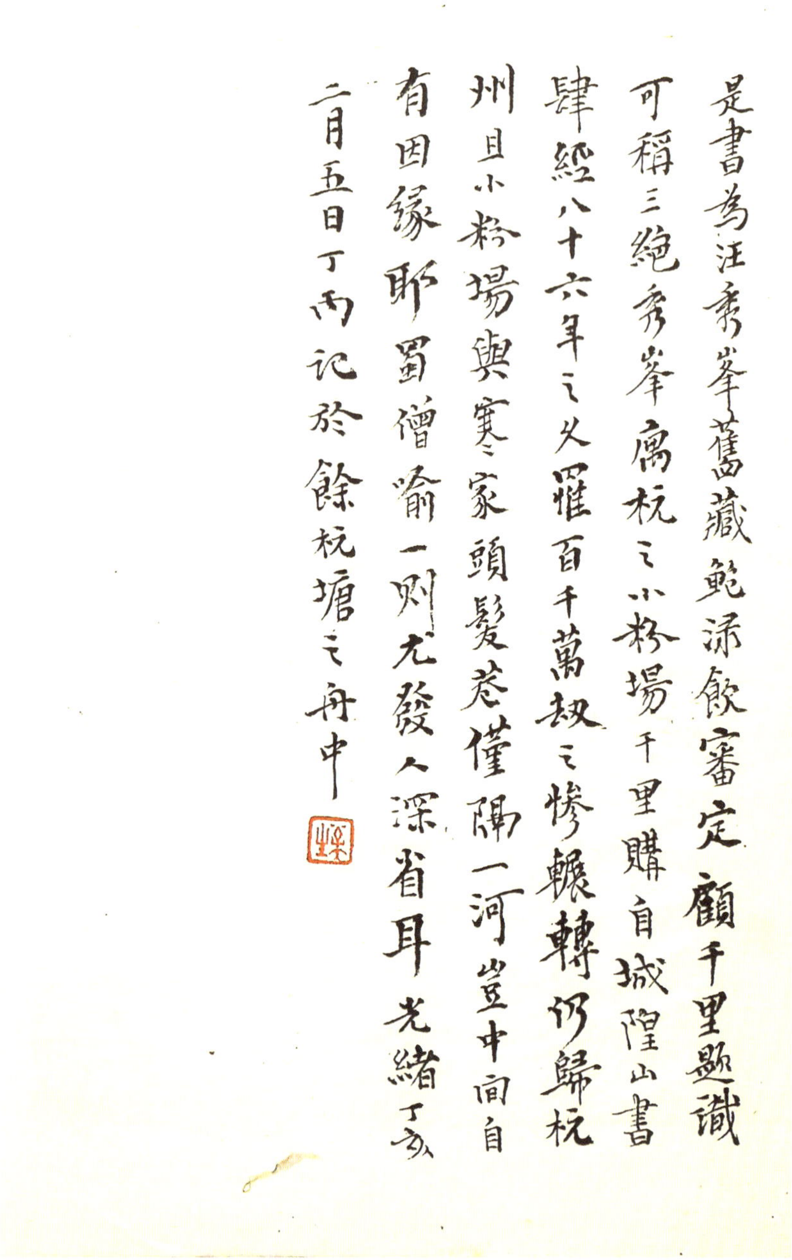
是書為汪秀峯舊藏鮑渌飲審定顧千里題識
可稱三絕秀峯寓杭之小粉場千里購自城隍山書
肆經八十六年之久羅百千萬劫之慘輾轉仍歸杭
州且小粉場與寒々家頭髮巷僅隔一河豈中向自
有因緣耶蜀僧喻一則尤發人深省耳光緒丁亥
二月五日丁丙記於餘杭塘之舟中

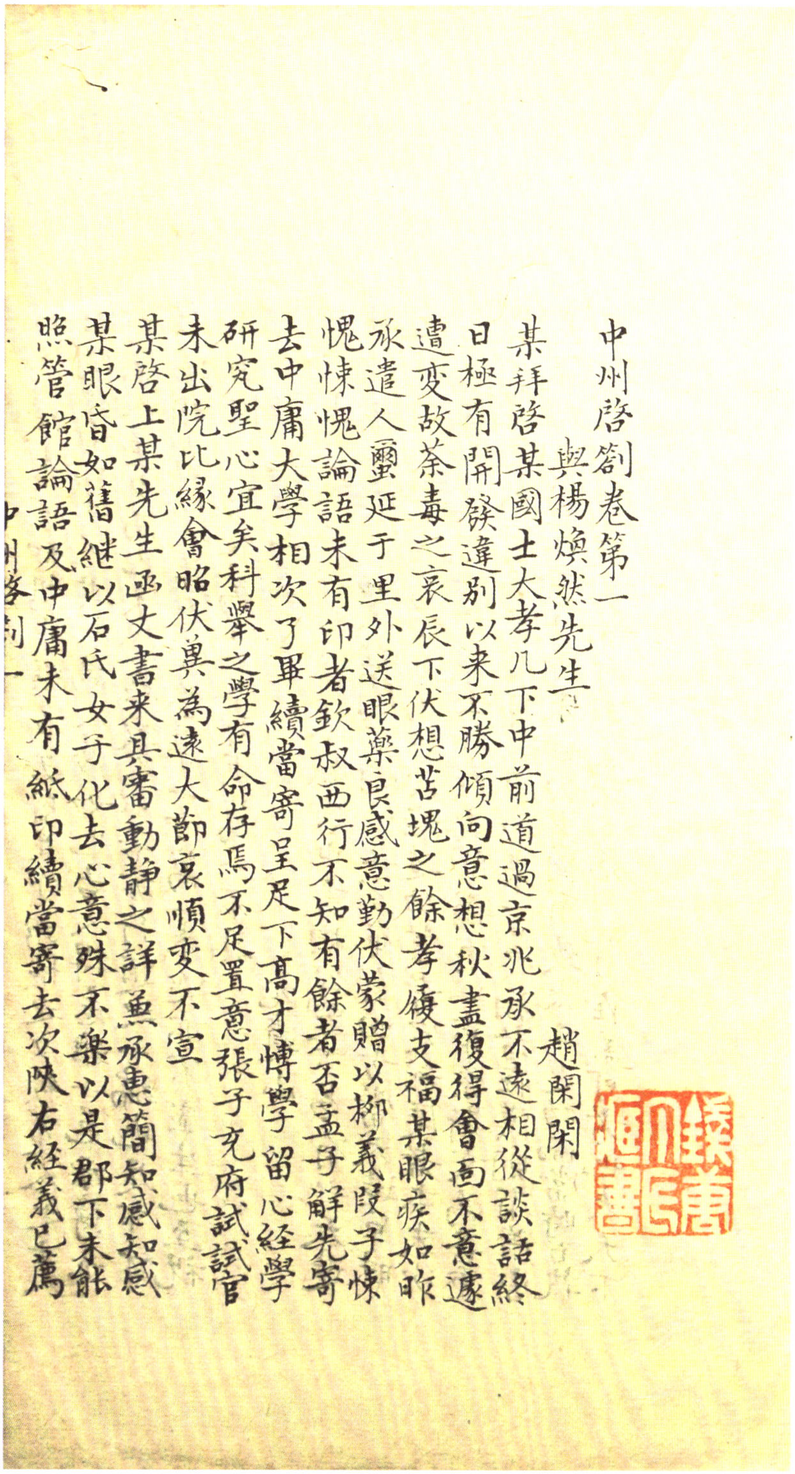

中州啓劄卷第一

與楊煥然先生　　趙閑閑

某拜啓某國士大孝几下中前道過京兆承不遠相從談語終日極有開發違别以来不勝傾向意想秋盡復得會面不意遽遭变故荼毒之哀辰下伏想苦塊之餘孝履支福某眼疾如昨承遣人畺延于里外送眼藥良感意勤伏蒙贈以栁義叟子悚愧悚愧論語未有印者欽叔西行不知有餘者否孟子觧先寄去中庸大學相次了畢續當寄呈足下高才博學留心經學研究聖心宜矣科舉之學有命存焉不足置意張子充府試官未出院比緣會晤伏冀為遠大節哀順变不宣

某啓上某先生函丈書来具審動靜之詳兼承惠簡知感知感某眼昏如舊継以石氏女子化去心意殊不樂以是郡下未能照管館論語及中庸未有紙印續當寄去次陜右經義已薦

15 中州啓劄四卷　（元）吴弘道編　清張氏愛日精廬鈔本　佚名録黄丕烈跋　丁申校並跋

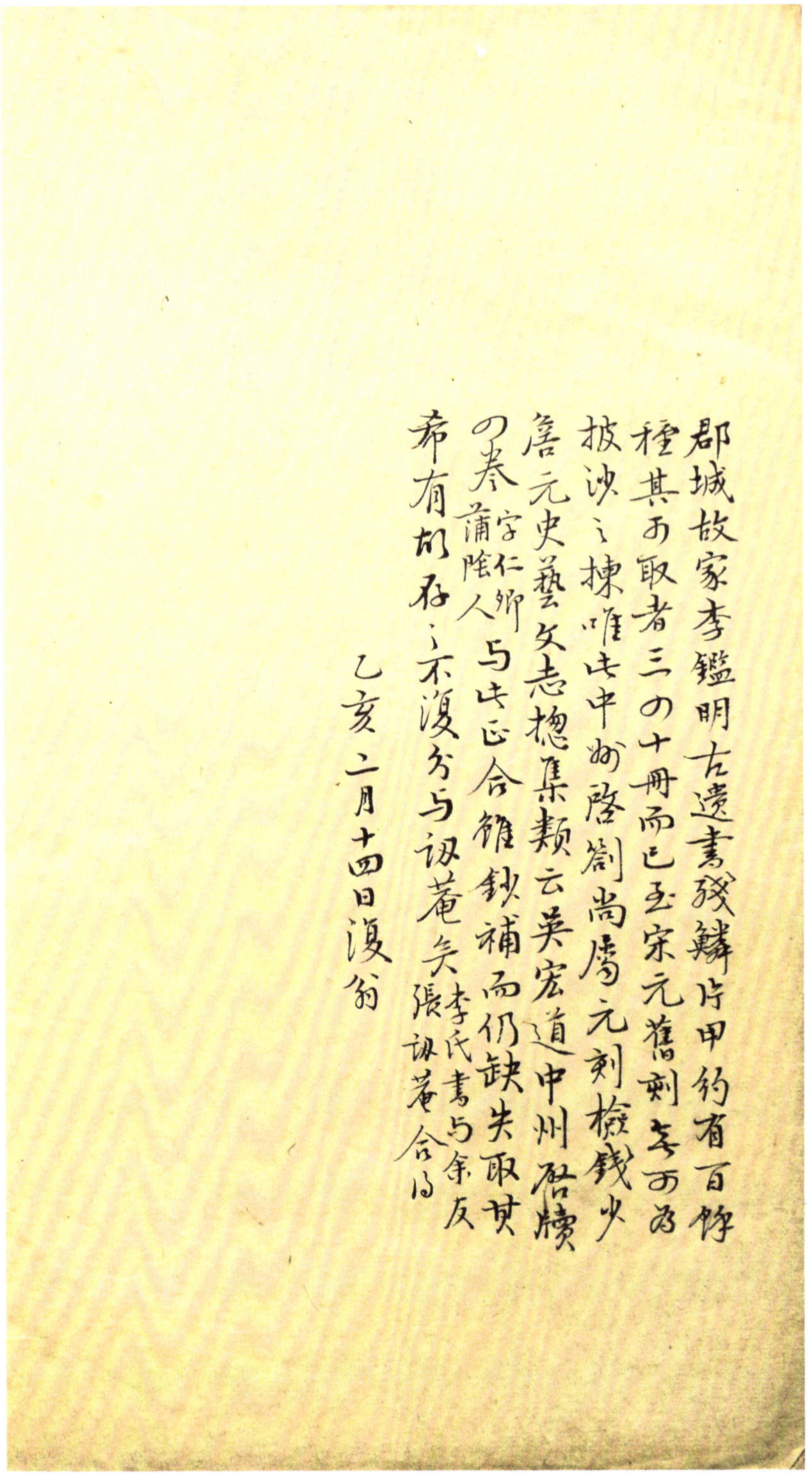

郡城故家李鑑明古遺書殘鱗片甲約有百餘種其可取者三四十冊而已至宋元舊刻無可爲披沙之揀唯此中有啓劄尚書元刻檢錢少詹元史藝文志總集類云吳宏道中州啓牘四卷字仁卿蒲陰人与此正合雖鈔補而仍缺失取其希有故存之亦復分与訒菴矣李氏書与余及張訒菴合得

乙亥二月十四日復翁

元吳宏道字仁卿金臺蒲陰人江西省檢校掾史
嘗裒趙秉文元好問張斯立杜仁傑諸名流赤
牘為中州啟劄

四庫館從永樂大典録出編分二卷提要云宋
元啟劄最夥猥濫亦最甚此一編猶近雅以
文多習見僅存其目是帙為古虞張月霄所
藏影元抄本猶有中郎虎賁之似宜黃蕘
圃琴六諸公稱為稀有況庚申辛酉粵逆

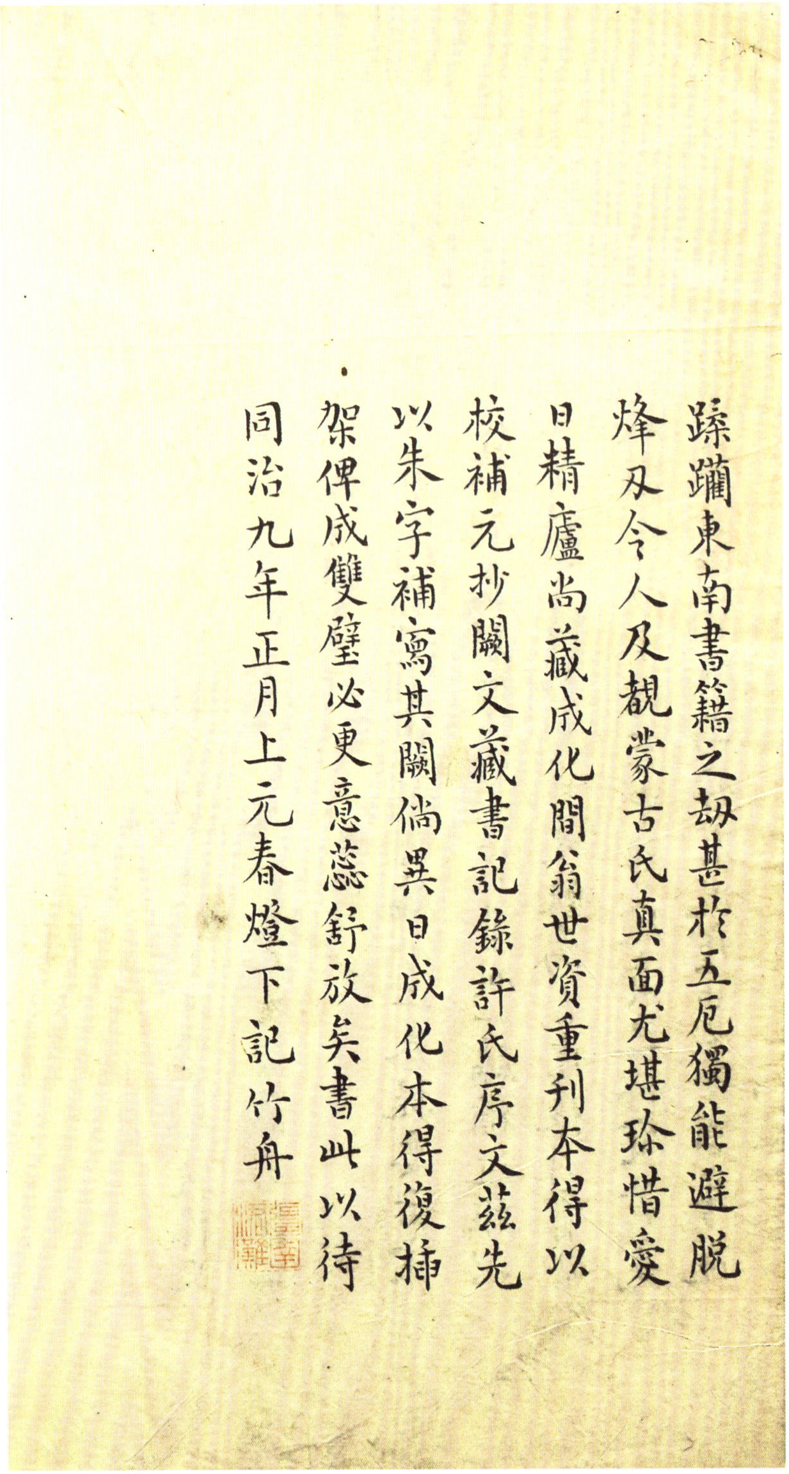

蹂躪東南書籍之刼甚於五厄獨能避脱
烽及今人及覩蒙古氏真面尤堪珍惜愛
日精廬尚藏成化間翁世資重刊本得以
校補元抄闕文藏書記録許氏序文兹先
以朱字補寫其闕倘異日成化本得復插
架俾成雙璧必更意蕊舒放矣書此以待
同治九年正月上元春燈下記竹舟

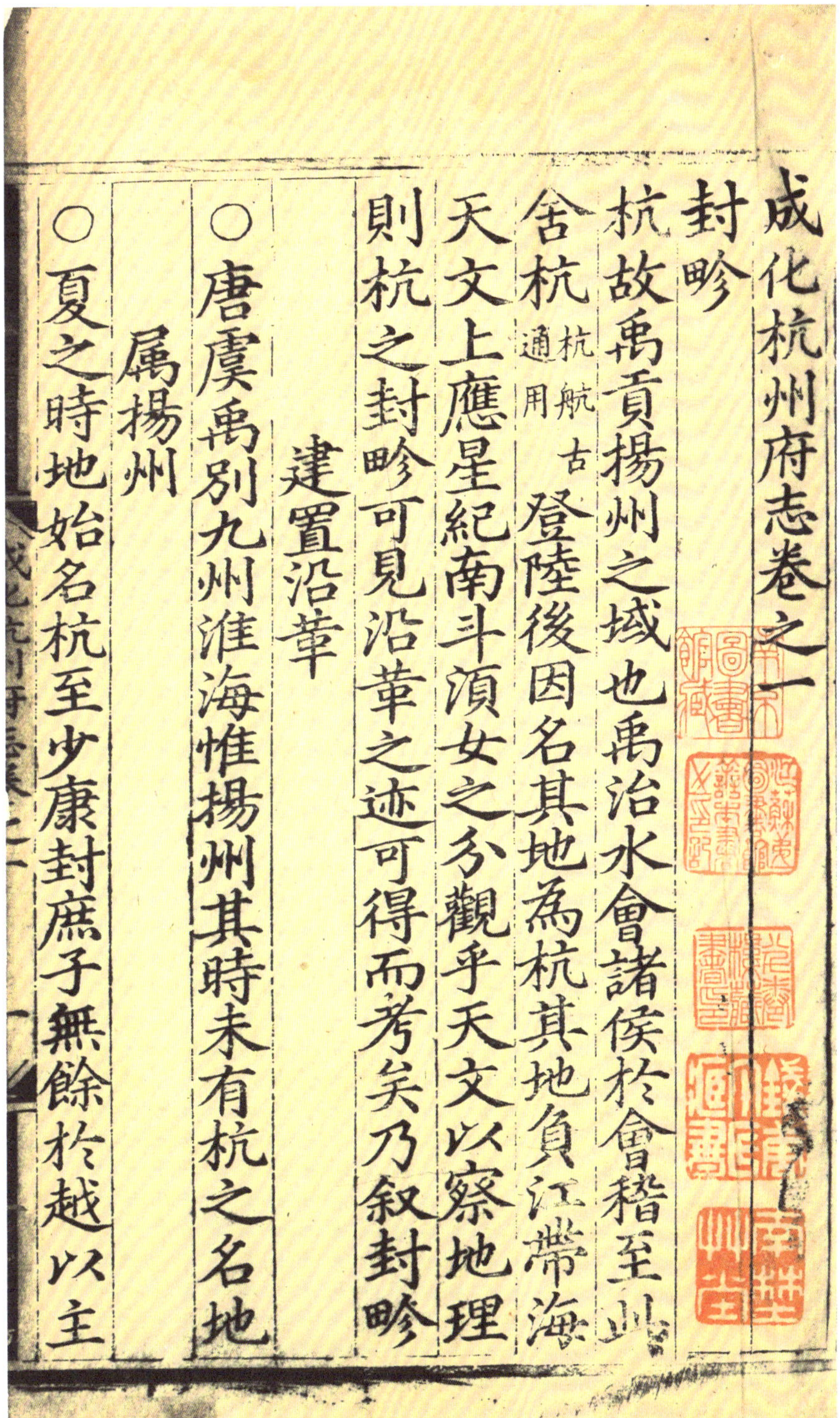
成化杭州府志卷之一

封畛

杭故禹貢揚州之域也禹治水會諸侯於會稽至此舍杭（杭航古通用）登陸後因名其地爲杭其地負江帶海天文上應星紀南斗須女之分觀乎天文以察地理則杭之封畛可見沿革之迹可得而考矣乃叙封畛

建置沿革

○唐虞禹別九州淮海惟揚州其時未有杭之名地屬揚州

○夏之時地始名杭至少康封庶子無餘於越以主

16［成化］杭州府志六十三卷　（明）陳讓、夏時正纂修

明成化刻本　清丁丙、丁立中跋

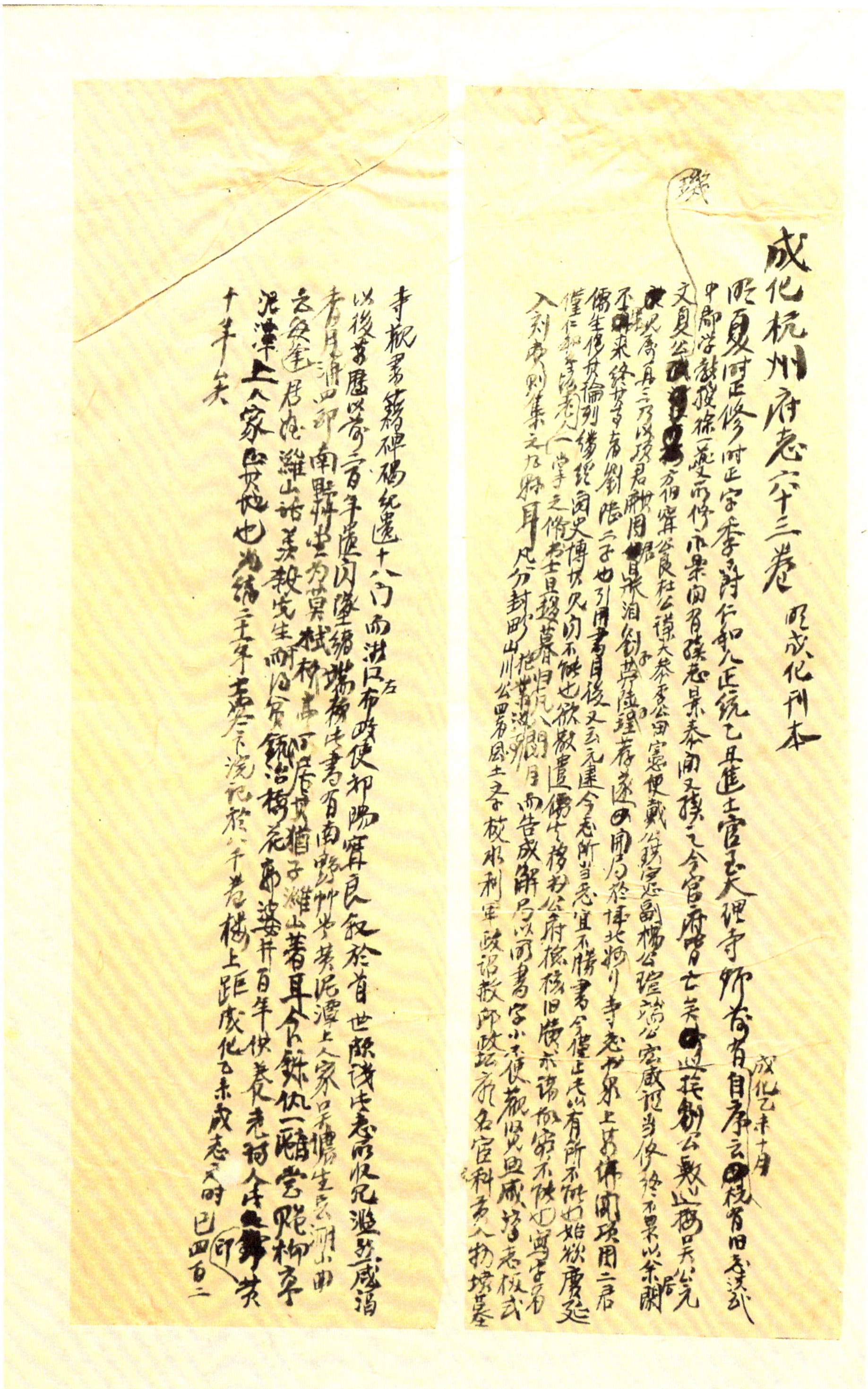
成化杭州府志六十三卷 明成化刊本

右成化杭州府志予家舊藏也書之源流 先府君曾著於善本書室藏書志中缺五卷

爲莫氏所抄而十三十四兩卷缺葉尚多無可抄補 先府君每引以爲憾今年春道出吳門於護

龍街書肆見有是書爲別下齋蔣氏藏本索值百金議價至再始以番餅五十枚購歸

出舊藏重加校勘蔣氏藏本雖完善然印本不及予家舊藏之精因檢舊藏所缺者

悉從蔣氏藏本抽出補之俾成善本惜 先府君不及見矣又按是書卷十首頁有篆玉

印篆玉字讓山號嶺雲南屏萬松山房僧有話墮集則是書莫氏之後又藏於淨慈

寺此先府君失於記載因附及之鄉邦文獻藉諸先哲保護之力垂四百年而集成善本

藏之八千卷樓洵足與宋本咸淳臨安志並駕齊驅矣書此以志幸錢塘丁立中識

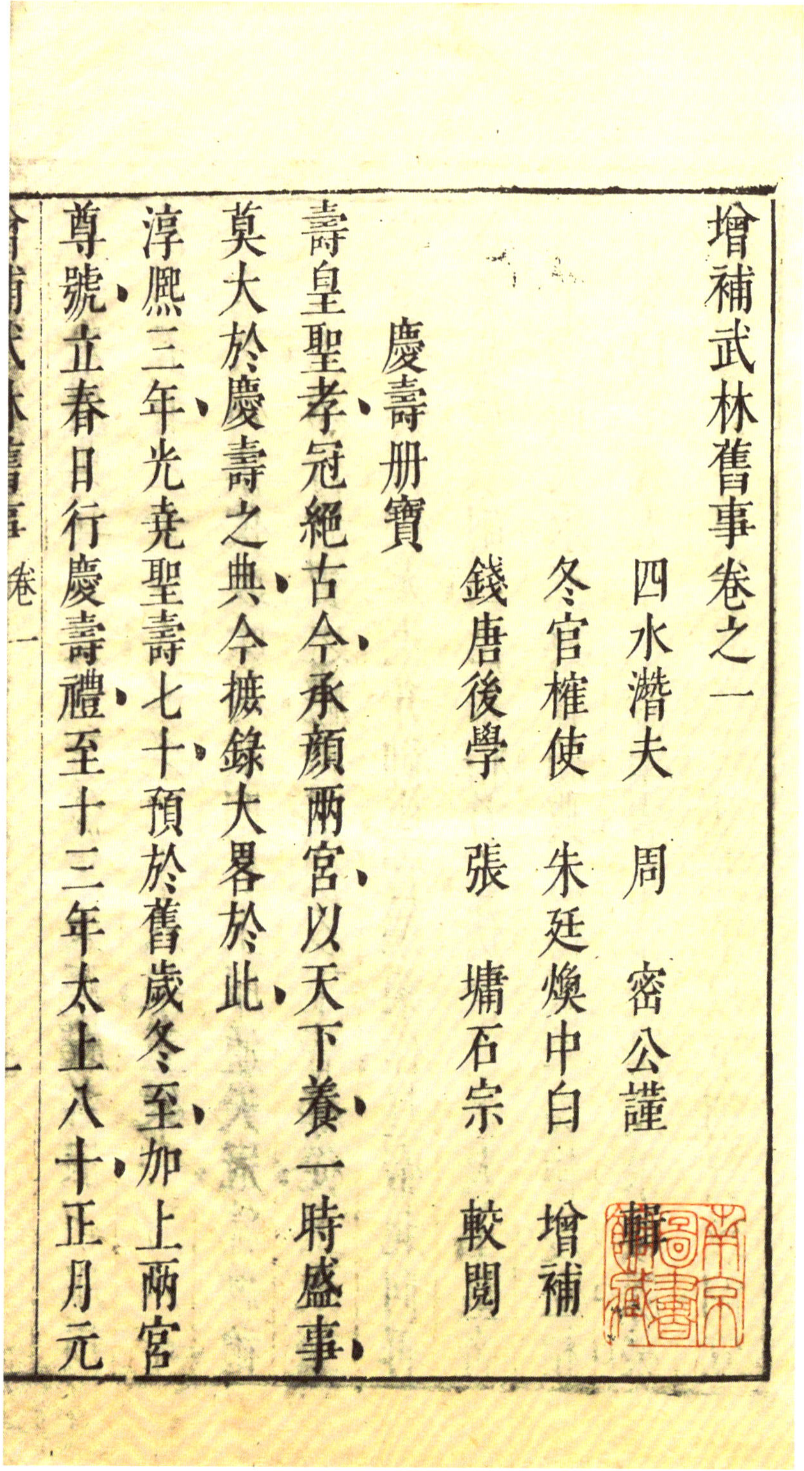

增補武林舊事卷之一

四水潛夫　周　密公謹　輯

冬官榷使　朱廷煥中白　增補

錢唐後學　張　墉石宗　較閱

慶壽冊寶

壽皇聖孝冠絕古今承顏兩宮以天下養一時盛事

莫大於慶壽之典今摭錄大畧於此

淳熙三年光堯聖壽七十預於舊歲冬至加上兩宮

尊號立春日行慶壽禮至十三年太上八十正月元

增補武林舊事　卷一

17 增補武林舊事八卷　（宋）周密撰　（明）朱廷煥增補

明崇禎十年（1637）刻本　清丁立誠跋

右明崇禎刊本武林舊事二冊工部主事督理杭州關務山東朱廷煥即四水潜夫舊本增入睿藻恩澤吳山勝槩下物產災異五門刻於杭州者也傳本極罕光緒初元監利李小山司馬得之故書攤中持以見贈藏余家者已數十年卷首有古杭董醻長方印一知為杏滕先生舊藏又有桐香館及平陽汪氏家藏書畫法帖圖記大小長方印二則叔明先生所鈐也卅明丈受業杏滕先生之門董氏故輒舉而贈之以誌師生流灑之誼今 表弟李君梅孫為叔明丈入室弟子師弟情誼之篤不減董之於汪故舉以奉贈俾寶藏之今去叔明丈之歿時將三十年暇時展卷當生泰山梁木之感不僅舊帙之可珍已丈名敦善仁和貢生宣統元年閏二月廿八日錢塘丁立誠記

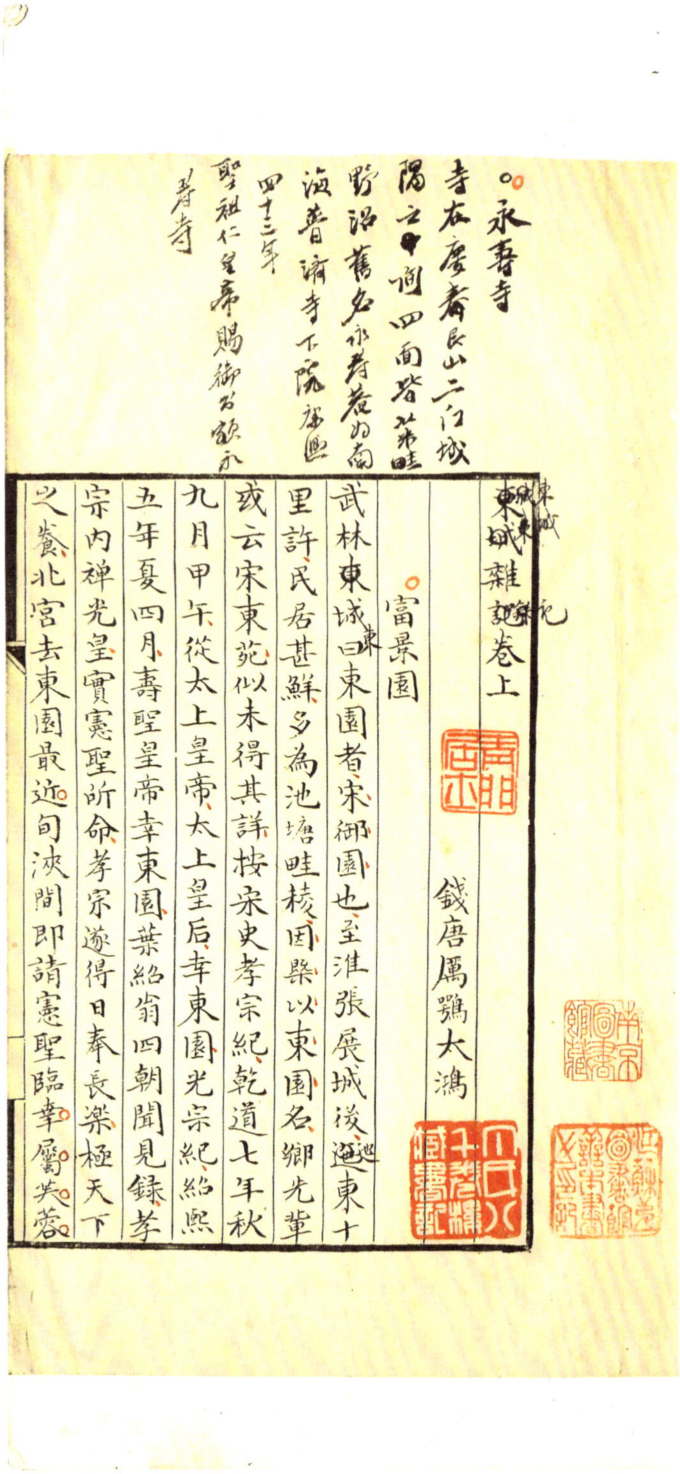

永壽寺
寺在慶春艮山二門城隅之中間四面皆菜畦野沼舊名永壽菴乃南海普濟寺下院康熙四十二年
聖祖仁皇帝賜御書額永壽寺

東城雜記卷上
錢唐厲鶚太鴻
富景園
武林東城曰東園者宋御園也至淮張展城後遂東十里許民居甚鮮多為池塘畦稜因槩以東園名鄉先輩或云宋東苑似未得其詳按宋史孝宗紀乾道七年秋九月甲午從太上皇帝太上皇后幸東園光宗紀紹熙五年夏四月壽聖皇帝幸東園葉紹翁四朝聞見録孝宗内禅光皇實憲聖所命孝宗遂得日奉長樂極天下之養北宮去東園最近旬浹閒即請憲聖臨幸簪芙蓉

18 東城雜記二卷　（清）厲鶚撰　稿本　清丁丙跋

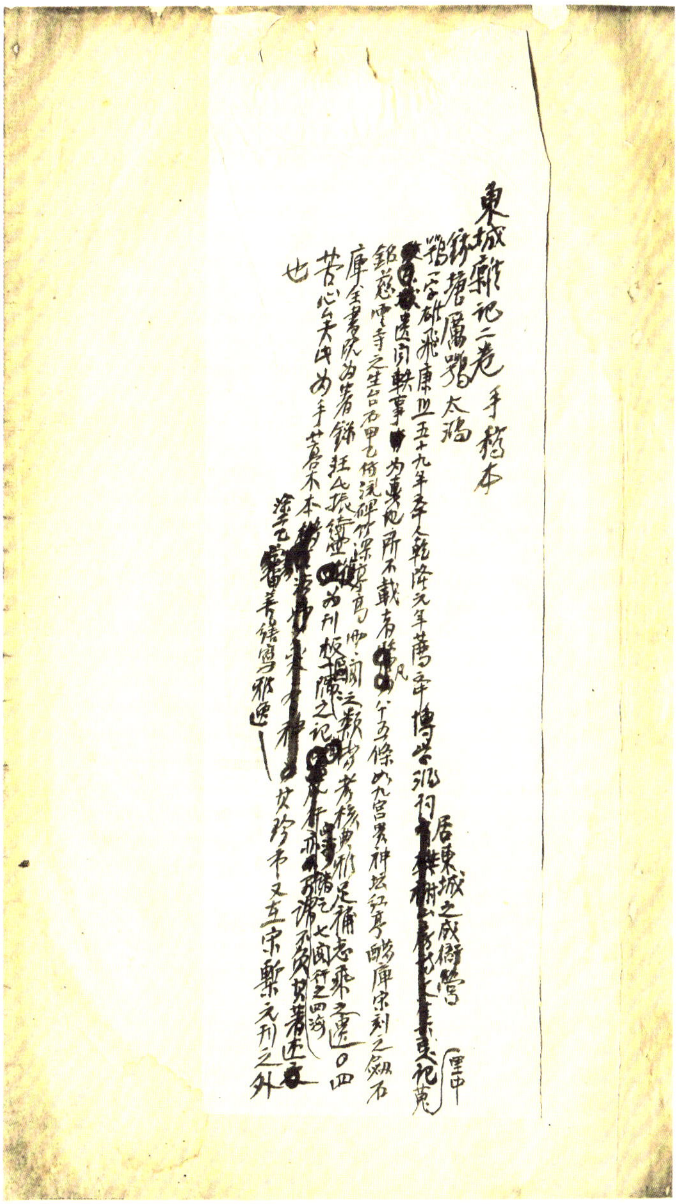
東城雜記二卷 手稿本

錢塘厲鶚太鴻

[illegible]

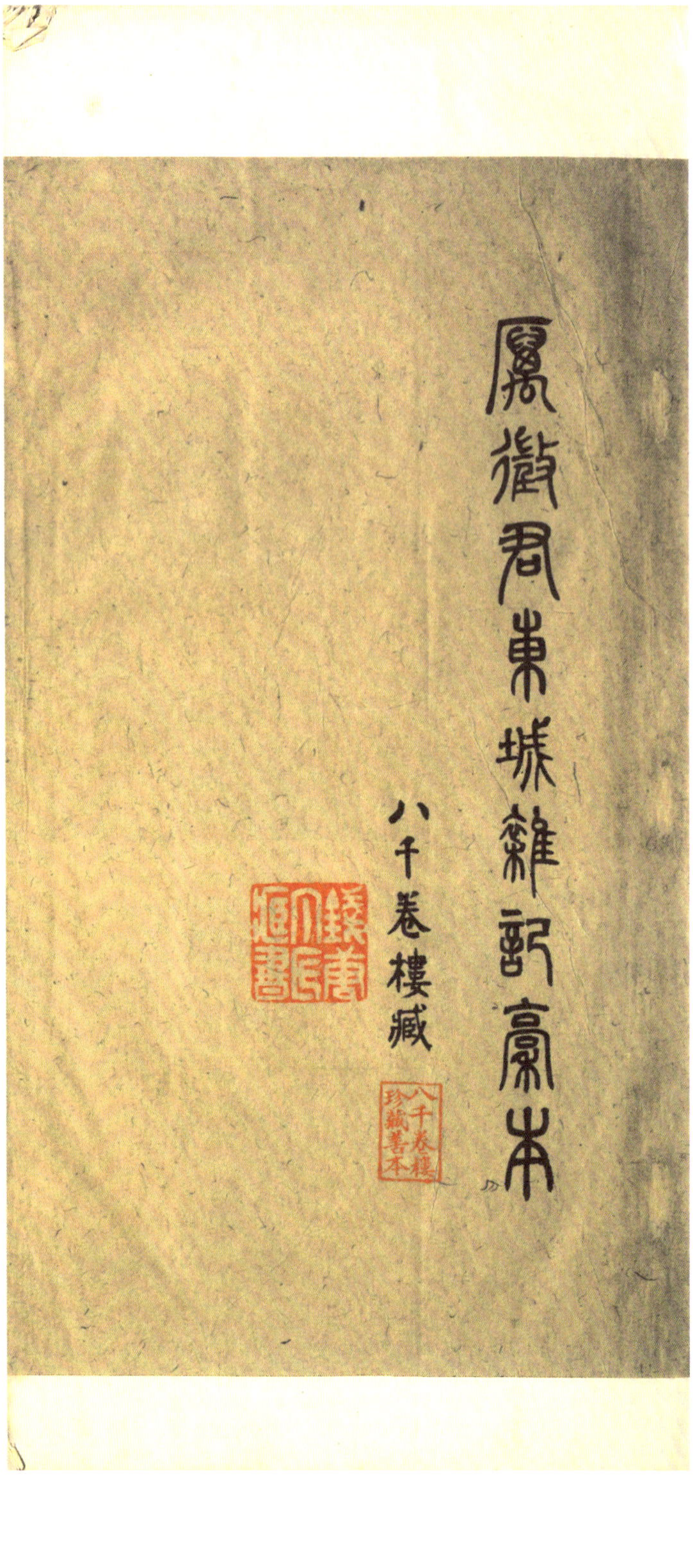
厲徵君東城雜記稾本
八千卷樓藏
八千卷樓珍藏善本

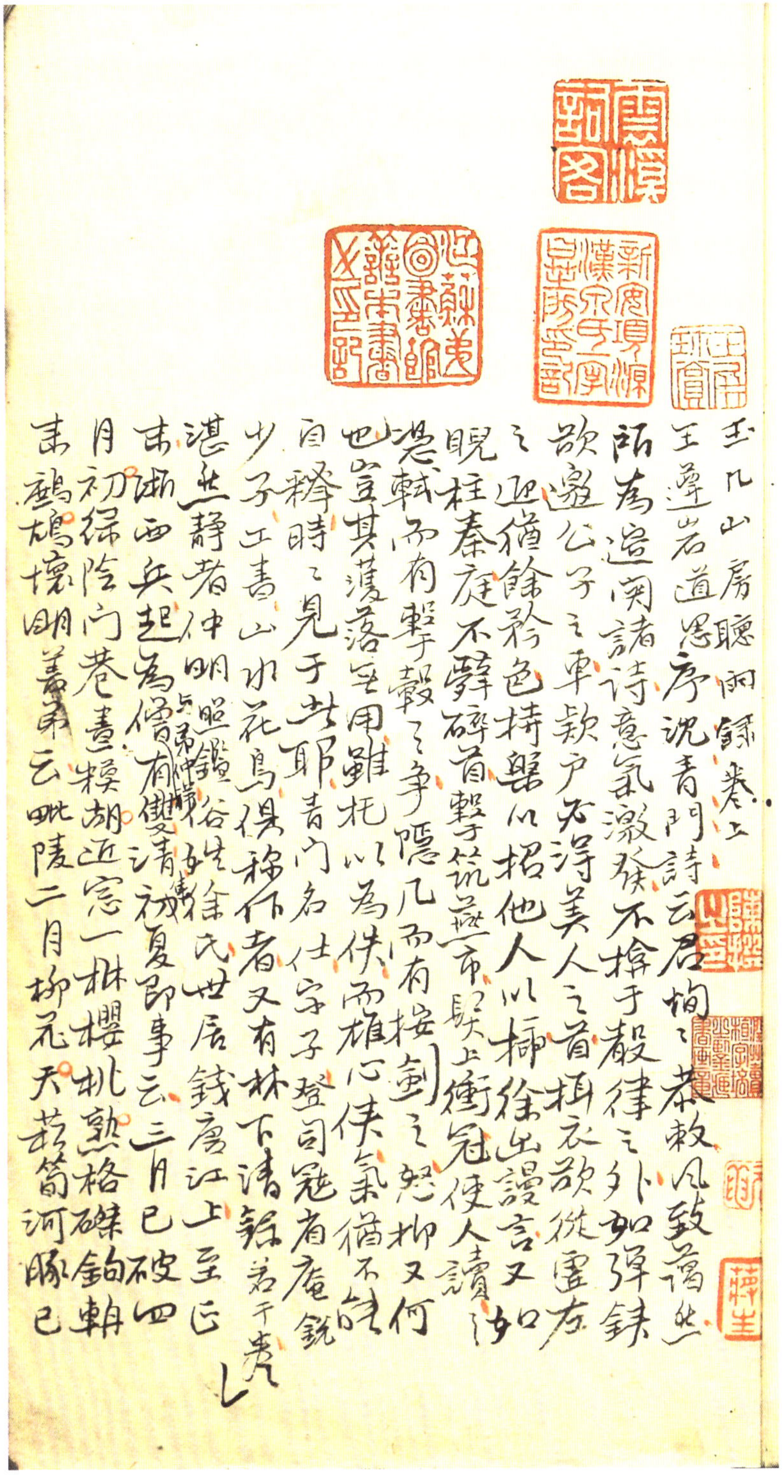

玉几山房聽雨録卷上

王遵岩道思序沈青門詩云君拘拘於教風致禍之所為這閱諸詩意氣激發不拘于穀律之外如彈鋏欲遨公子之車款户不得美人之首拊衣欲從靈右之迎猶餘矜色持與以招他人以掃徐出讓言又如睨柱秦庭不辭碎首擊筑燕市髮上衝冠使人讀之想軾而有擊轂之爭隱几而有按劍之怒抑又何也豈其落落無用雖托以為快而雄心俠氣猶不能自釋時時見于此耶青門名仕字子登司寇有庵銳少子工書山水花鳥俱稱作者又有林下清録若干卷

湛然靜者仲明照鑑俗姓徐氏世居錢唐江上至正末浙西兵起為僧有僧清初夏即事云三月已破四月初綠陰門巷晝模糊近窗一樹櫻桃熟格磔鉤輈末鵓鴣懷明善弟云毗陵二月柳花天荻筍河豚已

19 玉几山房聽雨録一卷　（清）陳撰撰　稿本　清周星詒校

許乃釗、丁丙跋

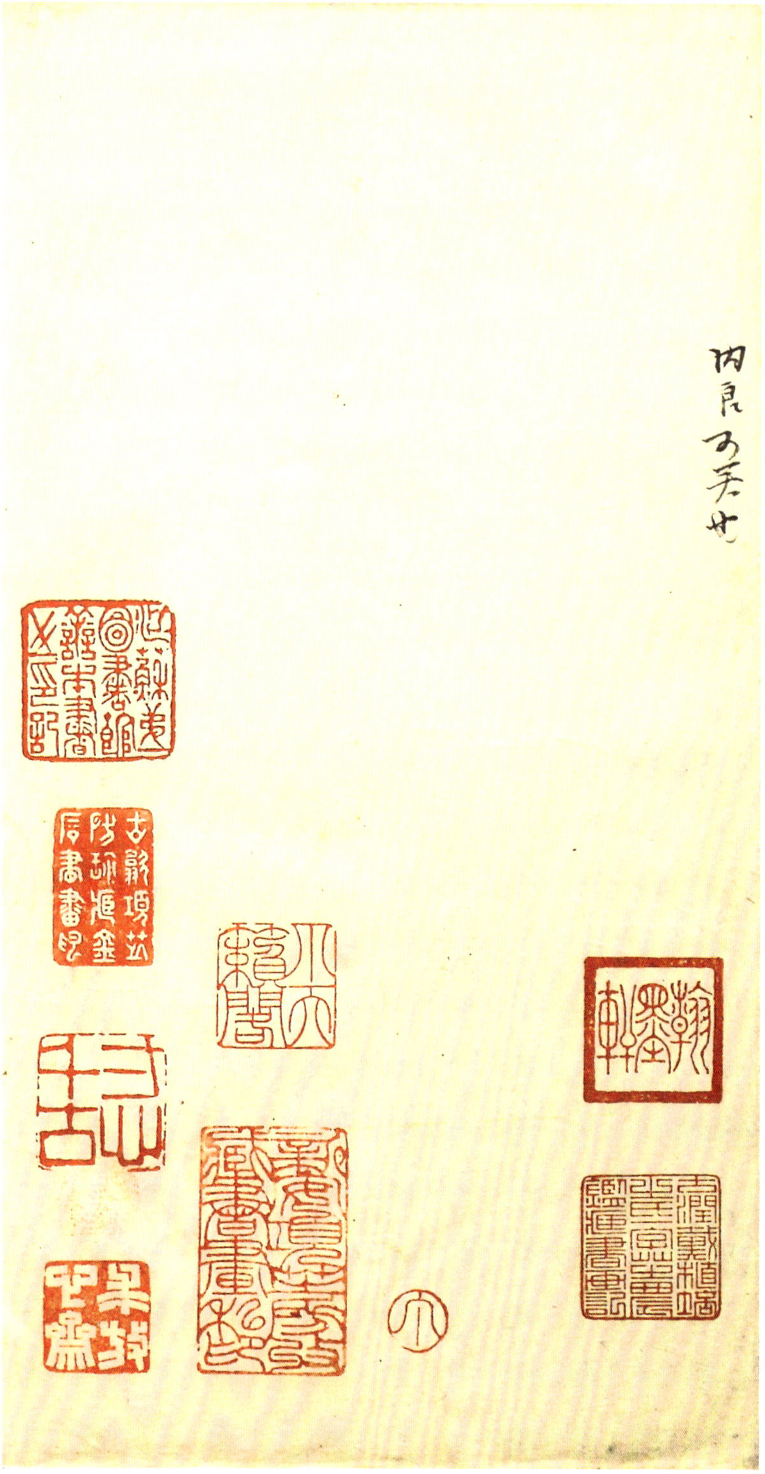

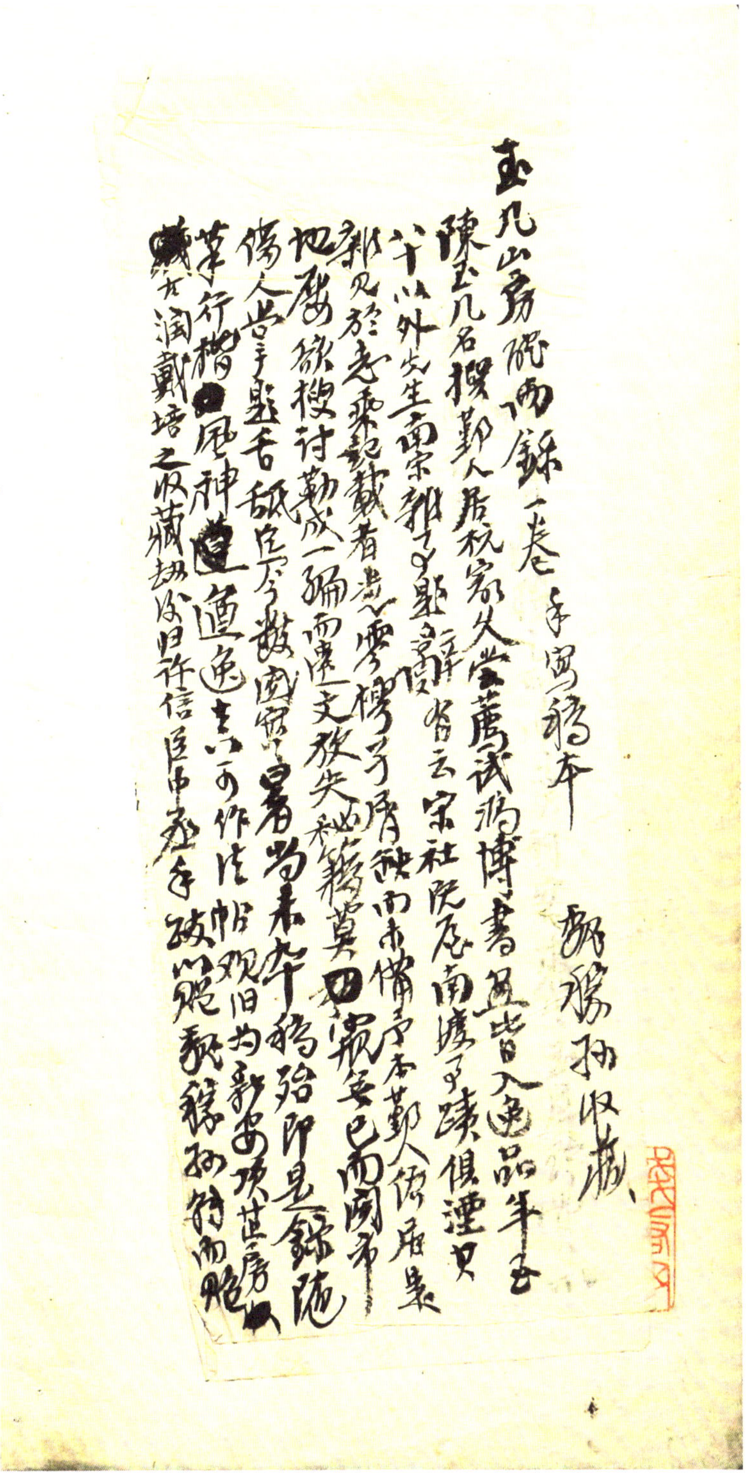
玉几山房聽雨録一卷 手寫稿本

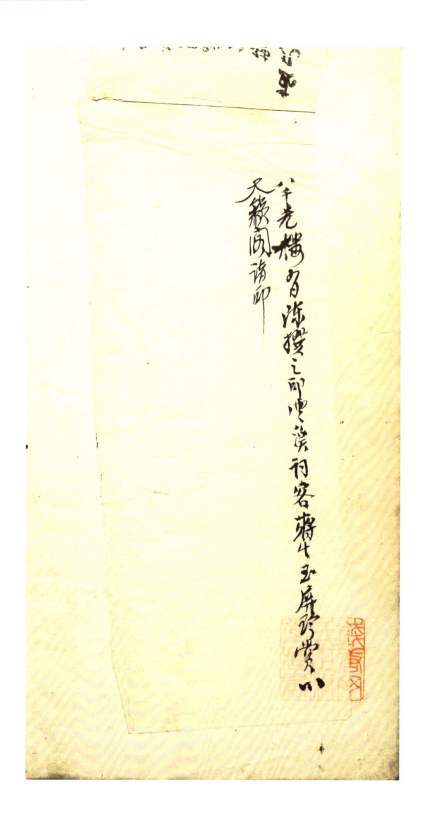

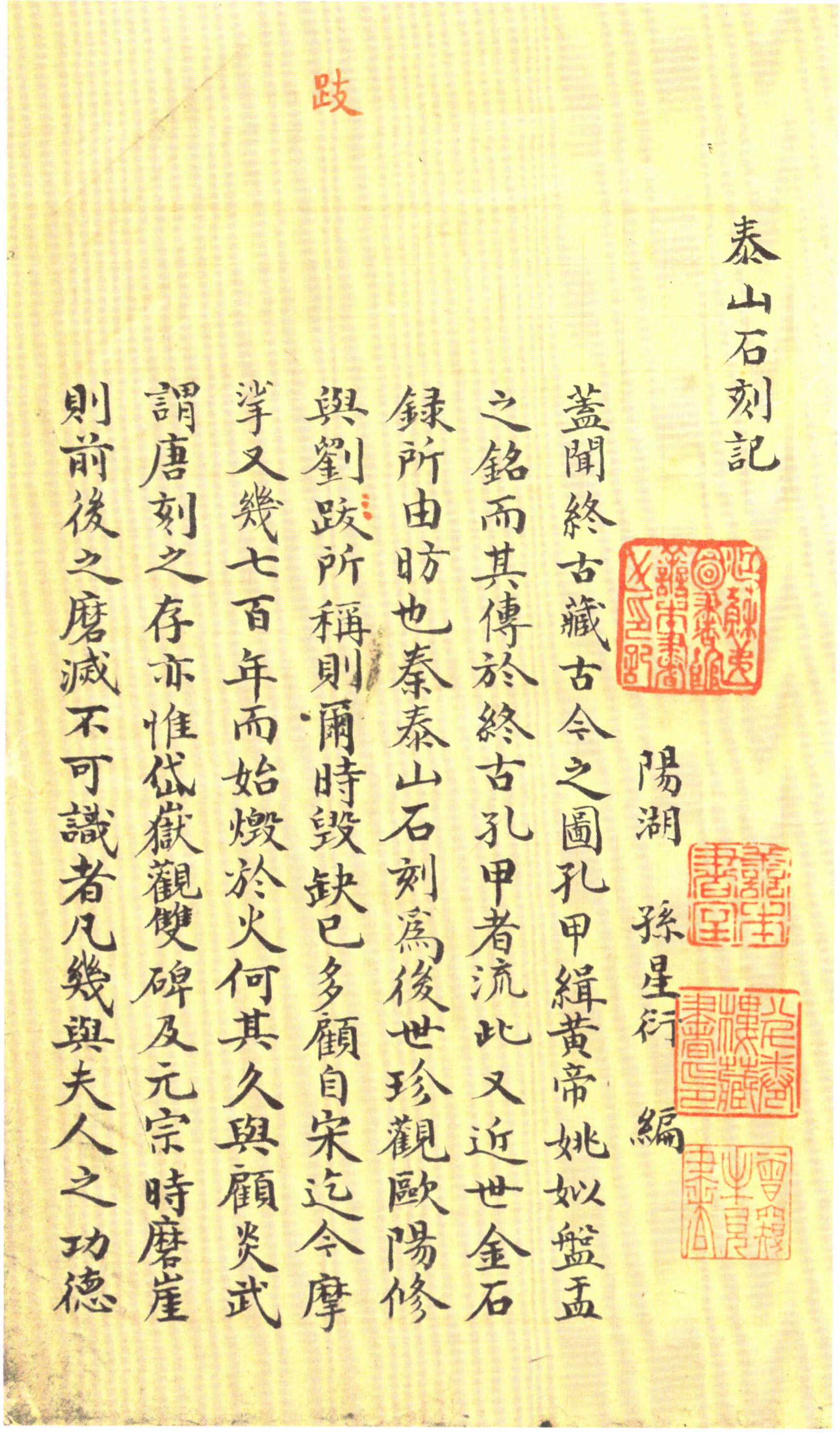
跋
泰山石刻記
陽湖 孫星衍 編
蓋聞終古藏古今之圖孔甲緝黄帝姚姒盤盂
之銘而其傳於終古孔甲者流此又近世金石
録所由昉也秦泰山石刻爲後世珍觀歐陽修
與劉跋所稱則爾時毀缺已多顧自宋迄今摩
挲又幾七百年而始燬於火何其久與顧炎武
謂唐刻之存亦惟岱嶽觀雙碑及元宗時磨崖
則前後之磨滅不可識者凡幾與夫人之功德

20 泰山石刻記一卷　（清）孫星衍撰　稿本　清丁丙跋

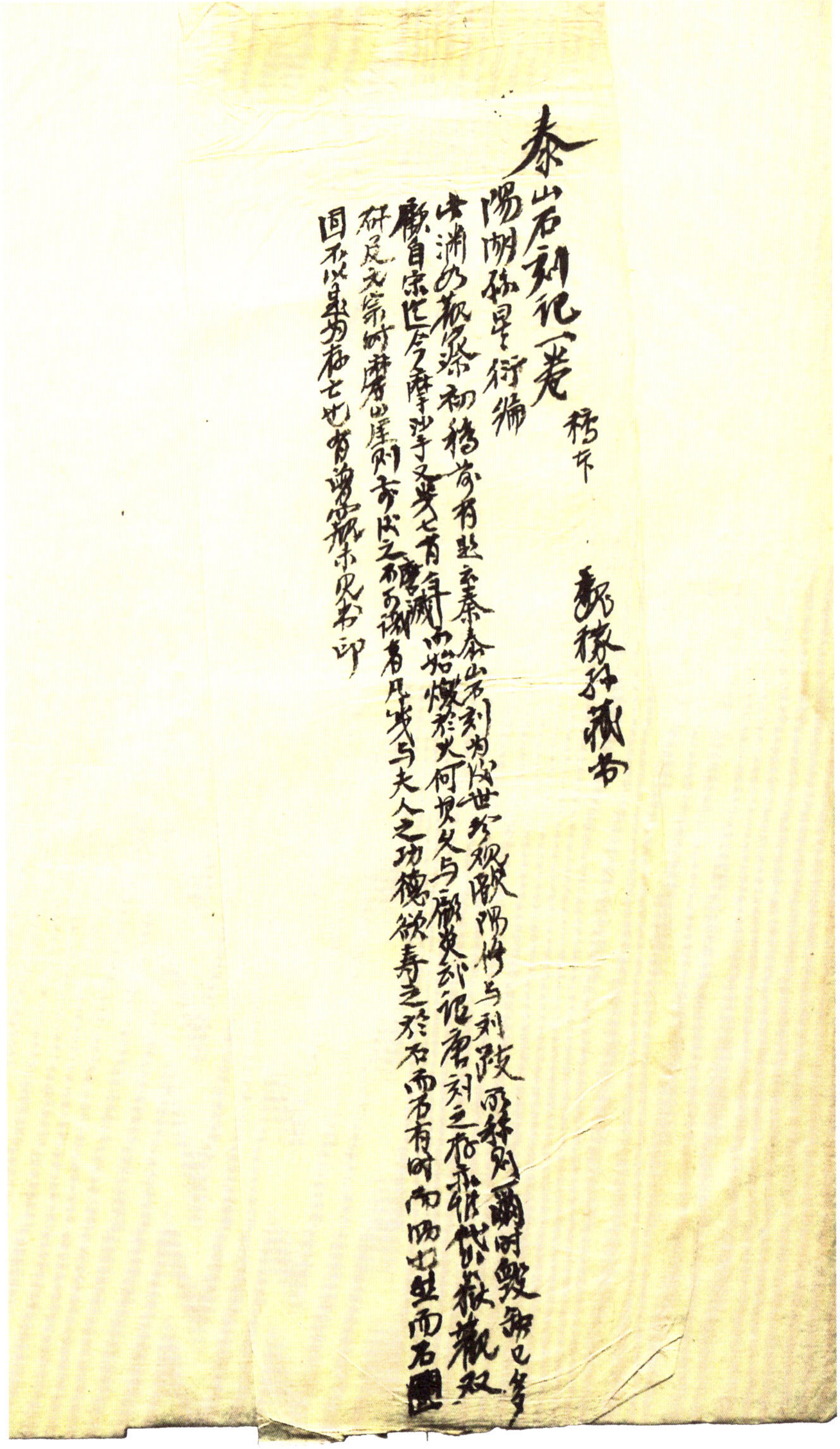
泰山石刻記一卷 稿本 魏稼孫藏書

陽湖孫星衍編

此冊乃嚴久能初稿,前有題云:泰泰山石刻爲後世所觀,歐陽修與劉跂所録,則爾時毀缺已多

顧自宋迄今,摩挲手文又七百餘年,藏而始燬於火,何況又與鄭(?)語,唐刻之存,亦僅於嶽觀雙

研足元宗時摩崖,則亦以之磨而不識者凡幾,與夫人之功德欲壽之於石,而石有時而泐,而石固

固不足以壽其人也。有鄭(?)家藏未見書印

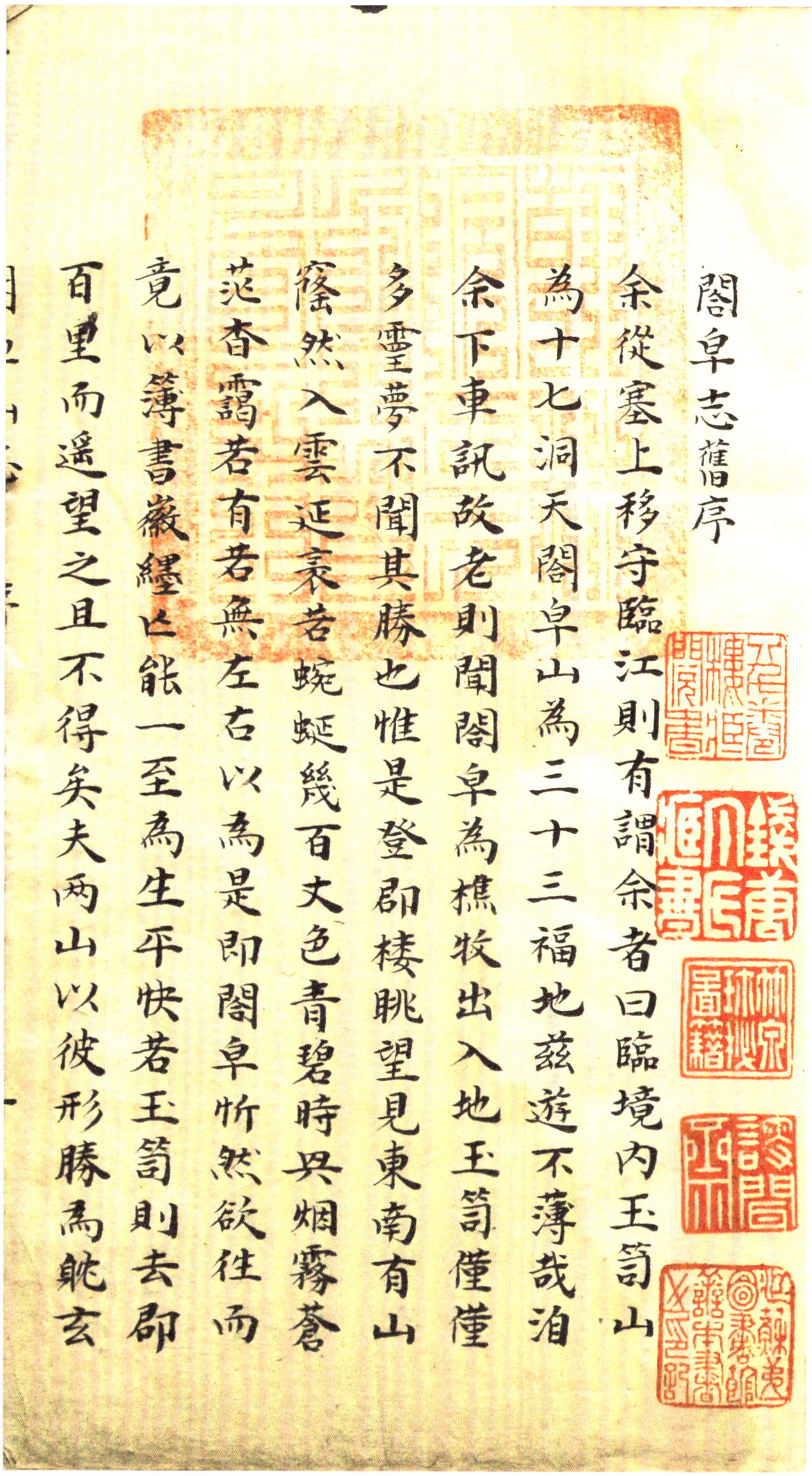

閣皁志舊序

余從塞上移守臨江則有謂余者曰臨境内玉笥山
為十七洞天閤皁山為三十三福地兹遊不薄哉洎
余下車訊故老則聞閤皁為樵牧出入地玉笥僅僅
多靈夢不聞其勝也惟是登郡樓眺望見東南有山
窿然入雲延袤若蜿蜒幾百丈色青碧時與烟霧蒼
茫杳靄若有若無左右以為是即閤皁忻然欲往而
竟以簿書嶶纏匕能一至為生平快若玉笥則去郡
百里而遥望之且不得矣夫兩山以彼形勝為魁玄

21 閤皁山志二卷　（明）俞策撰　清鈔本［四庫進呈本］　清丁丙跋

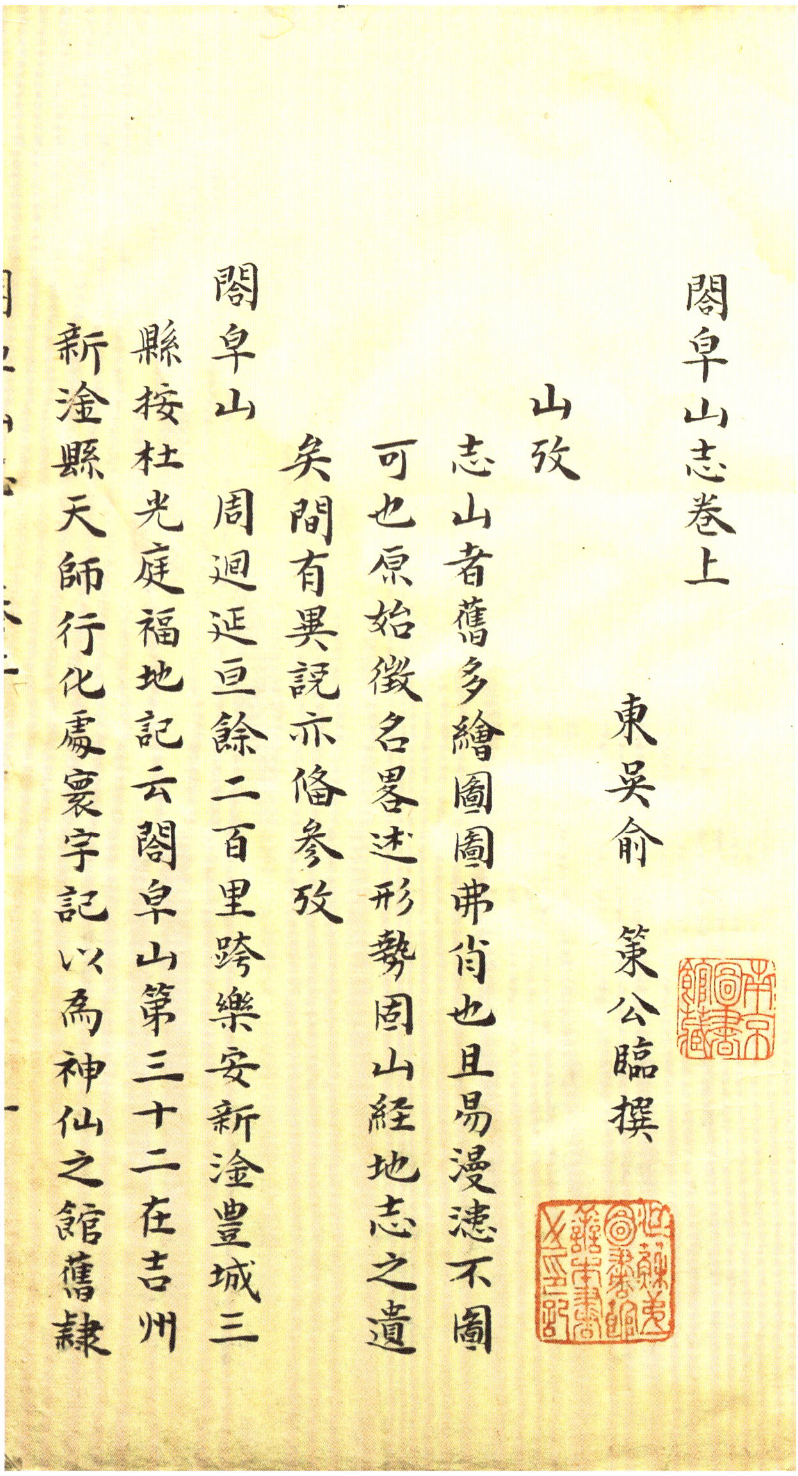

閤皁山志卷上　東吳俞　策公臨撰

山攷

志山者舊多繪圖圖弗肖也且易漫漶不圖
可也原始徵名畧述形勢固山經地志之遺
矣間有異説亦備參攷

閤皁山　周迴延亘餘二百里跨樂安新淦豊城三
縣按杜光庭福地記云閤皁山第三十二在吉州
新淦縣天師行化處寰宇記以為神仙之館舊隸

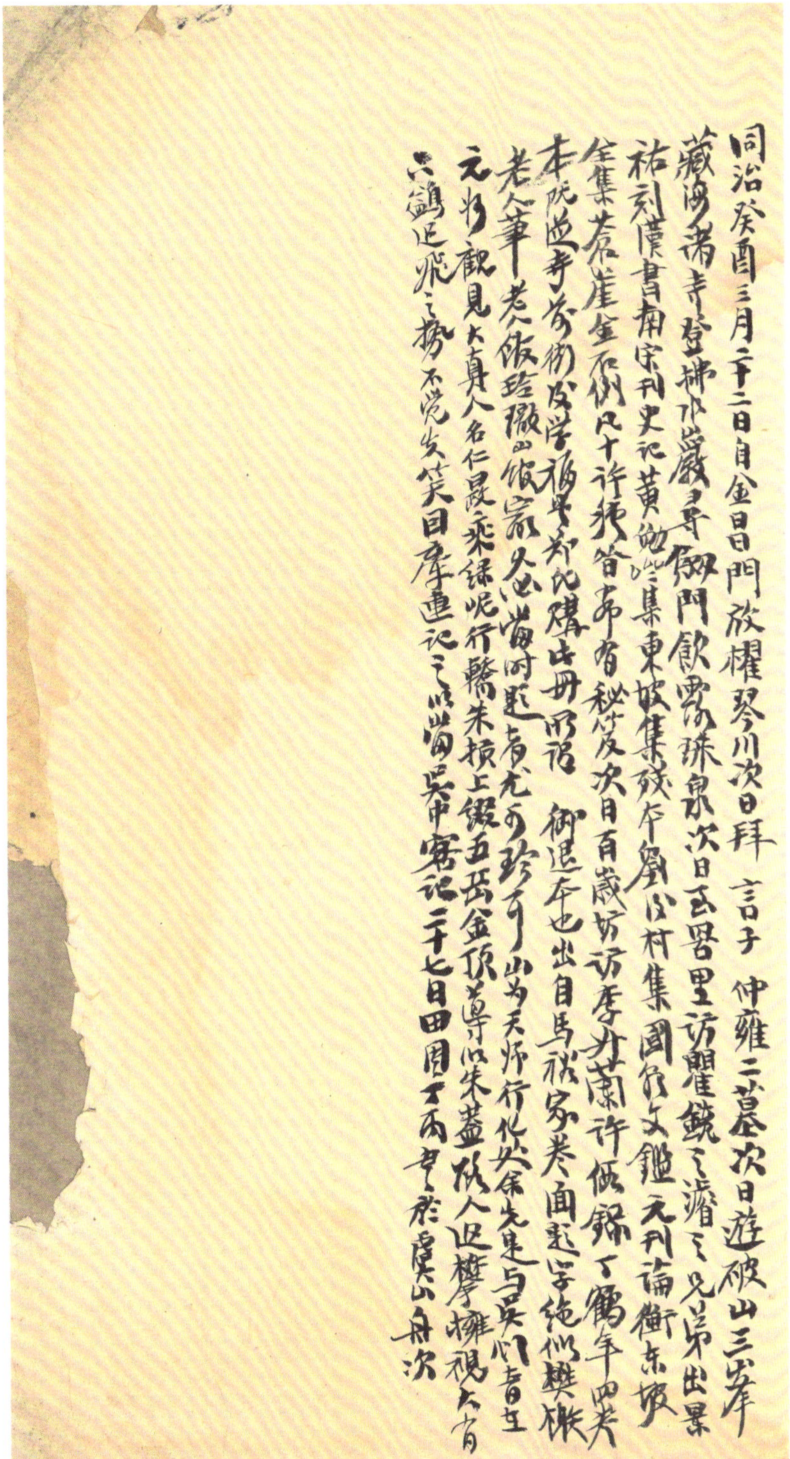

同治癸酉三月二十二日自金昌門放櫂琴川次日拜　言子　仲雍二墓次日遊破山三峰
藏海諸寺登拂水巖尋劍門飲霽湖珠泉次日至鹿里訪瞿鏡之濬之兄弟出景
祐刻漢書南宋刊史記黃勉之集東坡集殘本劉後村集國朝文鑑元刊論衡東坡
全集蒼崖金石例凡十許種皆希有秘笈次日百歲坊訪李芝蘭許假錄丁鶴年四卷
本既返吾蘇偶於學福堂邠比碑出冊所謂　御退本也出自馬秋家卷面題字絕似樊榭
老人筆一老人飯玲瓏山館家久出當時題者尤可珍耳山為天師行化處余先是與吳門春生
元將觀見大真人名仁晟乘綠呢行轎朱拔上綴五岳金頂導以朱蓋從人趋擎擁視大官
六鷁退飛之勢不覺失笑曰庠逋記之以當吳中寓記二十七日田周寸丙書於虞山舟次

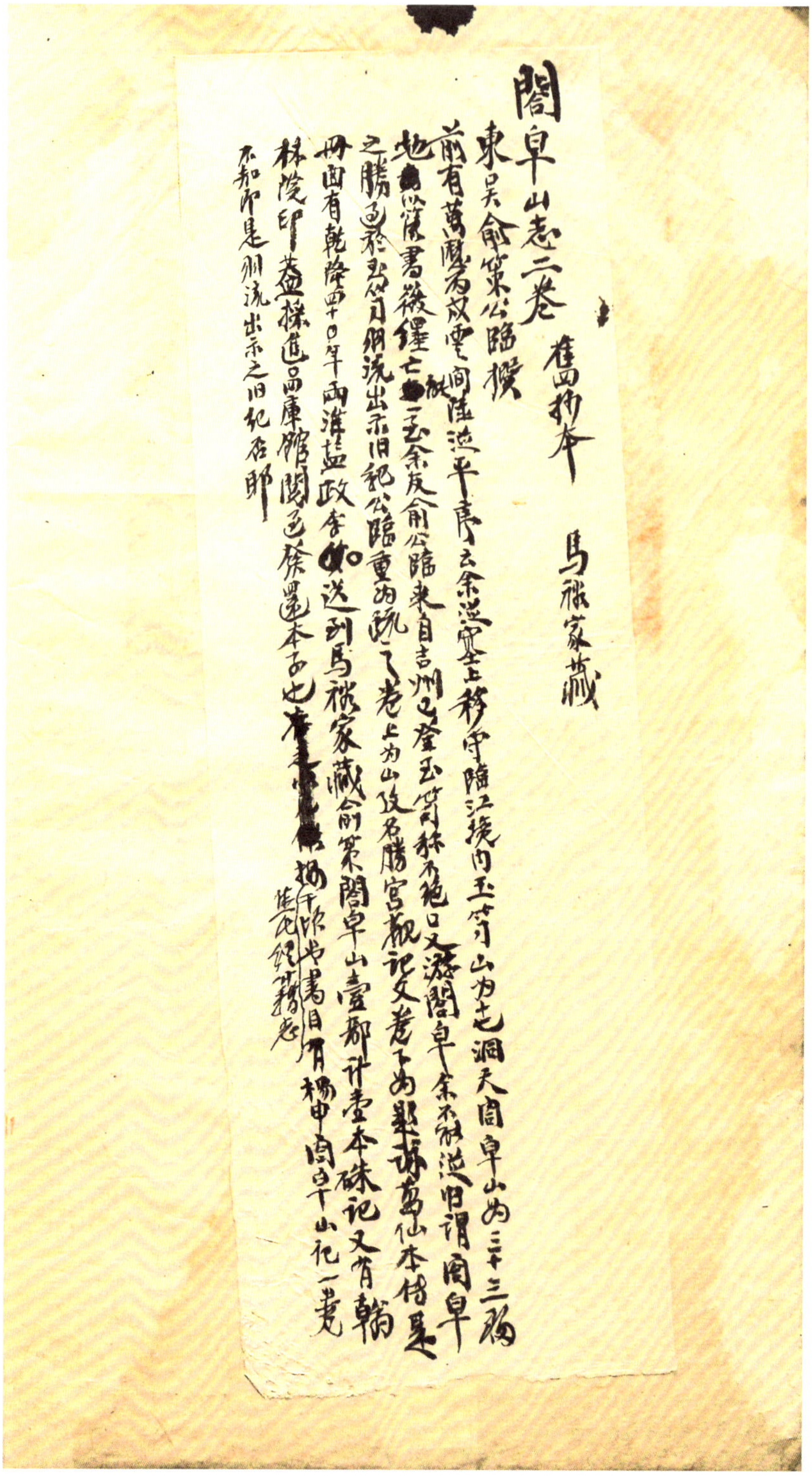
閣皁山志二卷　舊抄本　馬裕家藏

東吴俞策公臨撰

前有萬曆丙戌陸從平序云余從宦金上移守臨江獲閣皁山爲志洞天閣皁山爲三十三福

地也[illegible]公藏書殘缺亡[illegible]故[illegible]余友俞公臨來自吉州乃登玉笥林不絕口又游閣皁余不敢從但謂閣皁

之勝已於玉笥則流出示旧紀公臨重爲疏了卷上爲山段名勝宮觀記文卷下爲靈跡高仙本傳是

册面有乾隆四十年兩淮鹽政李如送到馬裕家藏俞策閣皁山壹部計壹本硃記又有翰

林院印蓋採進呈庫館閣已發還本子也[illegible]按千頃堂書目有楊申閣皁山記一卷

不知即是羽流出示之旧紀否耶

[illegible]

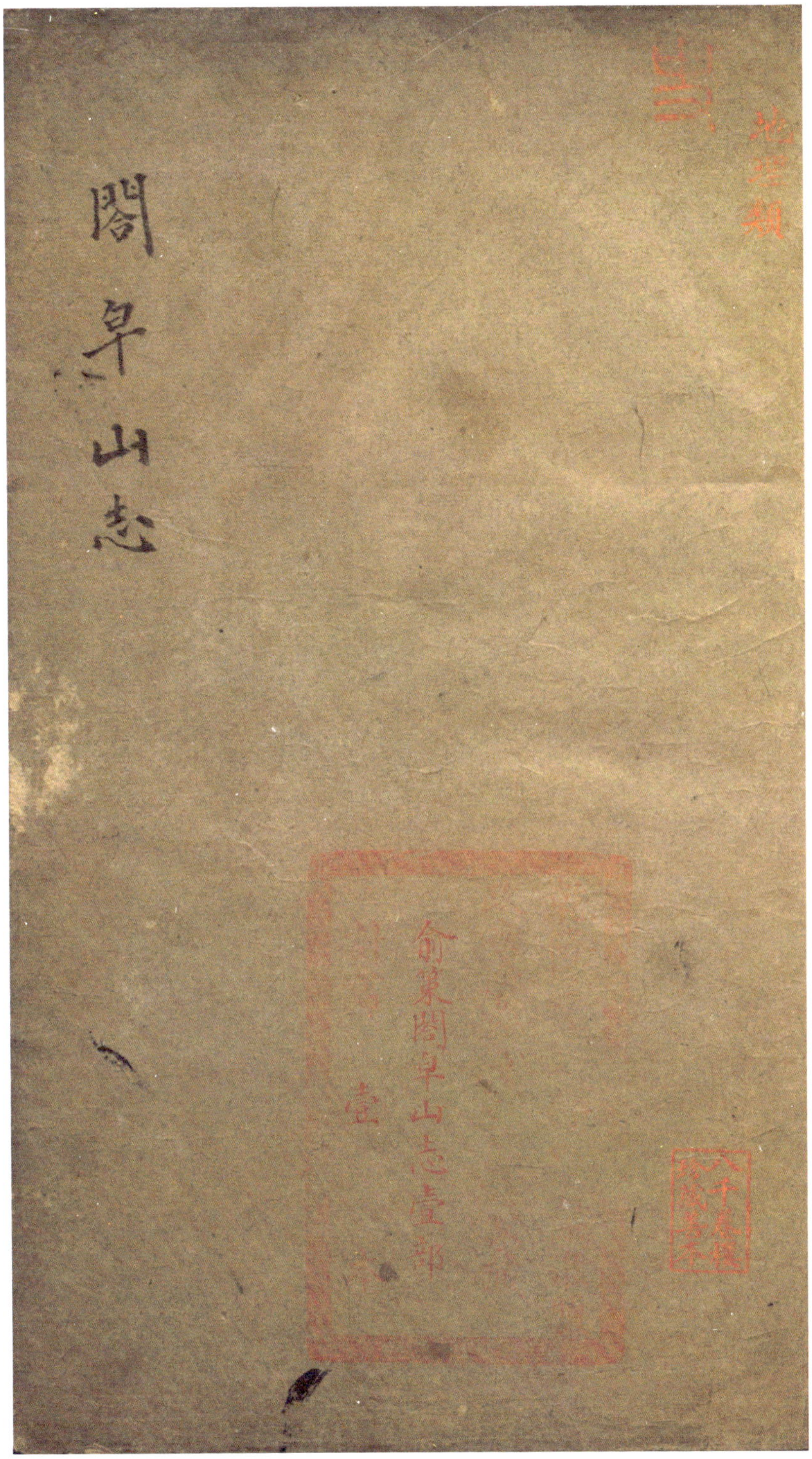
史
地理類
閤皁山志
俞棠閤皁山志壹部
壹
八千卷樓珍藏善本

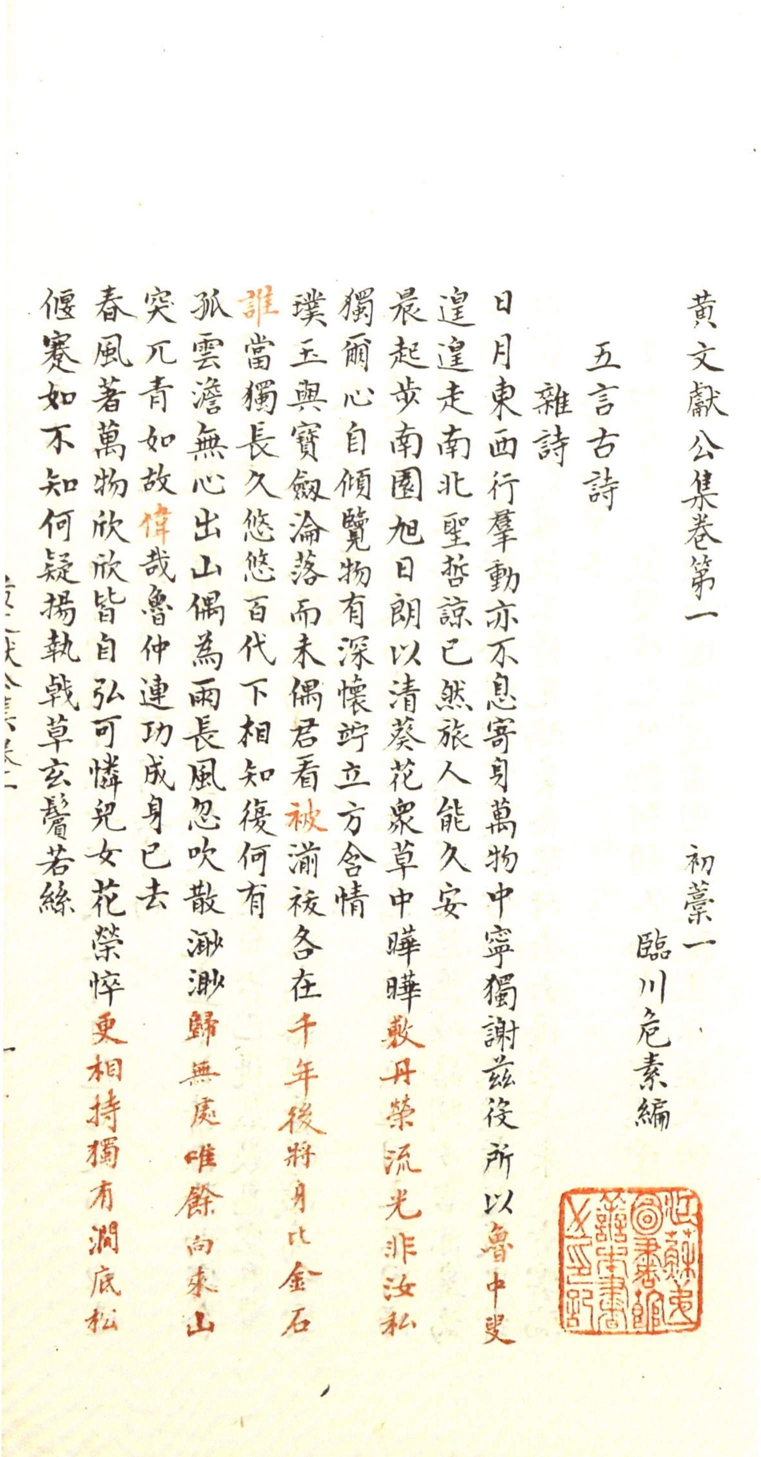

黃文獻公集卷第一　初藁一
臨川危素編
五言古詩
雜詩
日月東西行羣動亦不息寄身萬物中寧獨謝茲役所以魯中叟
遑遑走南北聖哲諒已然旅人能久安
晨起步南園旭日朗以清葵花衆草中曄曄敷丹榮流光非汝私
獨爾心自傾覽物有深懷竚立方含情
璞玉與寶劍淪落而未偶君看被湔祓各在千年後將身比金石
誰當獨長久悠悠百代下相知復何有
孤雲澹無心出山偶為雨長風忽吹散湫湫歸無處唯餘向來山
突兀青如故偉哉魯仲連功成身已去
春風著萬物欣欣皆自弘可憐兒女花榮悴更相持獨有澗底松
偃蹇如不知何疑揚執戟草玄鬢若絲

22 黃文獻公集二十三卷附録闕目一卷　（元）黃溍撰　清鈔本

清丁丙校補並跋

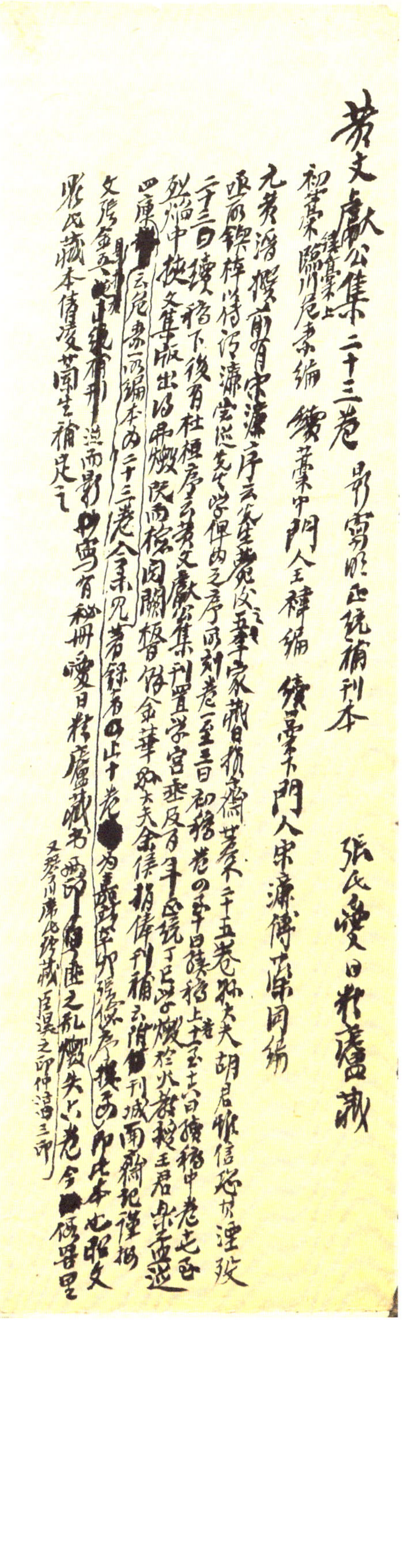
黄文獻公集二十三卷　影寫明正統補刊本　張氏愛日精廬藏
初藁 續藁上 臨川危素編　續藁中 門人王禕編　續藁下 門人宋濂傅藻同編
元黄溍撰。前有宋濂序云：先生葬後之三年，家藏日損齋藁二十五卷，郡大夫胡君惟信懼其湮沒，
亟命鋟梓，侍從濂寔從先生學，俾為之序。所刻卷一至三曰初稿，卷四至十曰續稿上，十一至十六曰續稿中，卷十七至
二十三曰續稿下。後有杜桓序云：黄文獻公集刊置學宮，垂及百年，正統丁巳，學燬於火，教授王君泉孟述
烈焰中搶文集版出，得叢燬殘而稿因闕，督府金華郡大夫金侯捐俸刊補云。附[illegible]刊城南齋記謹按
四庫[illegible]云危素所編本為二十三卷，今本凡[illegible]錄本止十卷[illegible]為嘉靖辛卯張儉序，據此即此本也。昭文
文張金吾[illegible]有刊[illegible]淵而影[illegible]寫有秘冊、愛日精廬藏書兩印，[illegible]遭亂[illegible]失[illegible]卷，今[illegible]歸署里
張氏藏本，借愛蘭生補足之。
又鈐有川席氏珍藏、臣淇之印、仲清氏三印

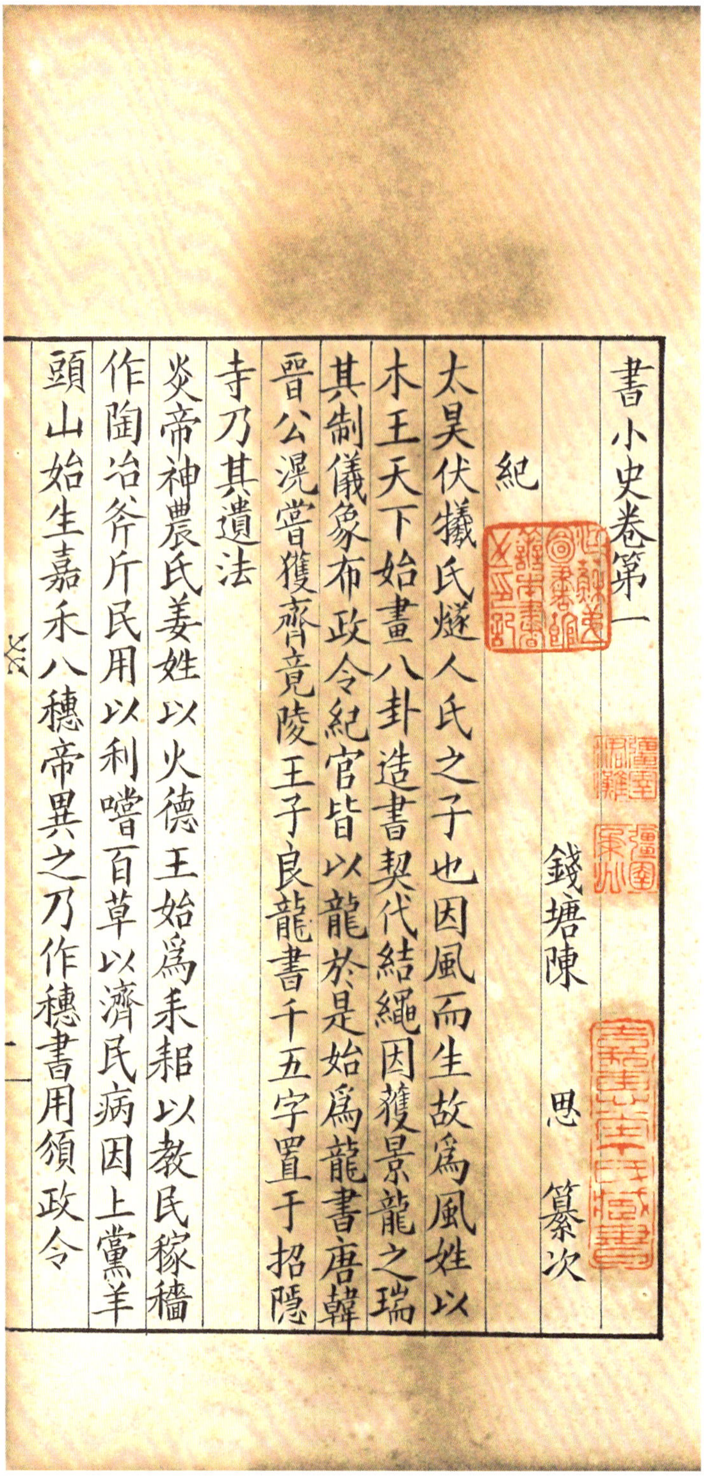

書小史卷第一

錢塘陳　思　纂次

紀

太昊伏犧氏燧人氏之子也因風而生故爲風姓以木王天下始畫八卦造書契代結繩因獲景龍之瑞其制儀象布政令紀官皆以龍於是始爲龍書唐韓晋公滉嘗獲齊竟陵王子良龍書千五字置于招隱寺乃其遺法

炎帝神農氏姜姓以火德王始爲耒耜以教民稼穡作陶冶斧斤民用以利嚐百草以濟民病因上黨羊頭山始生嘉禾八穗帝異之乃作穗書用頒政令

23 書小史十卷　（宋）陳思撰　清鈔本　清丁丙跋

書小史十卷　影宋本

錢塘陳思纂次

是書以歷代書家小傳纂次成帙，凡紀一卷，載自庖犧迄五季帝王五十一家；傳九卷，首后妃，十附以諸女十二，次諸王二十七，次若有敘至郭忠恕，共四百三十人。咸淳丁卯天台謝序修序云：道人述書之雅，編類之勤，可謂不苟，於用心每刻中都，以先東訪訂證名帖，能觀其書意各而竟不相遠。宋刊起卷六至十為毛氏影補之，後歸百宋一廛，今歸皕宋樓，余假而影寫者。

文瀾再現

乾隆三十七年（1772），清政府組織了一次大規模的修書活動，其産物就是《四庫全書》。“四庫”指經、史、子、集，是中國傳統的圖書分類法，基本囊括了中國傳統書籍的種類。《四庫全書》修成後，一共鈔了七部。北方四部，分别藏於文淵閣、文溯閣、文源閣、文津閣；南方三部，分别藏於文宗閣、文匯閣、文瀾閣。其中，文瀾閣正建在浙江杭州聖因寺。

太平天國戰争，使文瀾閣書受到巨大衝擊，零散四落。同治元年（1862），丁申、丁丙逃難至杭州城西的留下鎮，見鎮中貨物均用舊紙包裹，細看這些舊紙正是文瀾閣書散葉。於是，丁氏昆仲不避艱險，趁夜潛入文瀾閣，搶救這批珍貴典籍。他們將所得八千多册文瀾閣書運至西溪，最後運往上海收藏。鈔本《［淳祐］臨安志》（圖24）書後就有丁丙關於此事的叙述。清軍奪回杭州城後，文瀾閣書暫被存放在杭州府學尊經閣内。光緒七年（1881），在浙江巡撫譚鍾麟的支持下，文瀾閣得以重建，閣書終返於原處。丁氏因搶救文瀾閣書居功至偉，獲光緒帝頒旨表彰，諭曰：“文瀾閣毁於兵燹，其散佚書籍經丁申、丁丙購求藏弆，漸復舊觀，洵足嘉惠藝林。”據《文瀾閣志》卷上《候選主事丁申恭繳閣書擬暫儲杭府學尊經閣稟》，丁氏兄弟在戰亂中共搶救閣書8689册。戰争結束後至同治十一年（1872），又陸續收到371册。在8689册中，經部268册，史部875册，子部1932册，集部5114册，《古今圖書集成》500册。續收閣書中，四庫書198册，《古今圖書集成》173册。然仍有不少文瀾閣書散失在外，南圖藏有《益部方物略記》（圖25）、《銀海精微》《蠡海集》、《玉海》（圖26）、《東坡全集》、《臨安集》（圖27）、《林下偶談》等七種。

丁氏搶救的文瀾閣藏書僅占全書的四分之一，故在興復文瀾閣之際，鈔補閣書亦成爲題中之意，今浙江圖書館藏文瀾閣書多爲丁氏補鈔（圖28）。補鈔就需底本，這些底本主要來自丁氏藏書，而其中最爲重要的就是《四庫全書》原底本、稿本。所謂四庫底本，就是四庫館臣據以校辦並鈔入《四庫全書》的書。從四庫底本到最終彙繕成《四庫全書》需要謄鈔、修改，在這過程中形成的各種謄鈔、修改之本即是四庫稿本。這些書卷前多鈐滿漢文“翰林院印”，書内多有删改塗乙及校簽。《四庫全書》辦理完竣，一些底本發還原藏家，但大多數被留置在翰林院。由於管理不善，翰林院内書多有被私携出者。到光緒中期，翰林院所藏四庫底本、稿本及其他四庫館書，祇剩一千餘部。迨庚子之變（1900），翰林院藏書或被盗，或被焚，最終一空如洗。由於發還本和私携者在翰林院被焚前已流出，所以仍有不少四庫底本、稿本傳世。丁氏因補鈔文瀾閣《四庫全書》，故對四庫底本十分留意，這些底本、稿本遂也成爲了丁氏藏書中的特色收藏（圖 29—34）。諸書得來頗爲不易，一是流散較廣難以搜尋，二是價格較高財力不敷。丁丙曾感歎：“年來收覓四庫著録底本，書估往往居奇，深悔曩時償值之未豐也。”

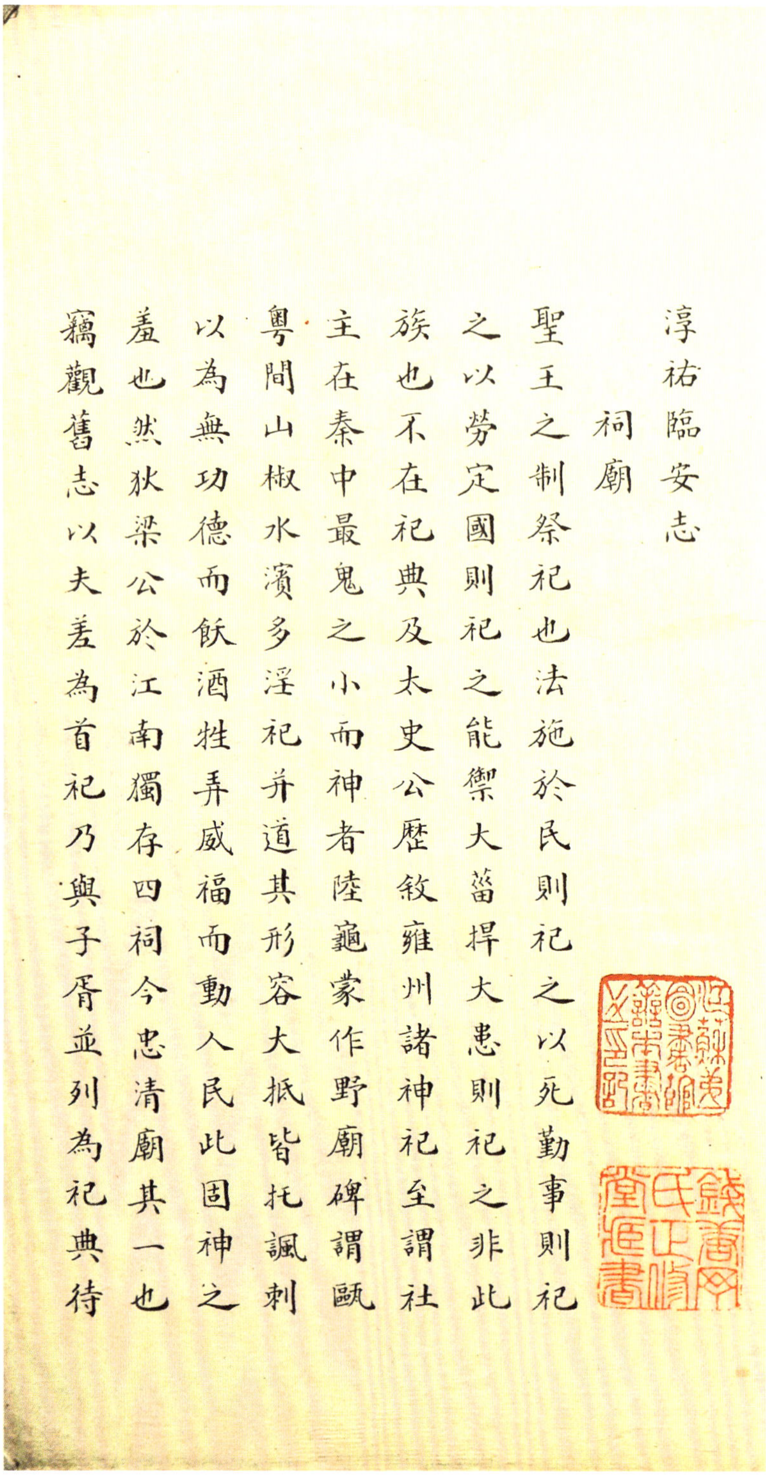

淳祐臨安志

祠廟

聖王之制祭祀也法施於民則祀之以死勤事則祀之以勞定國則祀之能禦大菑捍大患則祀之非此族也不在祀典及太史公歷敘雍州諸神祀至謂社主在秦中最鬼之小而神者陸龜蒙作野廟碑謂甌粵間山椒水濱多淫祀并道其形容大抵皆托諷刺以為無功德而飫酒牲弄威福而動入民此固神之羞也然狄梁公於江南獨存四祠今忠清廟其一也竊觀舊志以夫差為首祀乃與子胥並列為祀典待

24 ［淳祐］臨安志不分卷 （清）胡敬輯　清鈔本　清佚名校　丁丙跋

咸豐辛酉仲冬粵西之寇蹂攻杭城戰守兩窮城中人喘嘘待盡而已時秀水高伯平
先生庽寒舍因相事校書以消憂憤一日邵位西樞僉來言及淳祐志姚仲芳廣文
處有之託其假歸凡抄本四冊取揅經室外集所列是書提要對核門目不同又
中志宋事不書國朝而書宋字疑書估偽抄為利者遂璧還之未幾城破位西仲
芳殉難余避走與伯翁會於如皋先是伯兄以 先親葬事冒賊烽至西溪
見村市貨物率裹舊紙以四庫書頁為多星借畄詢 文瀾閣書本狼藉過半沿
途賊設壘卡邏伺不容攜片紙乃僑稱收購字紙賊果擔書來售屠靡無次亦
不僅四庫書分別簡料得書八百餘束束高二尺圖書集成與四庫書不計漸
運至滬屬周君匯西部署是志即出其內姚氏故物也旋杭三十年中間一假
朱子涵觀察藏本鉤校視此僅得其半一假繆筱珊太史藏本鉤校視此尤
多闕誤此本輯自永樂大典而較阮氏所得六卷本為多信可寶也獨惜當
日胡書農學士家藏有輯出殘本凡十六卷竟未及借校不知其曾化劫灰否耳
光緒丁酉曝書日松老識

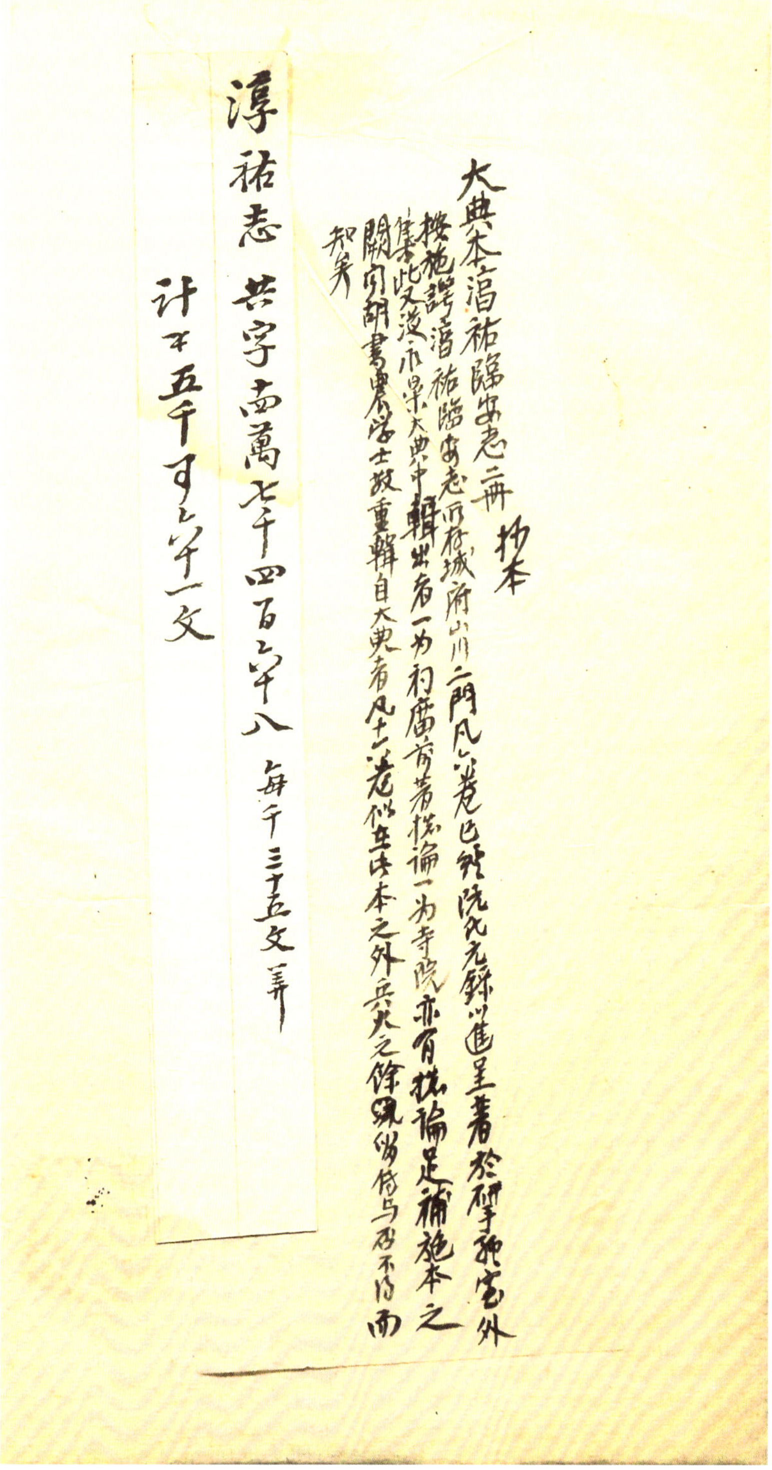
大典本淳祐臨安志二冊 抄本
按施諤淳祐臨安志所存城府山川二門凡六卷已經阮元錄以進呈著於揅經室外
集此又從永樂大典中輯出者一為祠廟前有總論一為寺院亦有總論足補施本之
闕向聞胡書農學士欲重輯自大典者凡十六卷似在宋本之外兵火之餘[illegible][illegible][illegible]不傳而
知矣
淳祐志 共字壹萬七千四百六十八 每千三十五文 算
計[illegible]五千[illegible][illegible][illegible]一文

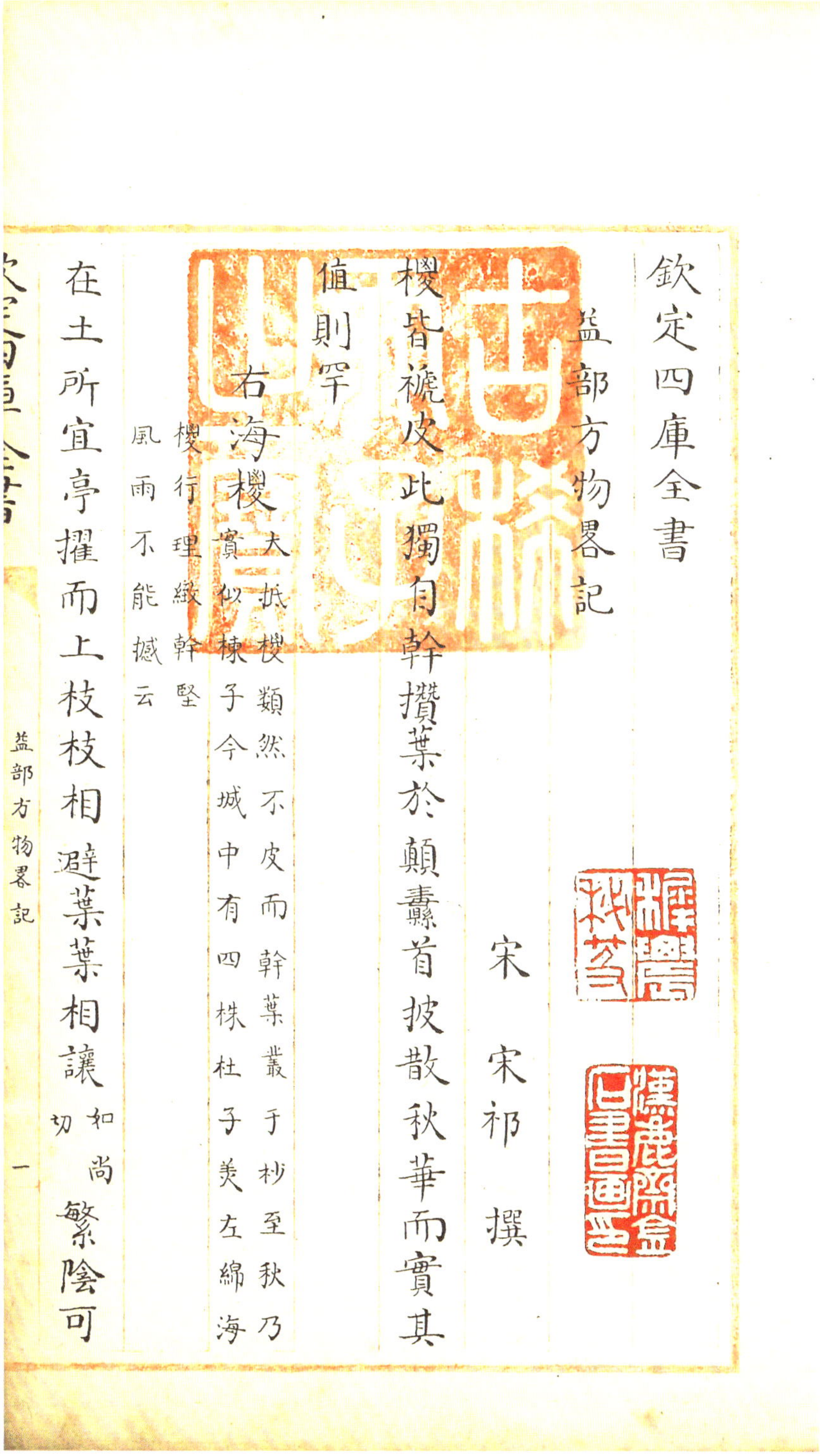
欽定四庫全書

益部方物畧記

宋　宋祁　撰

櫻皆褫皮此獨自幹攢葉於顛纛首披散秋華而實其值則罕

右海櫻大抵櫻類然不皮而幹葉叢于杪至秋乃實似楝子今城中有四株杜子美左綿海櫻行理緻幹堅風雨不能撼云

在土所宜亭擢而上枝枝相避葉葉相讓和尚切繁陰可

欽定四庫全書　益部方物畧記　一

25 益部方物略記一卷　（宋）宋祁撰　清乾隆鈔文瀾閣四庫全書本

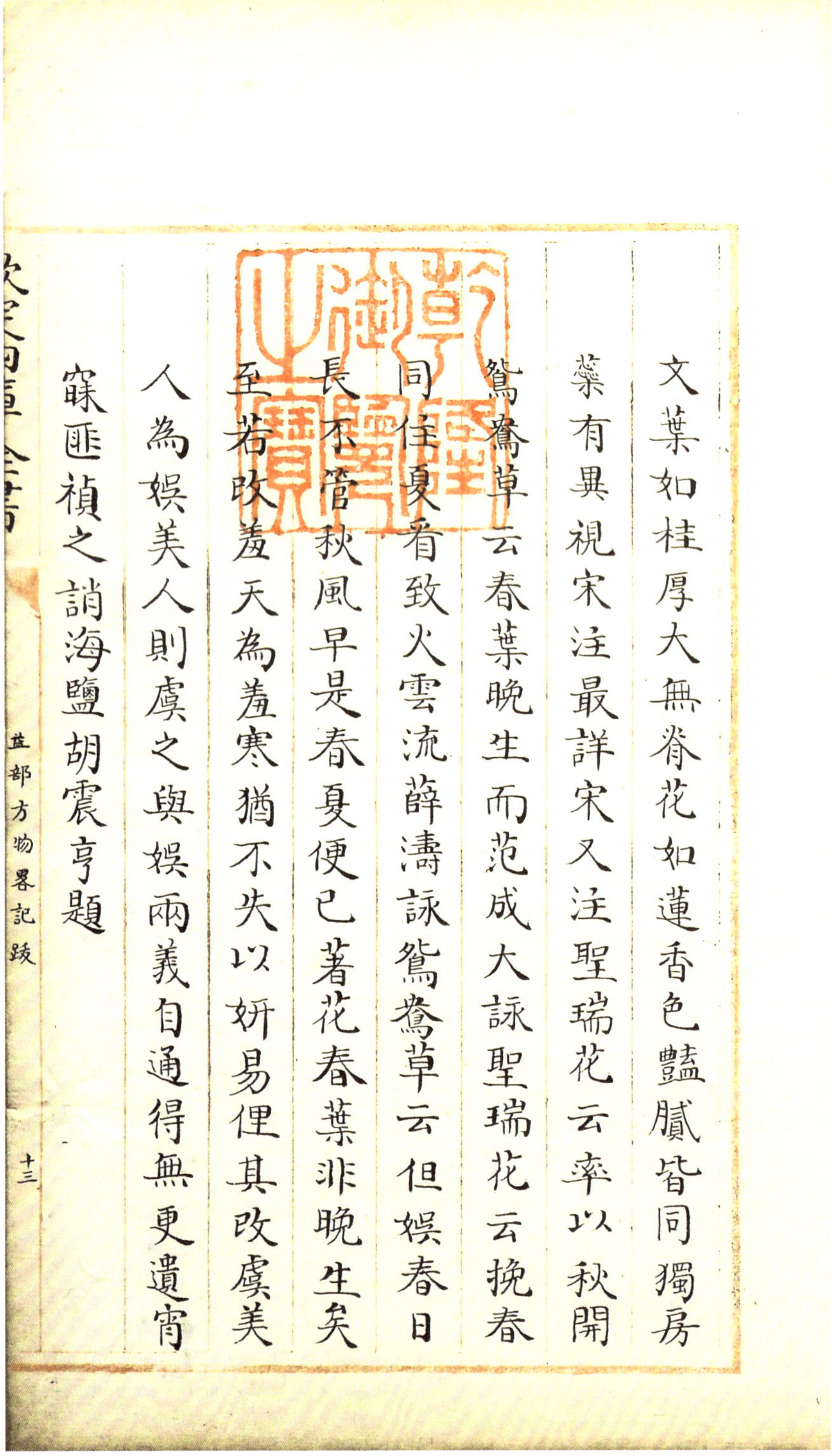

欽定四庫全書

文葉如桂厚大無脊花如蓮香色豔膩皆同獨房蘂有異視宋注最詳宋又注聖瑞花云率以秋開鴛鴦草云春葉晚生而范成大詠聖瑞花云挽春同住夏看致火雲流薛濤詠鴛鴦草云但娛春日長不管秋風早是春夏便已著花春葉非晚生矣至若改羞天為羞寒猶不失以妍易俚其改虞美人為娛美人則虞之與娛兩義自通得無更遺胥寐匪禎之誚海鹽胡震亨題

益部方物畧記跋　十三

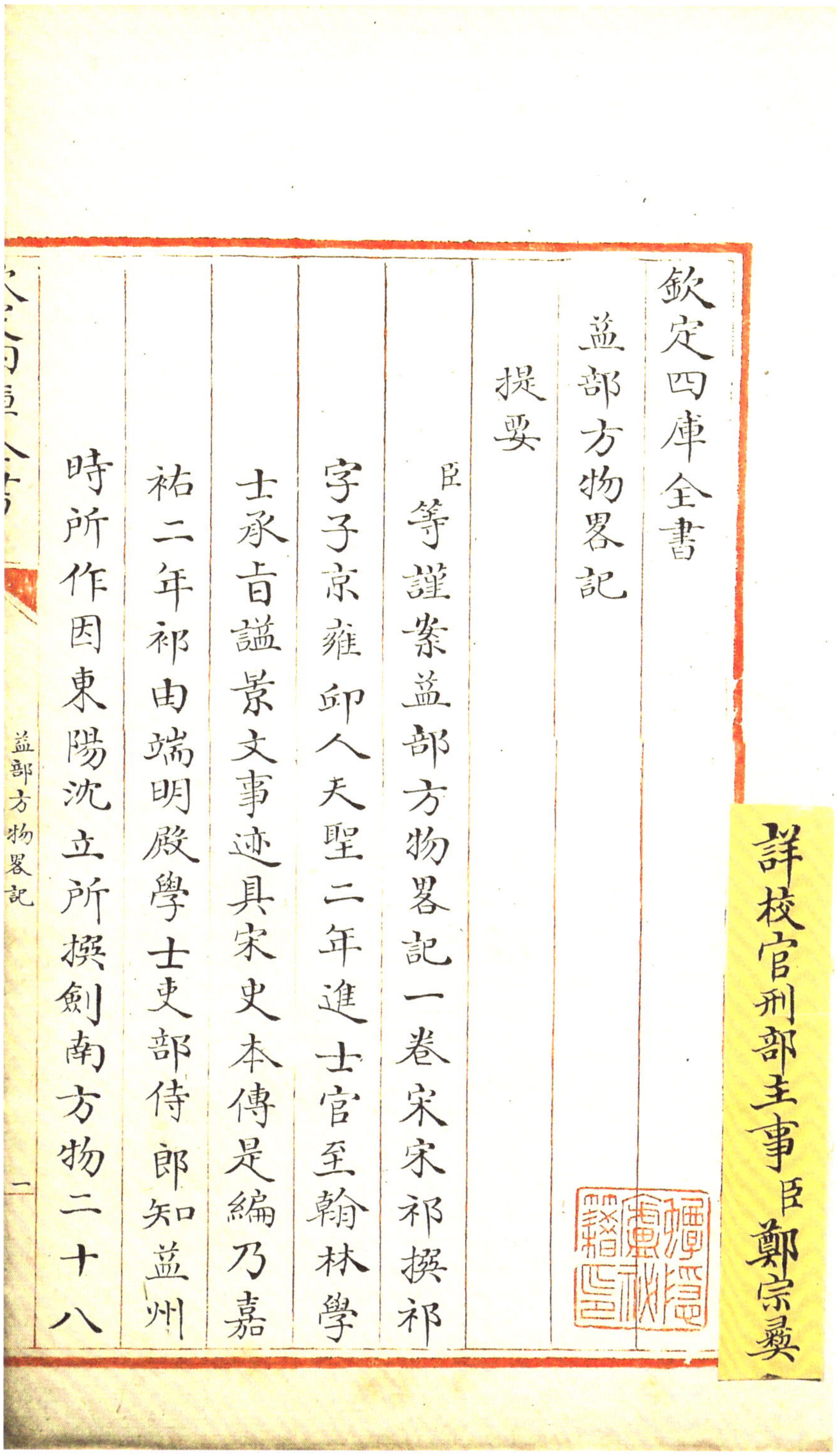
詳校官刑部主事臣鄭宗彝

欽定四庫全書

益部方物畧記

提要

臣等謹案益部方物畧記一卷宋宋祁撰祁字子京雍邱人天聖二年進士官至翰林學士承旨謚景文事迹具宋史本傳是編乃嘉祐二年祁由端明殿學士吏部侍郎知益州時所作因東陽沈立所撰劍南方物二十八

益部方物畧記　一

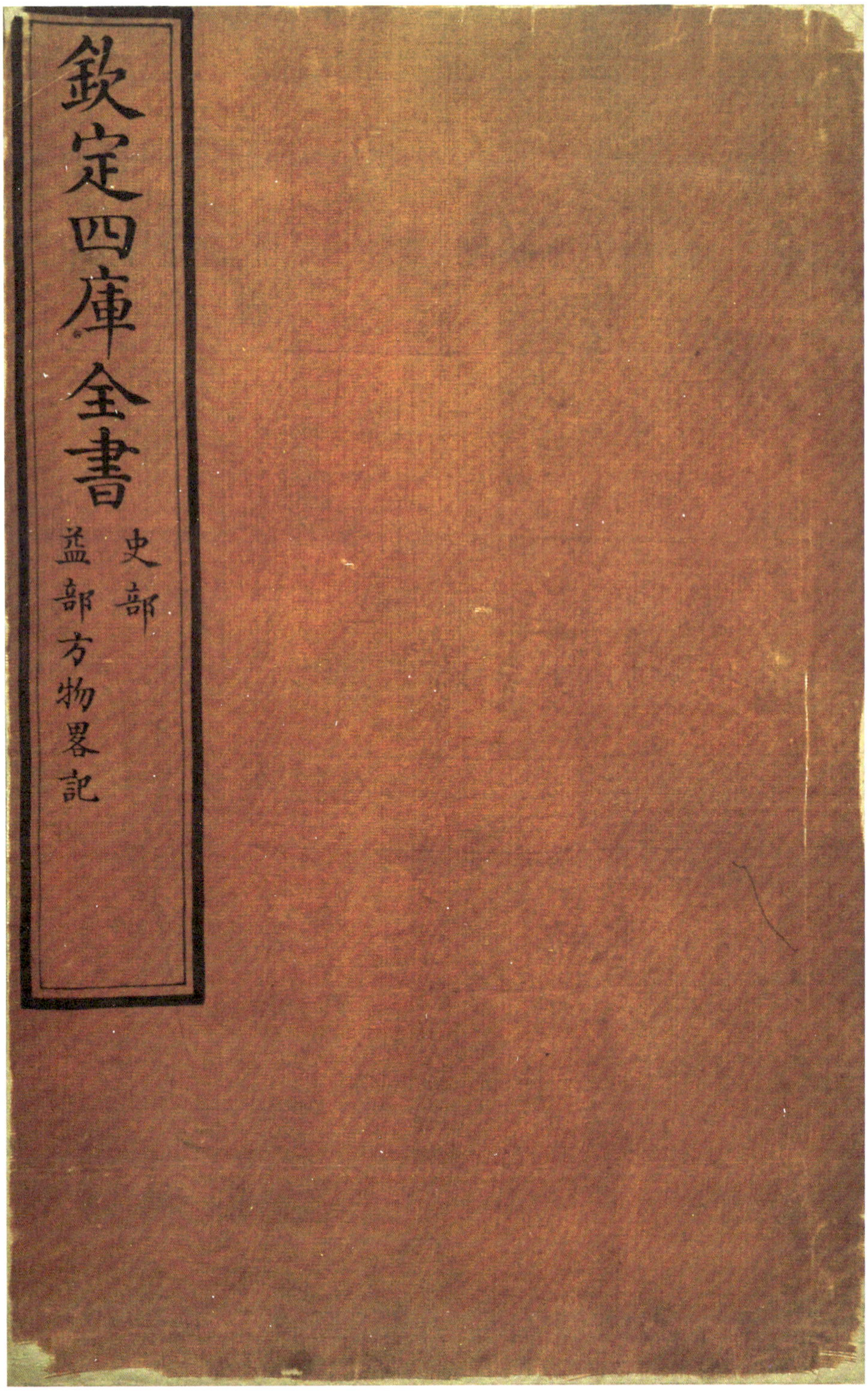
欽定四庫全書
史部
益部方物畧記

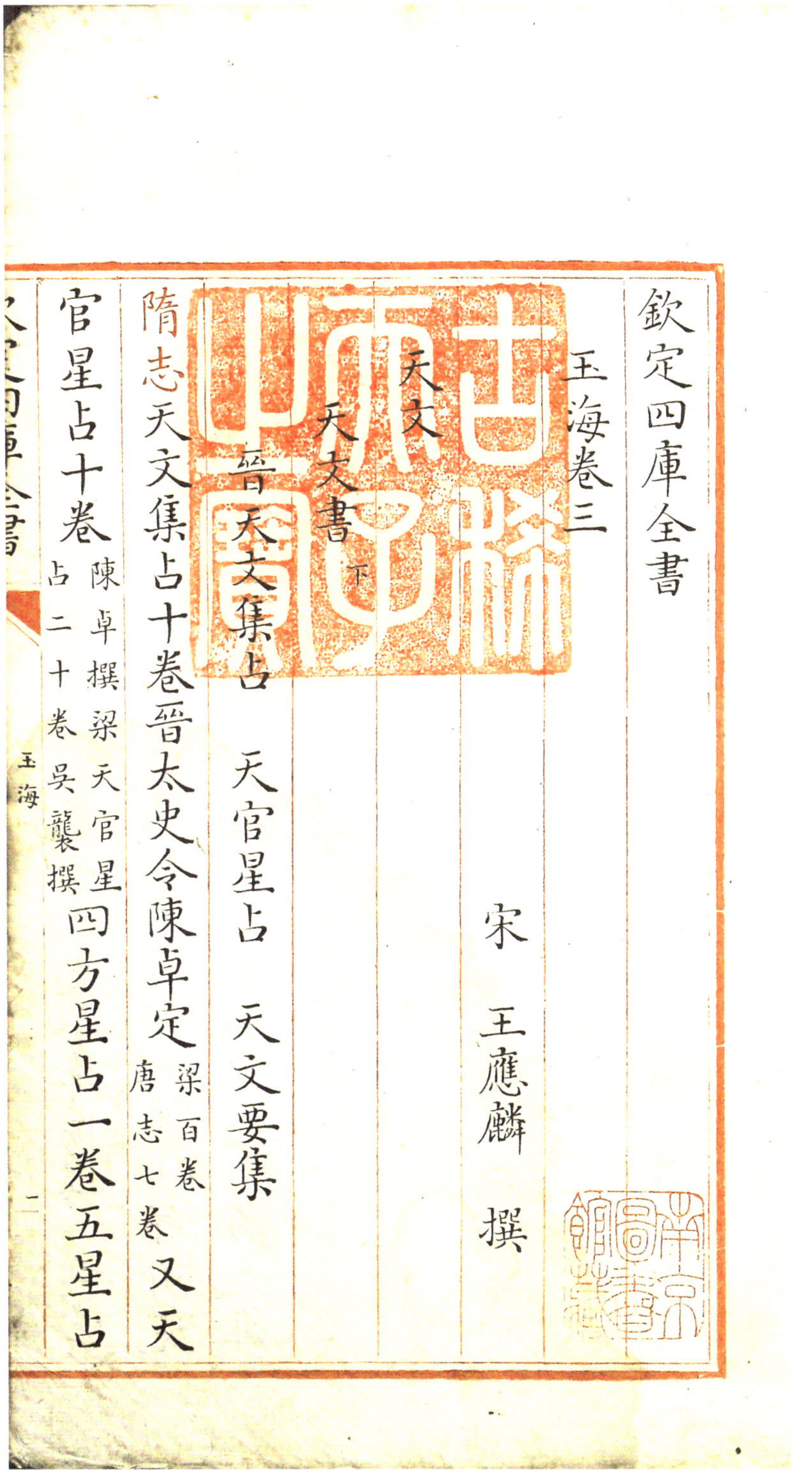

欽定四庫全書

玉海卷三

宋 王應麟 撰

天文

天文書 下

晉天文集占　天官星占　天文要集

隋志天文集占十卷晉太史令陳卓定梁百卷唐志七卷又天官星占十卷陳卓撰梁天官星占二十卷吳襲撰四方星占一卷五星占

欽定四庫全書　玉海　一

26 玉海二百卷　（宋）王應麟撰　清乾隆鈔文瀾閣四庫全書本

存一卷（三）

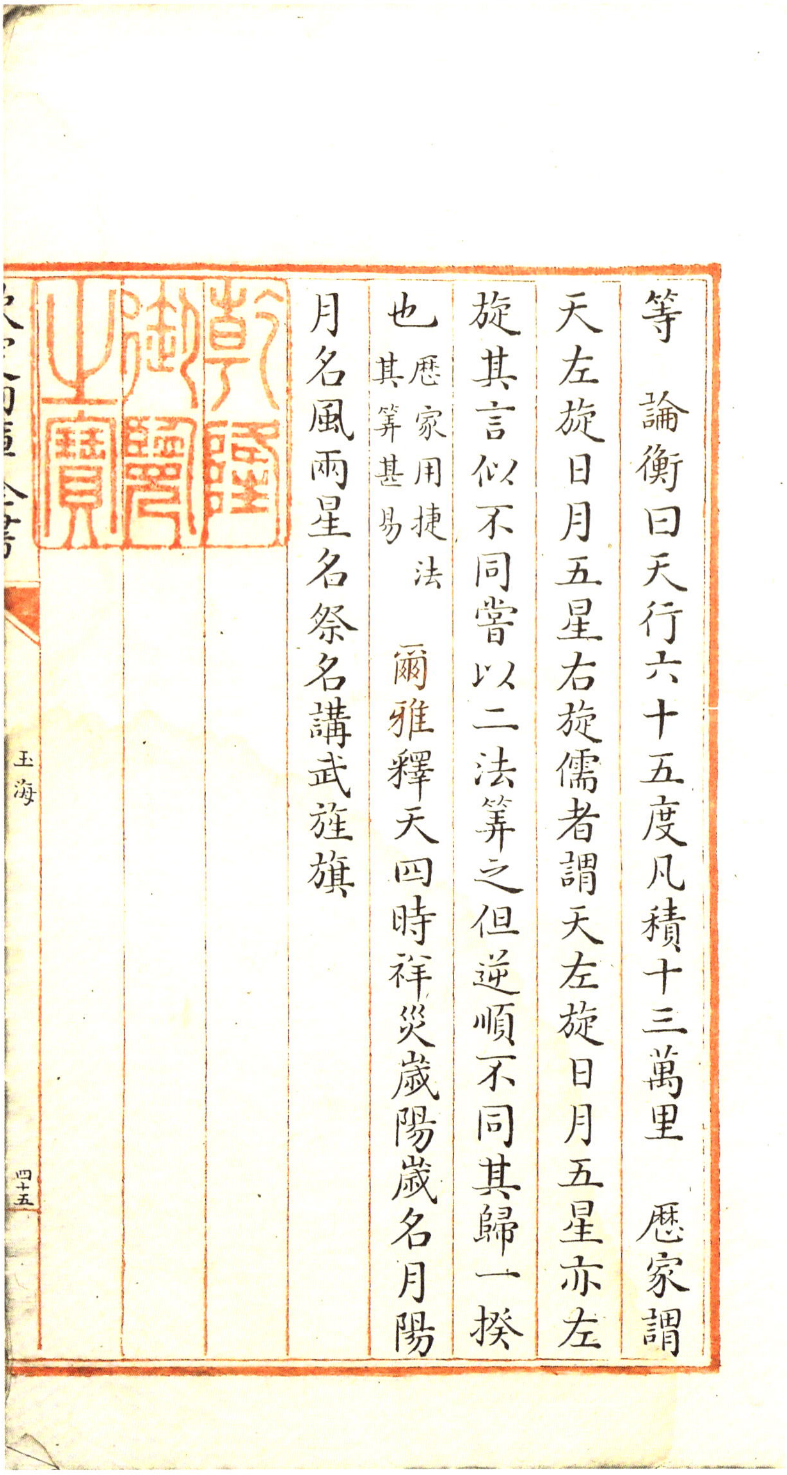
等　論衡曰天行六十五度凡積十三萬里　歷家謂
天左旋日月五星右旋儒者謂天左旋日月五星亦左
旋其言似不同嘗以二法算之但逆順不同其歸一揆
也歷家用捷法其算甚易　爾雅釋天四時祥災歲陽歲名月陽
月名風雨星名祭名講武旌旗

乾隆御覽之寶

玉海　四十五

欽定四庫全書
子部
玉海卷三

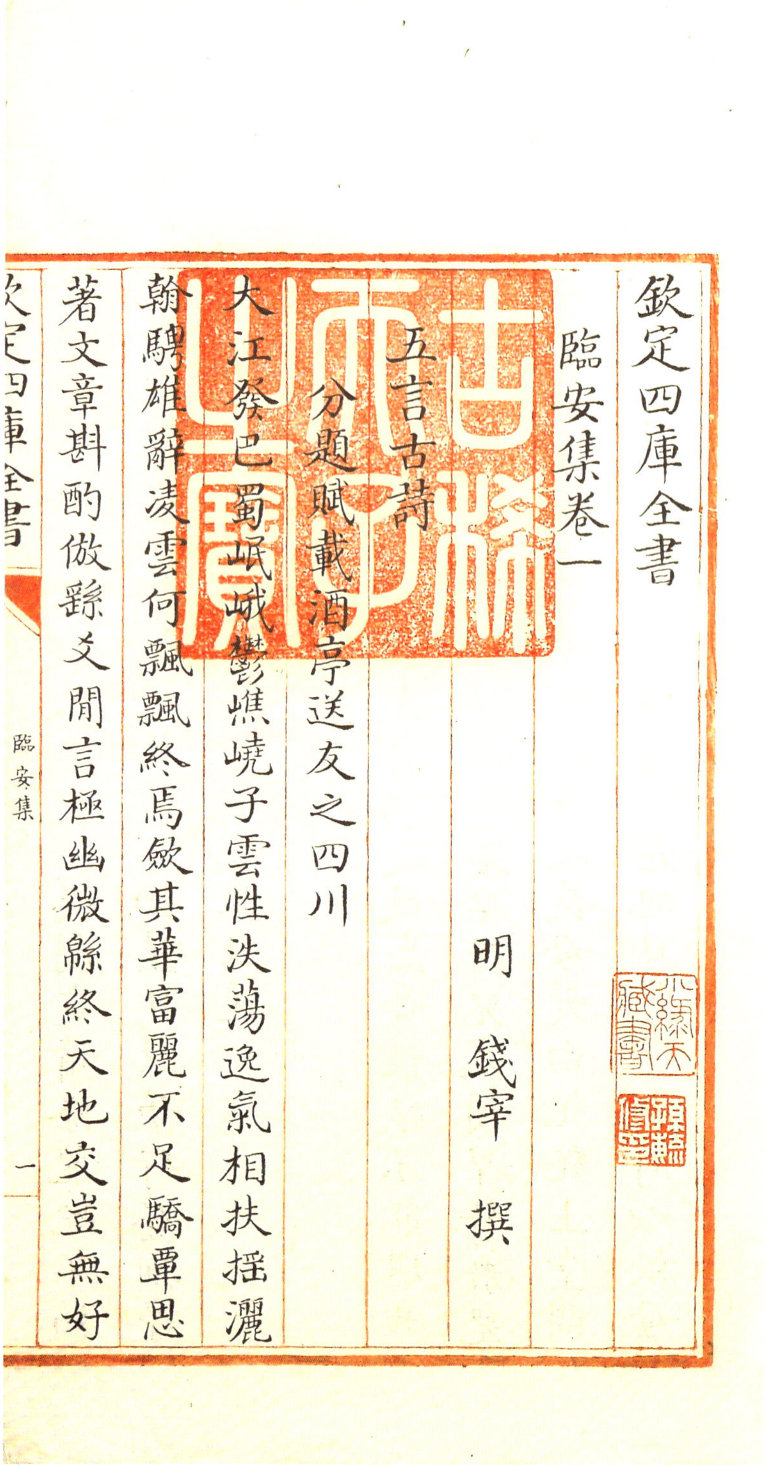
欽定四庫全書
臨安集卷一
明 錢宰 撰
五言古詩
分題賦載酒亭送友之四川
大江發巴蜀岷峨鬱嶕嶢子雲性泆蕩逸氣相扶摇灑
翰騁雄辭凌雲何飄飄終焉歛其華富麗不足驕覃思
著文章斟酌傚緜爻閒言極幽微緜終天地交豈無好
欽定四庫全書
臨安集
一

27 臨安集六卷　（明）錢宰撰　清乾隆鈔文瀾閣四庫全書本

焉仁義存焉耳食前方丈後車千乘孟軻弗為仁義亡焉耳彼沼也而魚安焉以有水也彼天地也而吾充焉以有仁義也順其所安宏其所存吾與魚俱適矣莊周曰魚相忘乎江湖人相忘乎道德吾有取焉

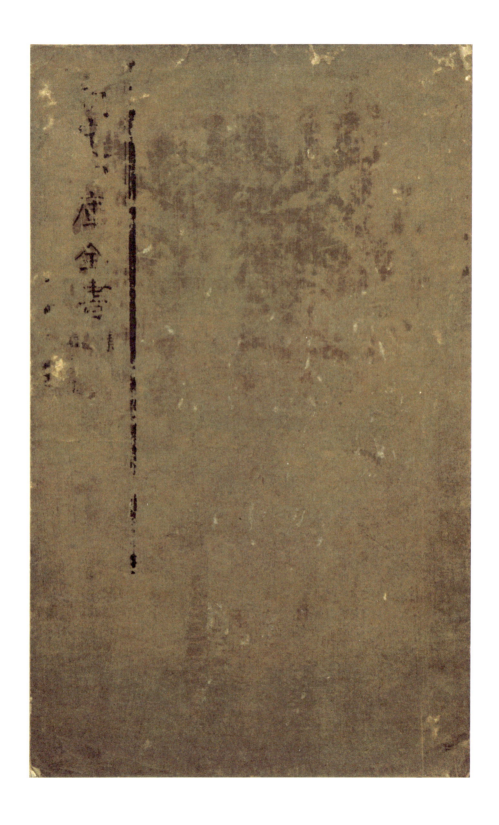

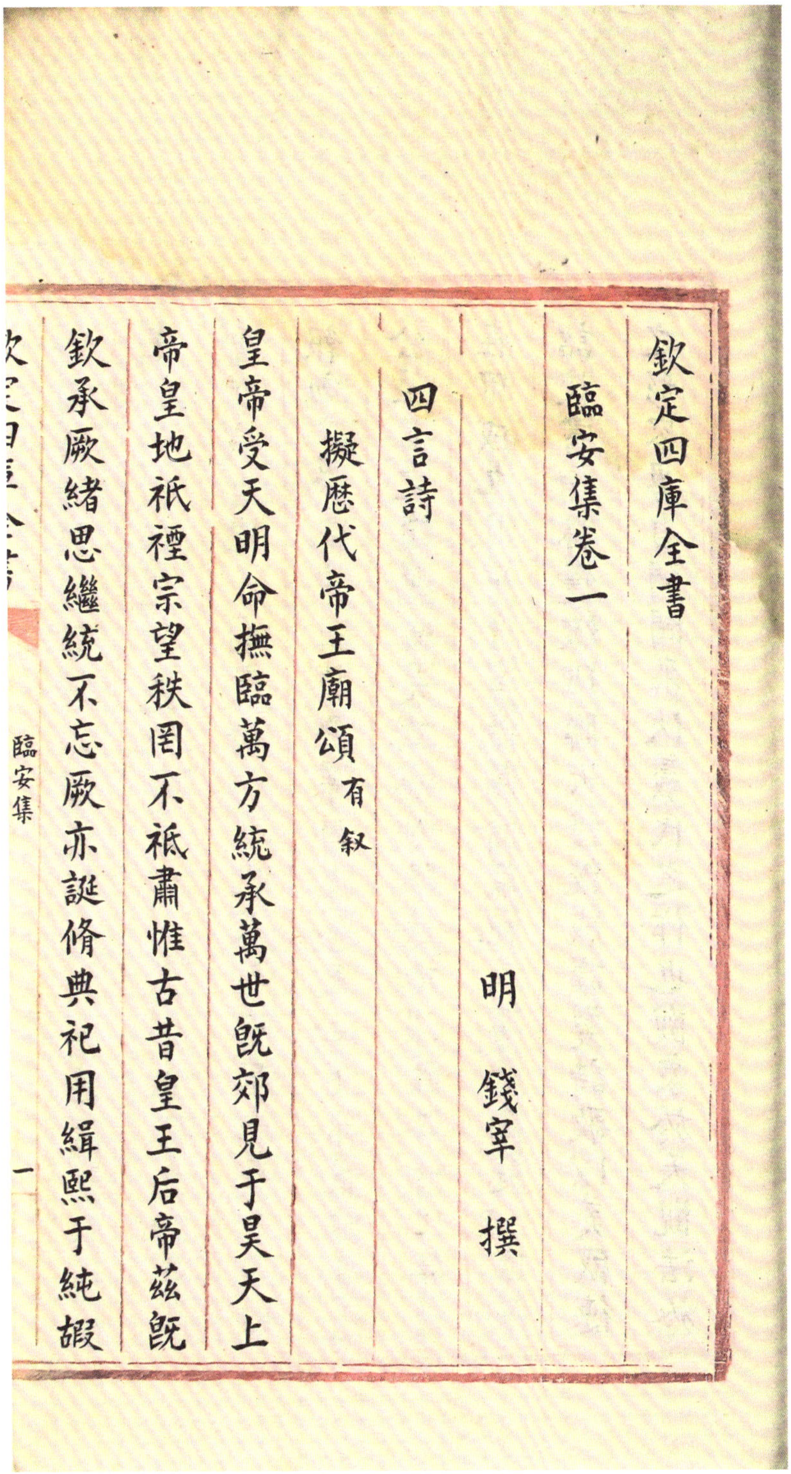
欽定四庫全書

臨安集卷一

明 錢宰 撰

四言詩

擬歷代帝王廟頌有叙

皇帝受天明命撫臨萬方統承萬世旣郊見于昊天上
帝皇地祇禋宗望秩罔不祗肅惟古昔皇王后帝茲旣
欽承厥緒思繼統不忘厥亦誕脩典祀用緝熙于純嘏

欽定四庫全書 臨安集 一

28 臨安集六卷 （明）錢宰撰 清光緒間丁氏鈔本 浙江圖書館藏

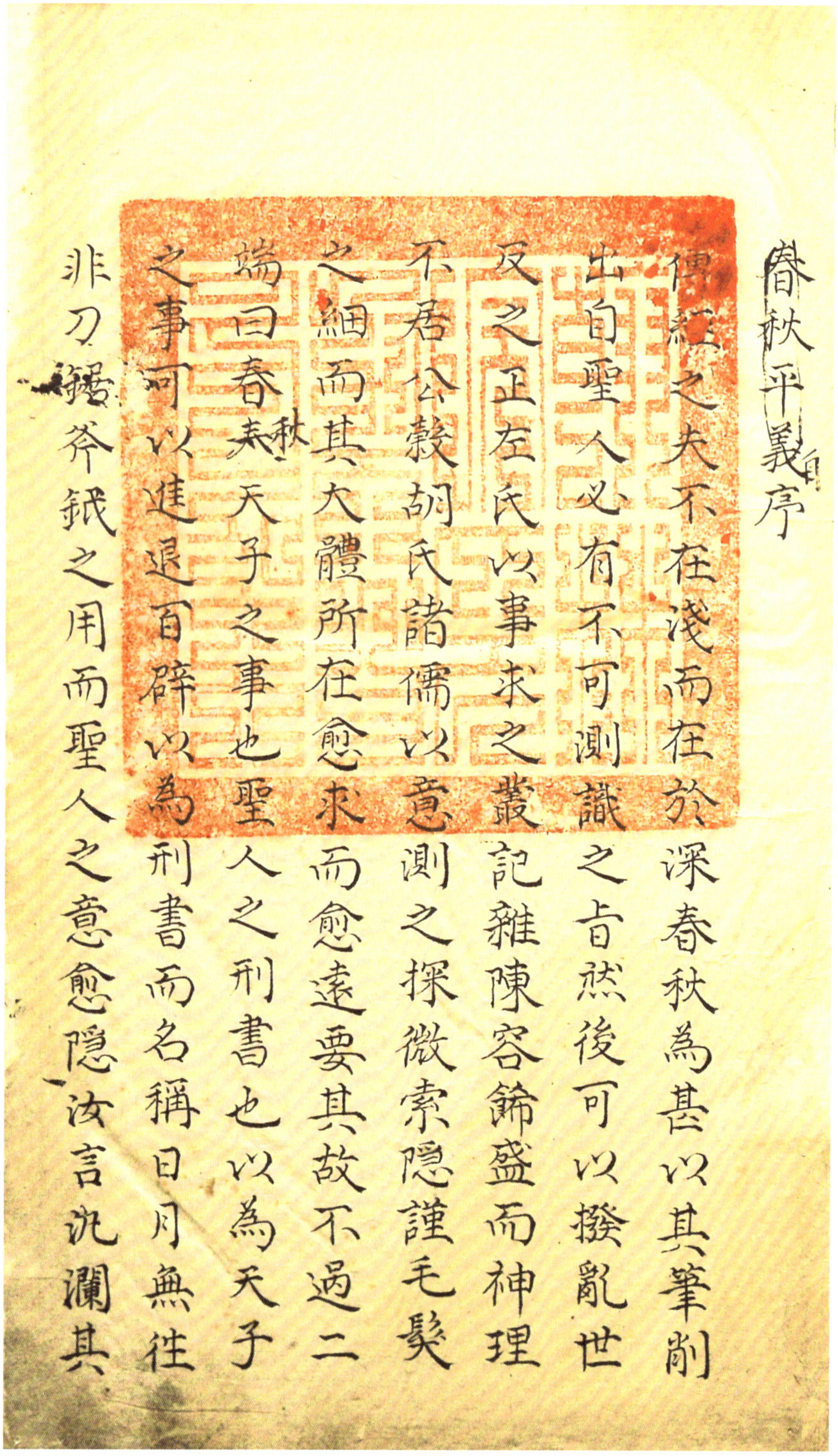

春秋平義序

傳經之失不在淺而在於深春秋為甚以其筆削出自聖人必有不可測識之旨然後可以撥亂世反之正左氏以事求之叢記雜陳容飾盛而神理不居公穀胡氏諸儒以意測之探微索隱謹毛髮之細而其大體所在愈求而愈遠要其故不過二端曰春秋天子之事也聖人之刑書也以為天子之事可以進退百辟以為刑書而名稱日月無往非刀鋸斧鉞之用而聖人之意愈隱汝言汎濫其

29 春秋平義十二卷 （清）俞汝言撰　稿本［四庫底本］

清丁丙跋

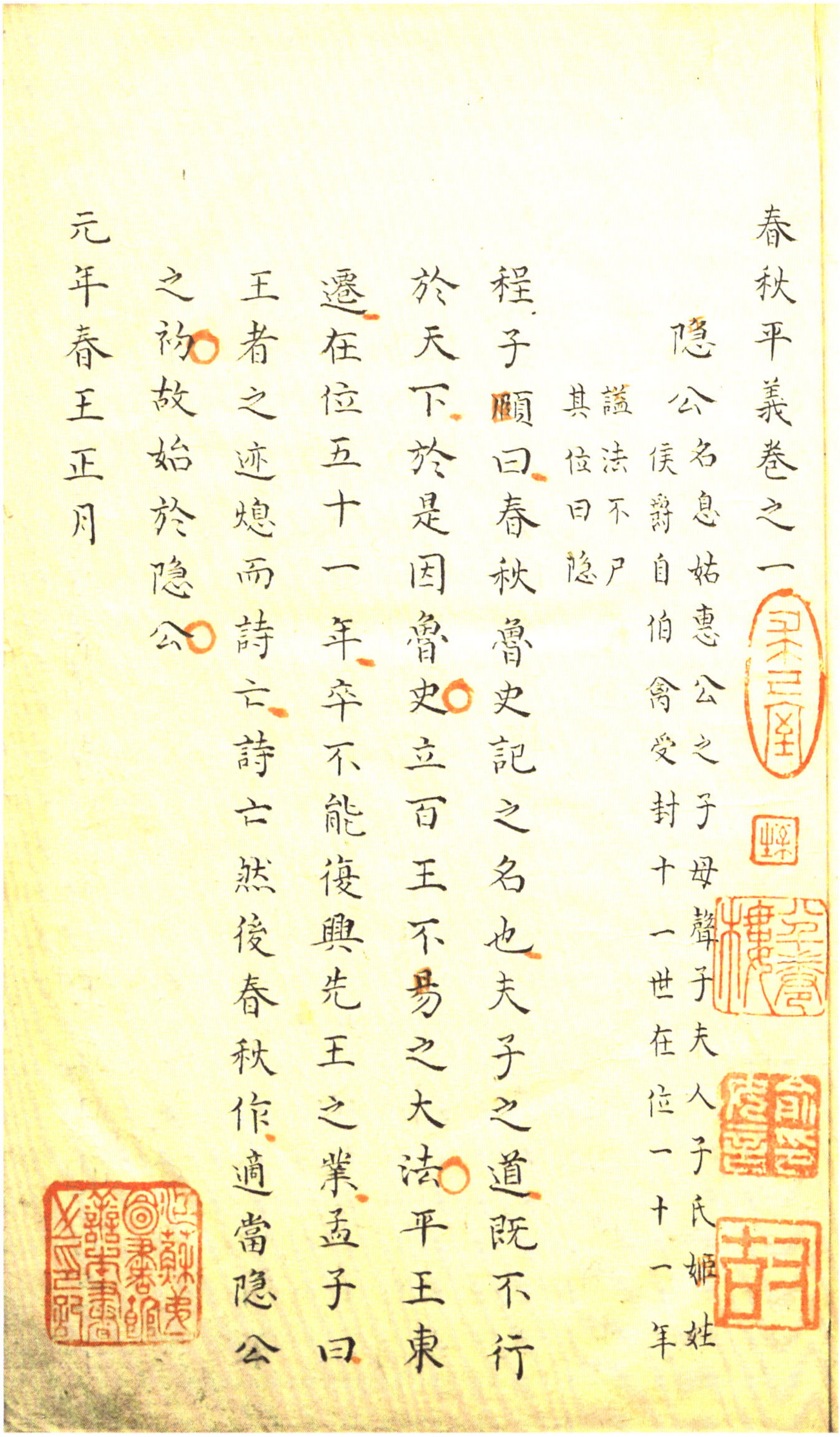

春秋平義卷之一

隱公 名息姑惠公之子母聲子夫人子氏姬姓 侯爵自伯禽受封十一世在位一十一年 謚法不尸其位曰隱

程子頤曰春秋魯史記之名也夫子之道既不行於天下於是因魯史立百王不易之大法平王東遷在位五十一年卒不能復興先王之業孟子曰王者之迹熄而詩亡詩亡然後春秋作適當隱公之初故始於隱公

元年春王正月

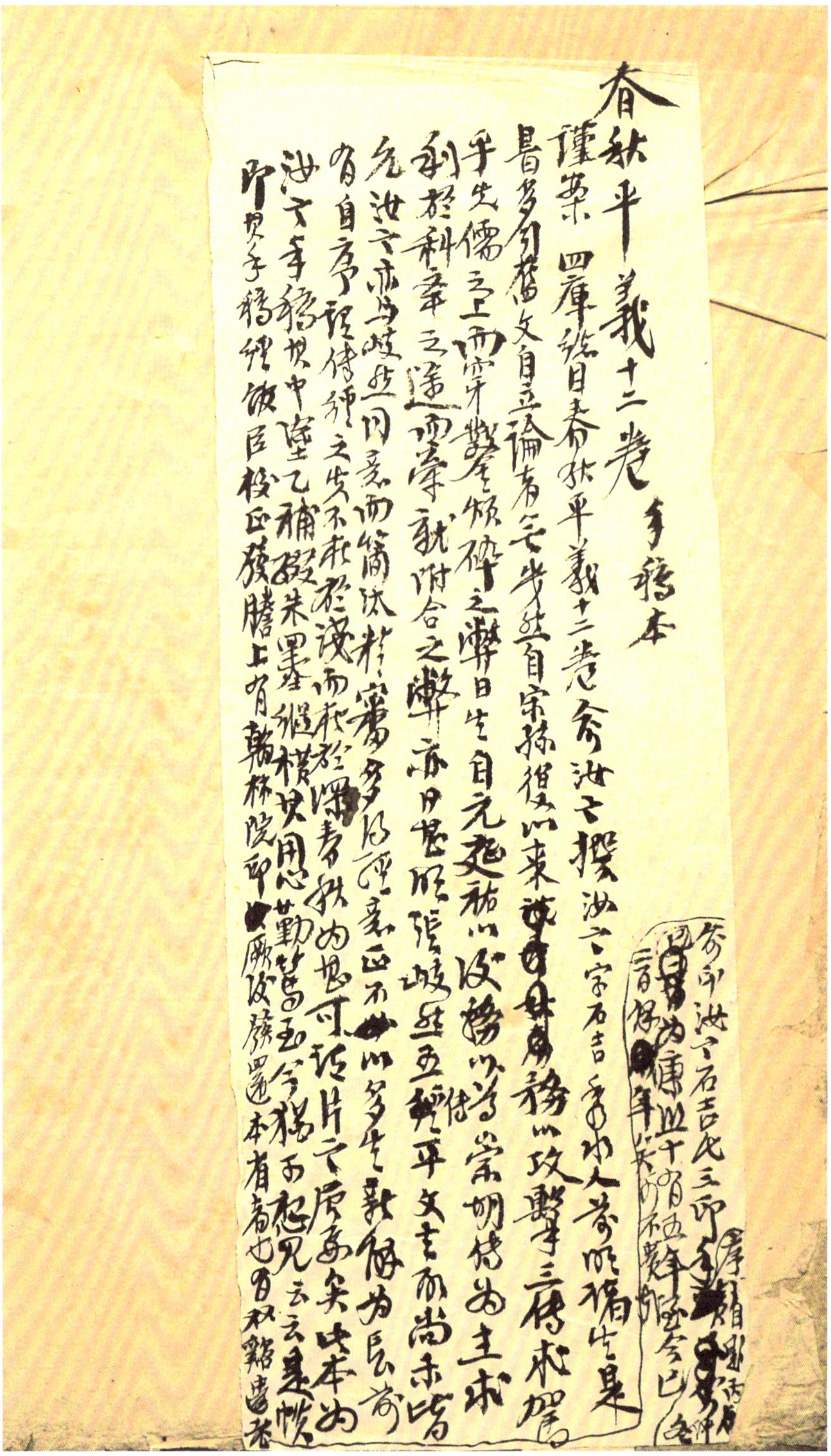
春秋平義十二卷 手稿本
謹案 四庫總目春秋平義十二卷 俞汝言撰 汝言字右吉 秀水人 前明諸生 是
書多引舊文自立論者無幾 其大旨謂自宋孫復以來 務以攻擊三傳求勝
于先儒之上 而穿鑿煩碎之弊日生 自元延祐以後 務以為宗 胡傳為主 求
利於科舉之途 而穿鑿附會之弊亦日甚 明張璇輯五經平文 書亦尚未皆
允 汝言亦與璇同意 而稍汰其穿鑿 多所匡正 不[illegible]以多生新解為長 前
有自序 謂傳經之失 不在於淺而在於深 春秋為甚 可謂片言居要矣 此本為
汝言手稿 其中塗乙補綴 朱墨縱橫 具見用心甚勤 篤至今猶可想見云云 是帙
即其手稿 經館臣校正 發膳上有翰林院印 [illegible]廠收藏四庫選本 有者也 曾於鄞肆收

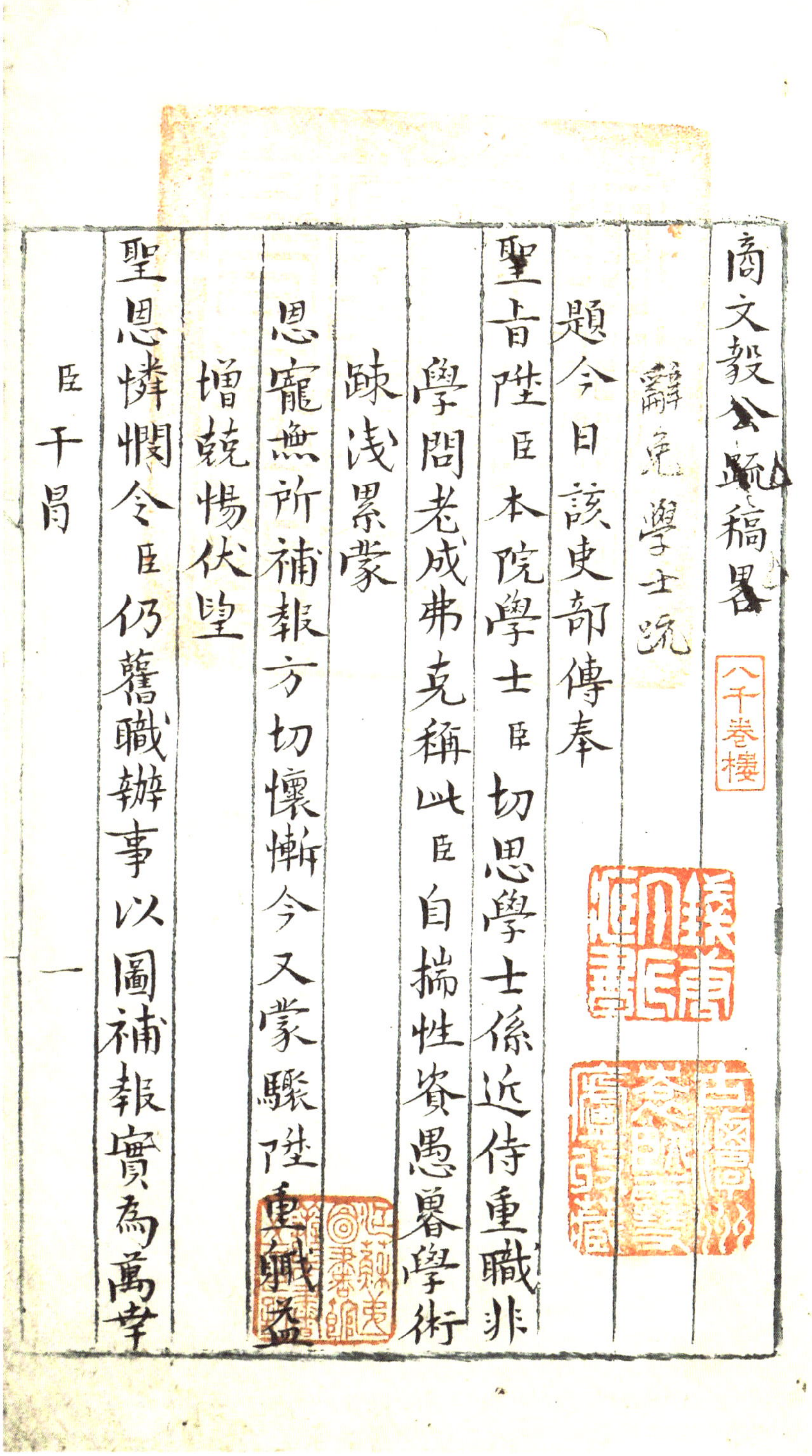
商文毅公疏稿畧
辭免學士疏
題今日該吏部傳奉
聖旨陞臣本院學士臣切思學士係近侍重職非
學問老成弗克稱此臣自揣性資愚暑學術
疏浅累蒙
恩寵無所補報方切懷慚今又蒙驟陞重職益
增兢惕伏望
聖恩憐憫令臣仍舊職辦事以圖補報實為萬幸
臣干冐
八千卷樓

30 商文毅公疏稿略一卷　（明）商輅撰　明鈔本［四庫底本］

清丁丙跋

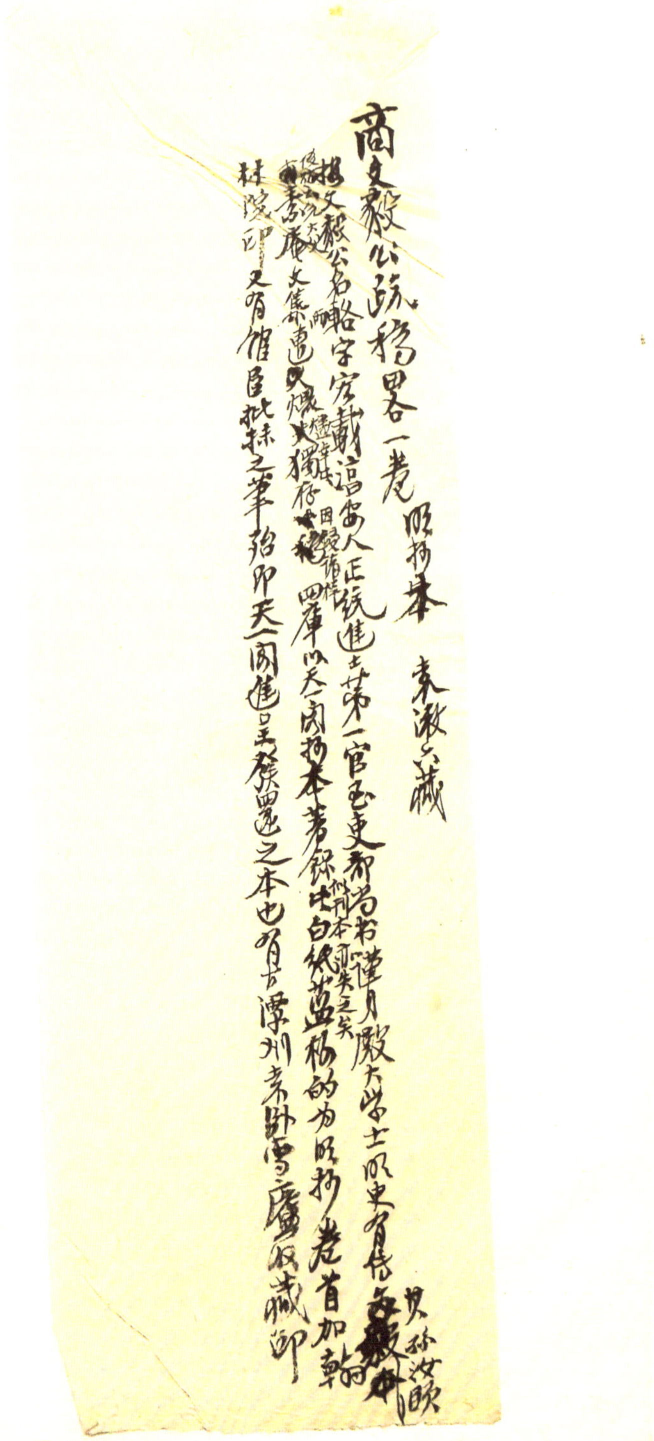
商文毅公疏稿略一卷 明抄本 來溆之藏

按文毅公名輅，字宏載，淳安人，正統進士第一，官至吏部尚書謹身殿大學士，《明史》有傳。文毅

有《商文毅集》，又《燼餘》獨存，四庫以天一閣抄本著録。此白紙藍格明人抄本，卷首加朝

林陵印，又有館臣批抹之筆，殆即天一閣進呈發還之本也。有古潭州袁臥雪廬收藏印。

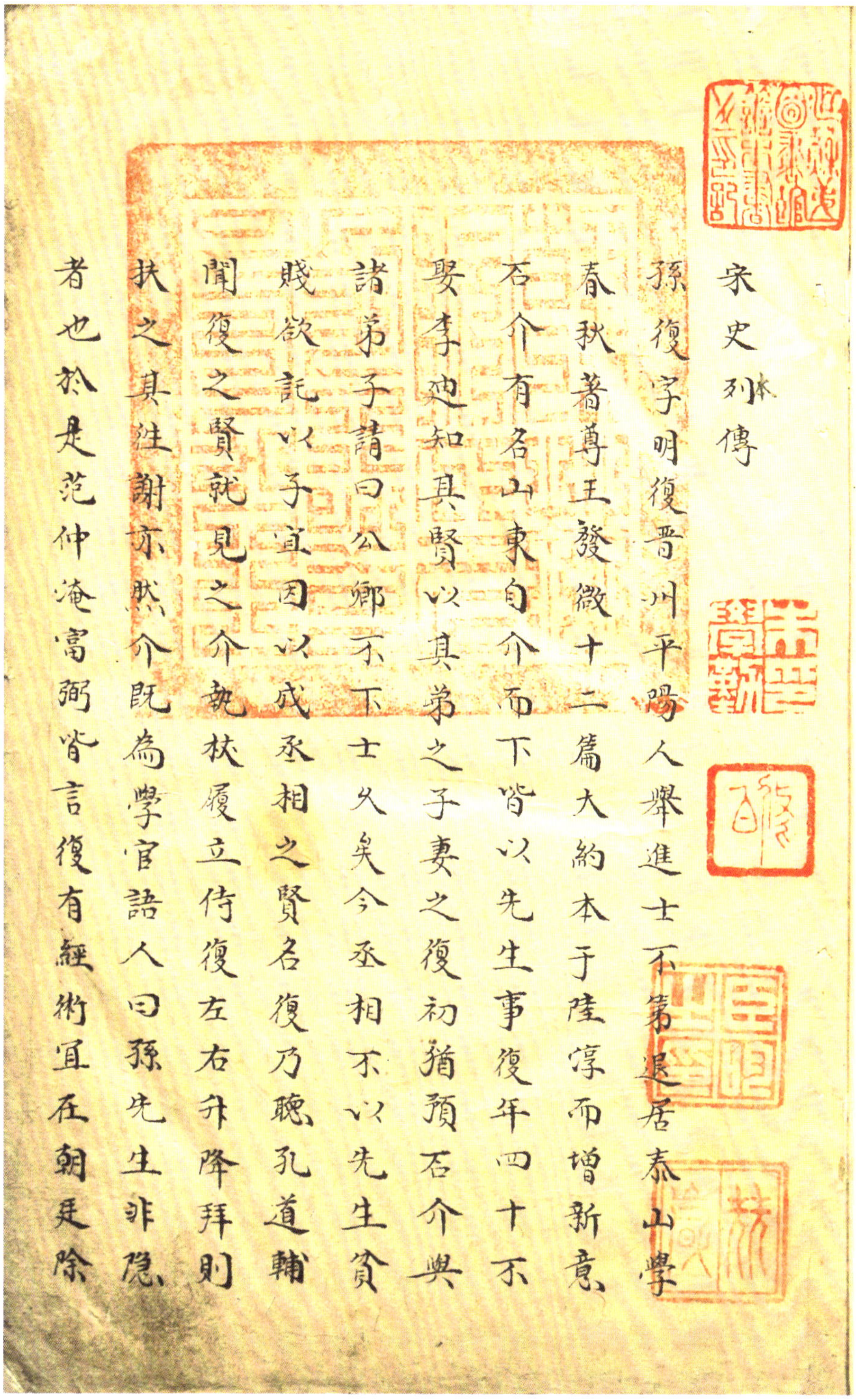
宋史列傳
孫復字明復晉州平陽人舉進士不第退居泰山學
春秋著尊王發微十二篇大約本于陸淳而增新意
石介有名山東自介而下皆以先生事復年四十不
娶李廸知其賢以其弟之子妻之復初猶預石介與
諸弟子請曰公卿不下士久矣今丞相不以先生貧
賤欲託以子宜因以成丞相之賢名復乃聽孔道輔
聞復之賢就見之介執杖屨立侍復左右升降拜則
扶之其往謝亦然介既為學官語人曰孫先生非隱
者也於是范仲淹富弼皆言復有經術宜在朝廷除

31 孫明復先生小集一卷　（宋）孫復撰　清初鈔本［四庫底本］

清丁丙跋

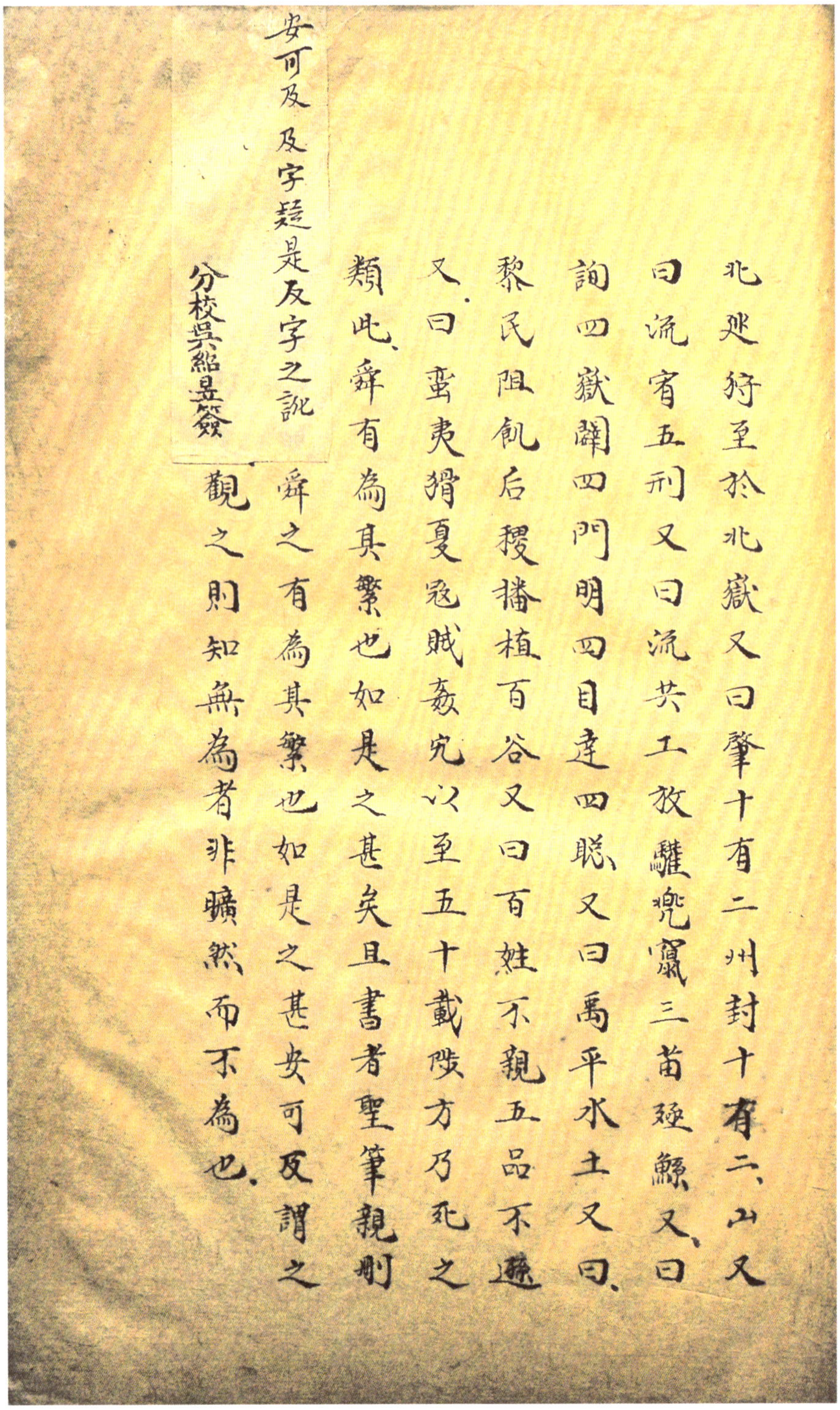

北巡狩至於北嶽又曰肇十有二州封十有二山又
曰流宥五刑又曰流共工放驩兜竄三苗殛鯀又曰
詢四嶽闢四門明四目達四聰又曰禹平水土又曰
黎民阻飢后稷播植百谷又曰百姓不親五品不遜
又曰蠻夷猾夏寇賊姦宄以至五十載陟方乃死之
類此舜有為其繁也如是之甚矣且書者聖筆親删
舜之有為其繁也如是之甚安可反謂之
觀之則知無為者非曠然而不為也

安可及 及字疑是反字之訛
分校吳紹昱簽

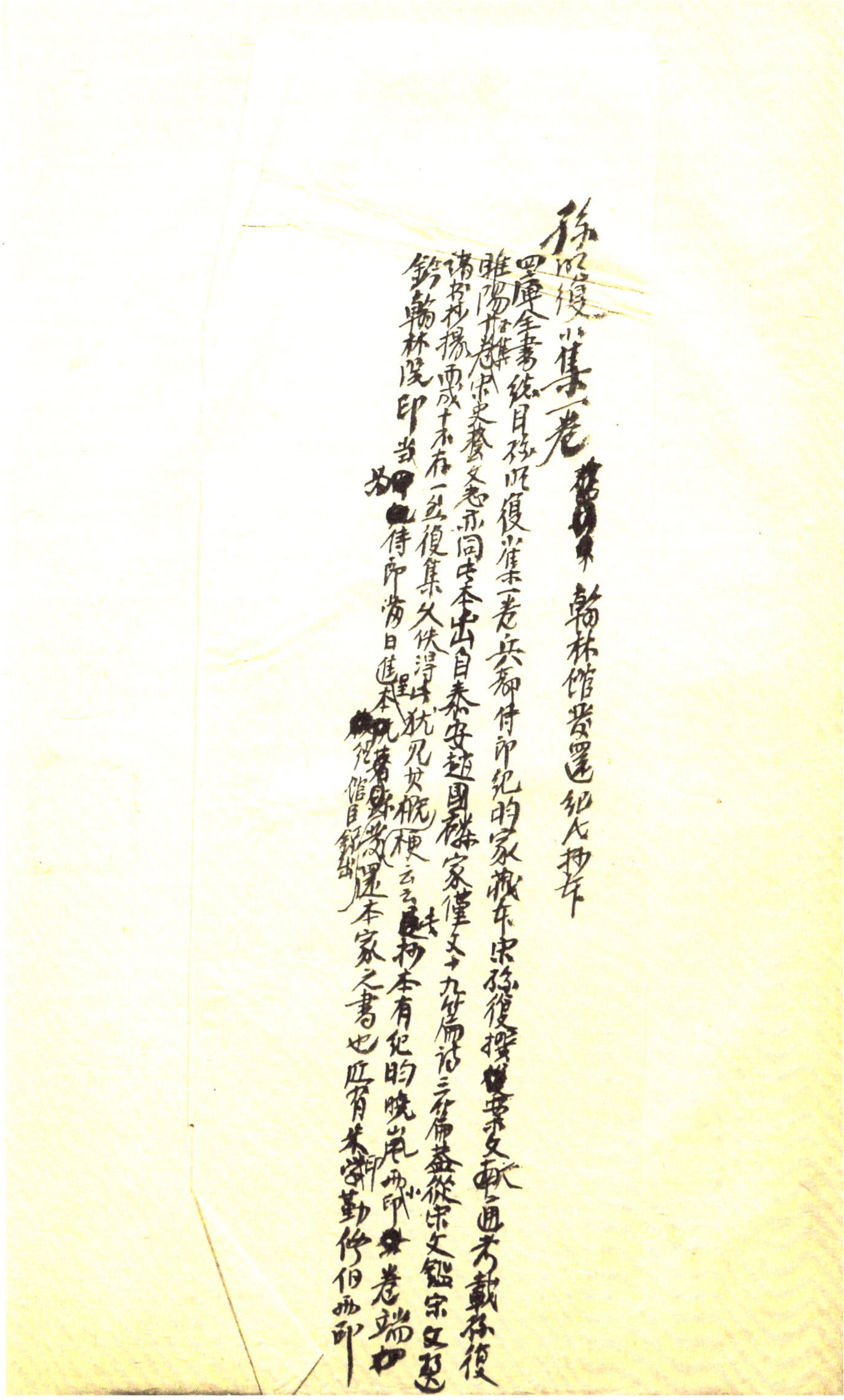
孫明復小集一卷

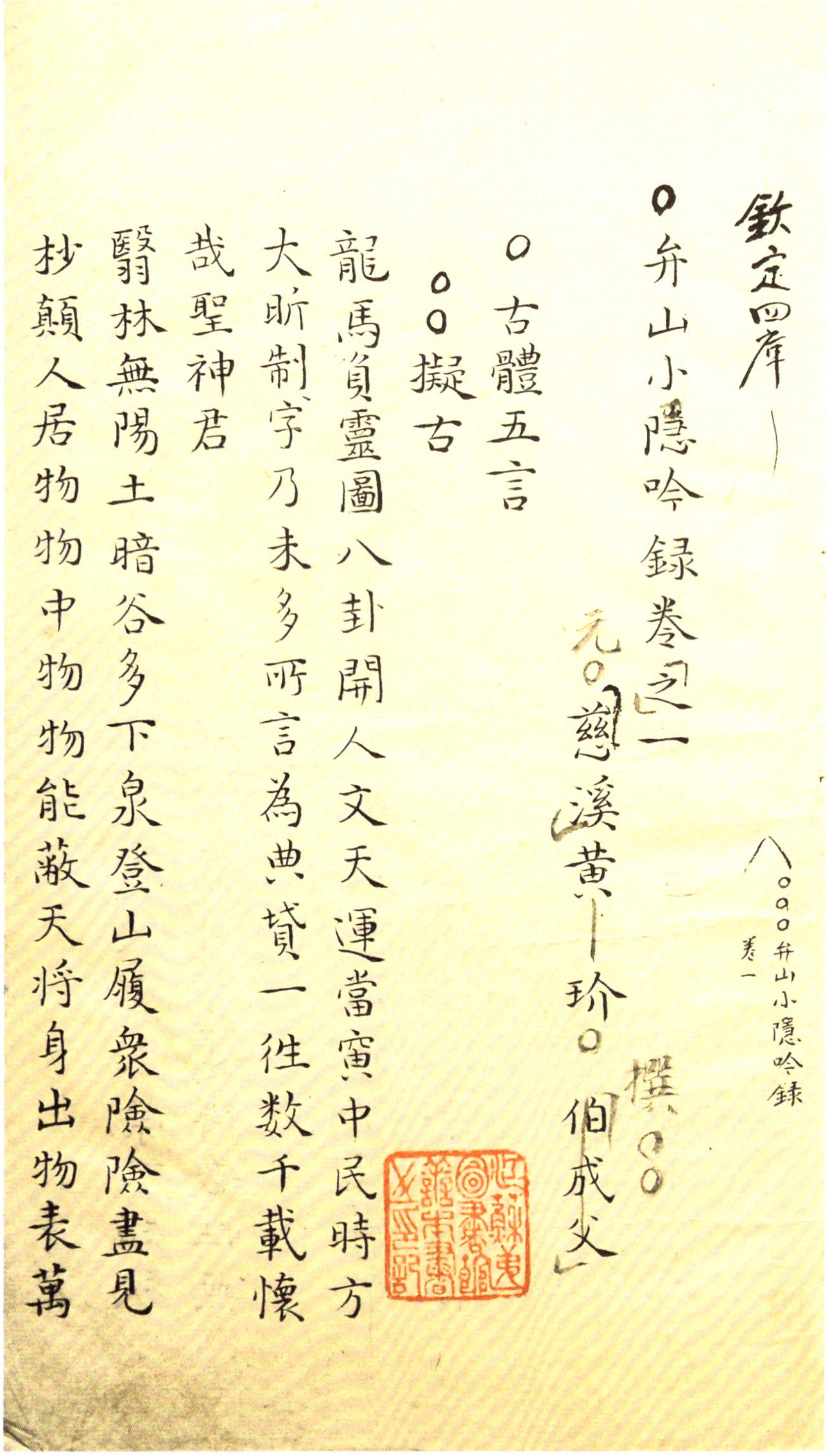
欽定四庫
弁山小隱吟録卷之一
元慈溪黃玠伯成父撰
古體五言
擬古
龍馬負靈圖八卦開人文天運當寅中民時方
大昕制字乃未多所言為典貫一往数千載懷
哉聖神君
翳林無陽土暗谷多下泉登山履衆險險盡見
抄顛人居物物中物物能蔽天将身出物表萬
弁山小隱吟録 卷一

32 弁山小隱吟録二卷 （元）黄玠撰　清鈔本［四庫底本］

清丁丙跋

弁山小隱吟録序

黄氏之先宋祥符中自温之樂清徙明之慈溪先生以來世篤儒業一曾大父臨川府君建節鄉鄞始來城居室成而家益貧三子一先大父最長至元丙子家燬于兵厥後子孫挈而西來炑氏依婦家于越其在鄉里守墳墓唯仲氏而已自余之西四十有餘載教授諸生以資共養髮種種且白來日其幾餘哉又如是不止行將爲歸蕆有令德不敢謂隱獨以所得於天

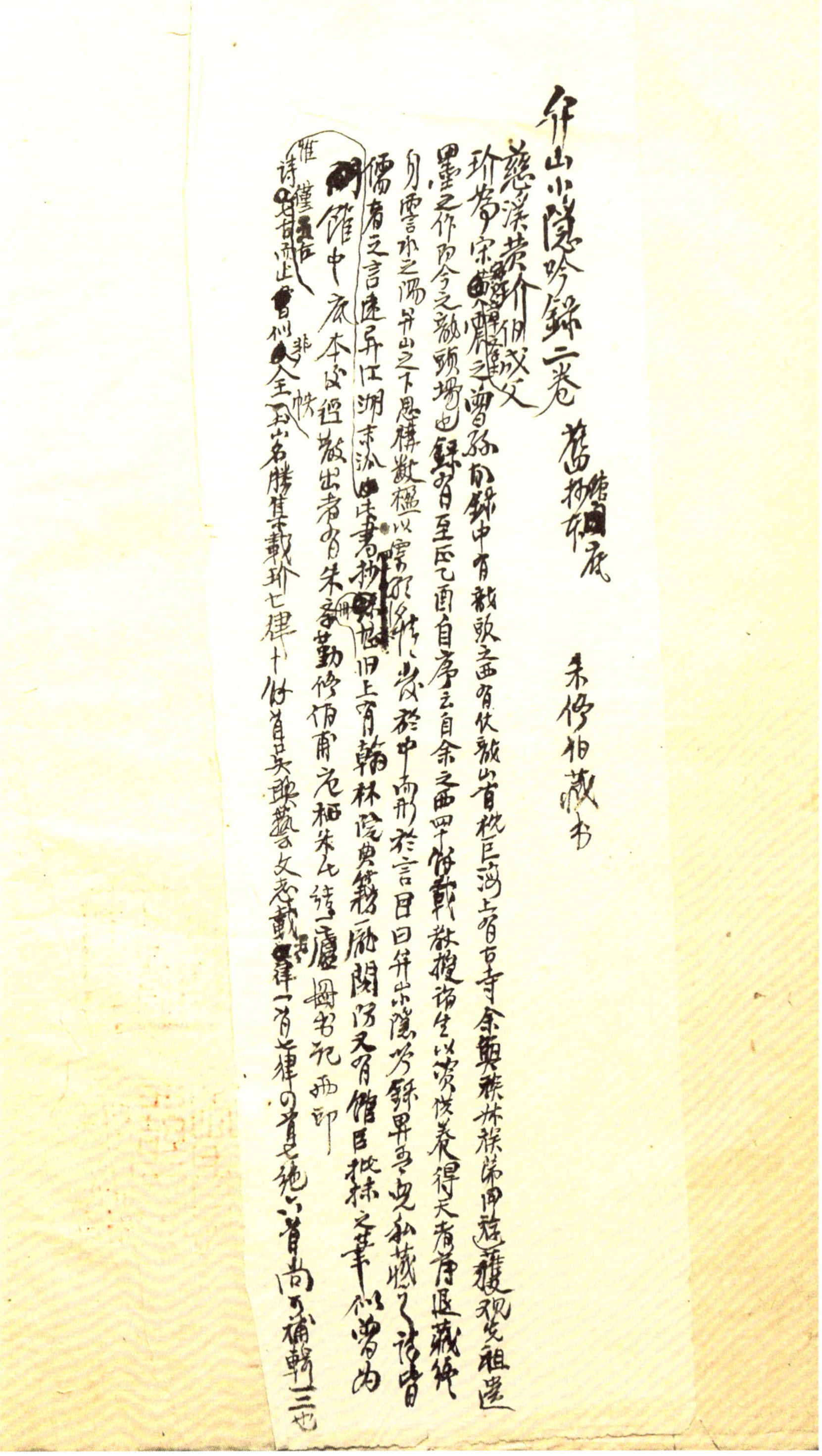

弁山小隱吟錄二卷

朱修伯藏书

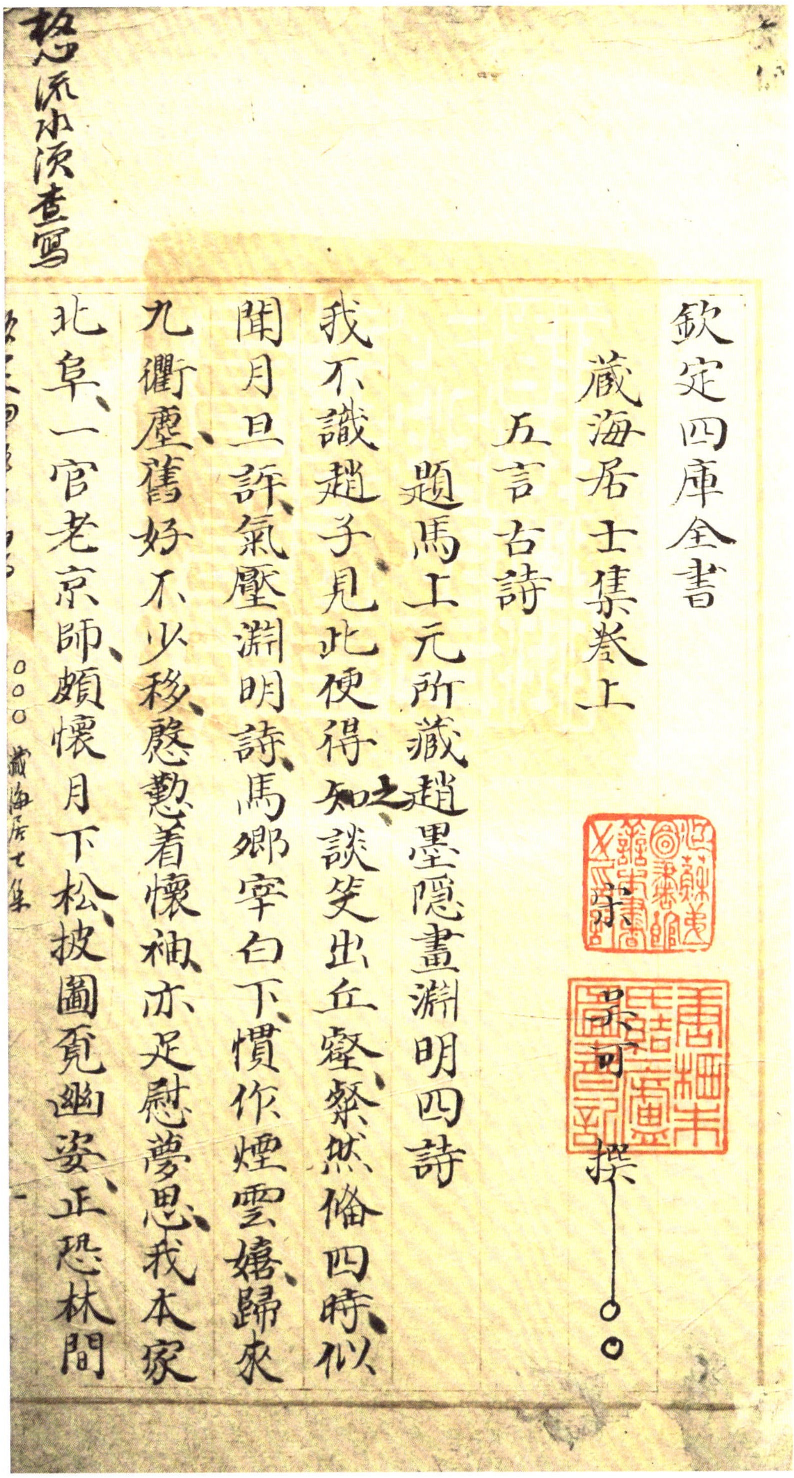

33 藏海居士集二卷　（宋）吴可撰　清乾隆翰林院鈔本［四庫底本］　清丁丙跋

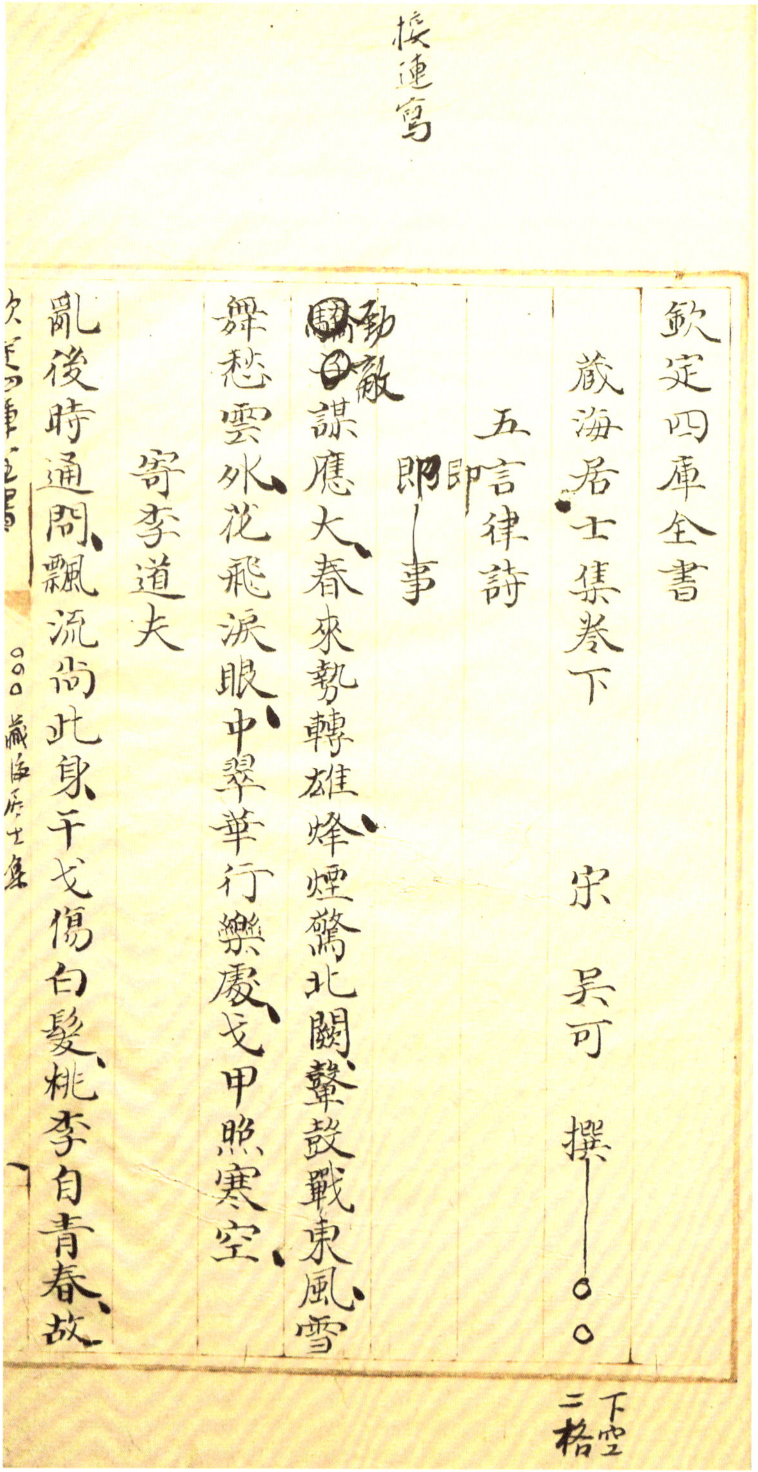
接連寫
欽定四庫全書
蔵海居士集卷下　宋　吴可　撰
五言律詩
即事
動敵
謀應大春來勢轉雄烽煙驚北闕鼙鼓戰東風雪
舞愁雲外花飛淚眼中翠華行樂處戈甲照寒空
寄李道夫
亂後時通問飄流尚此身干戈傷白髮桃李自青春故
欽定四庫全書
蔵海居士集
下空二格

藏海居士集二卷 館輯册底本

宋吳可撰

此館臣採輯永樂大典之册底有翰林院印點抹筆迹猶儼然也据提要云可當宣和末年

官汴京復乞閒以去嘗居汝州輾轉楚越之間集與王安中趙令畤米友仁諸人酬答

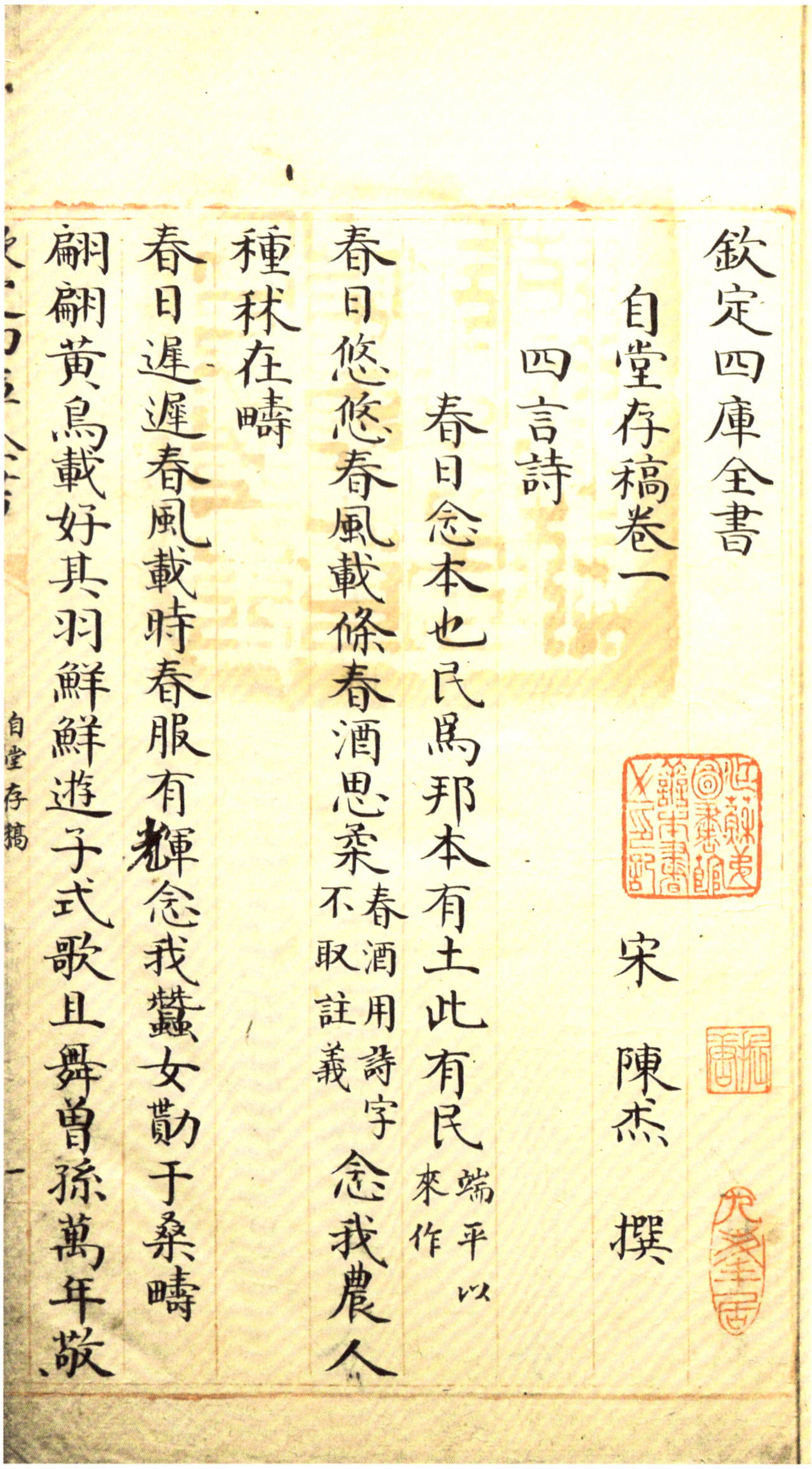

34 自堂存稿四卷 （宋）陳杰撰　清乾隆翰林院鈔本［四庫底本］

清丁丙跋

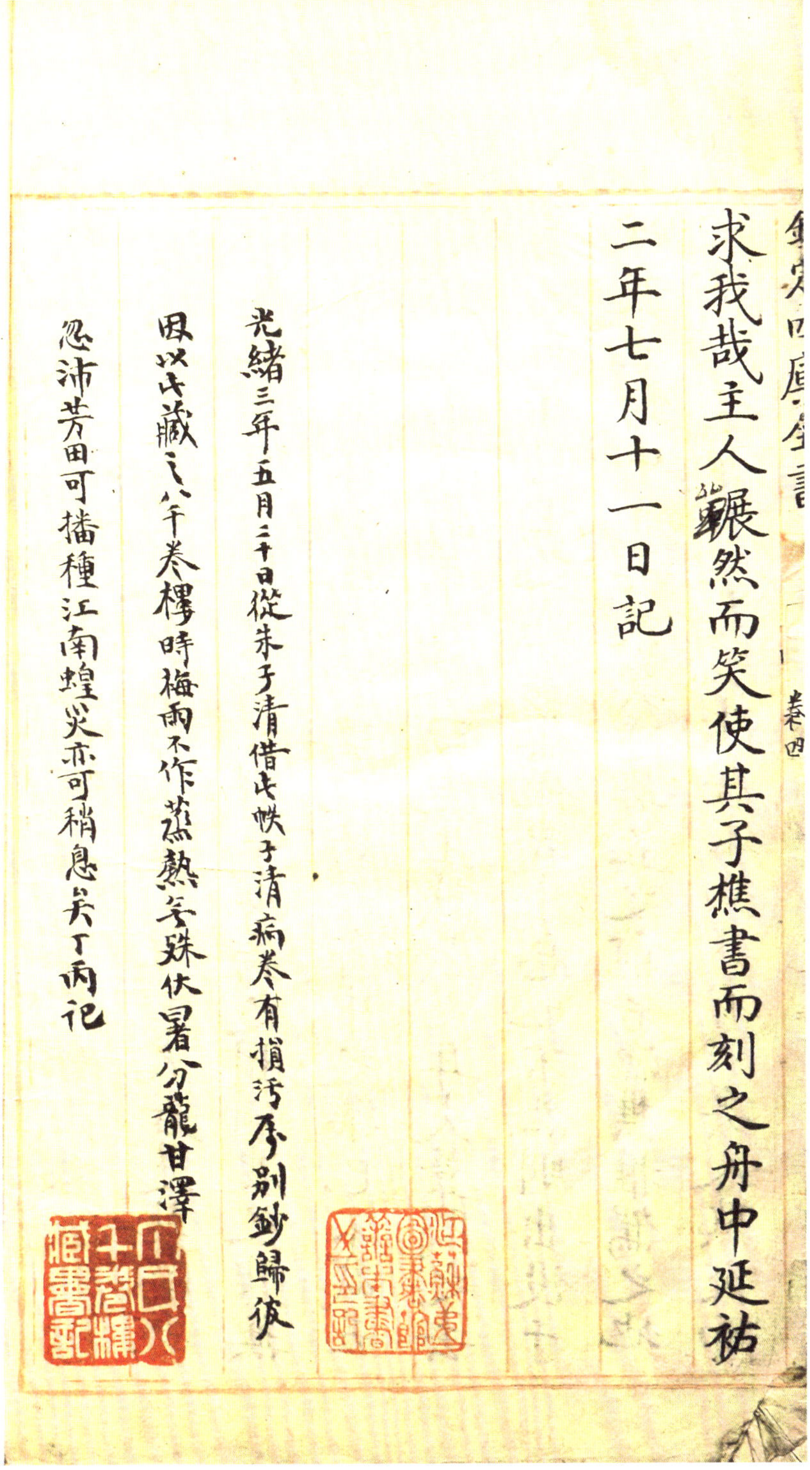

求我哉主人巋然而笑使其子樵書而刻之舟中延祐
二年七月十一日記

光緒三年五月二十日從朱子清借此帙子清病卷有損污乃別鈔歸彼
因以此藏之八千卷樓時梅雨不作蒸熱無殊伏暑分龍甘澤
忽沛芳田可播種江南蝗災亦可稍息矣丁丙記

嘉惠藝林

丁氏不僅是藏書家，更熱心於地方公益文化事業。《浙江省立國學圖書館月刊》第一卷第七、八期合刊曾列“丁先生善舉二十八事”，表彰丁氏熱心公益之舉。實際上，丁氏所爲善舉“奚啻此二十八事”。光緒間，梁鼎芬見阮元在鎮江所建焦山書藏有四座空橱，勸説丁丙捐書，丁氏慨然應允。據《嘉惠堂丁氏移弆焦山書藏目録》，丁氏共捐書四百五十一種，計一千册。可惜這批藏書在民國二十六年（1937）被日軍炮火炸毁。今傳《焦山書藏目録》（圖 35）猶可見丁氏當日捐書規模。丁氏藏書達四十萬卷，但他並不將之視爲枕中之秘，而是選擇其中的罕見本，特别是一些鄉邦文獻，彙刻爲叢書，以饗學界。《武林掌故叢編》即其中較有影響者之一，並且此叢書書版仍存，藏浙江圖書館（圖 36）。因之，柳詒徵《國立中央大學國學圖書館小史》曰：“丁氏於文化史上之價值，實遠過瞿、楊、陸三大家。以其奮起諸生，搜羅古籍，影響於江浙兩省，非徒矜私家之富有也。”

《北江詩話》云：“藏書家有數等：得一書必推求本原，是正缺失，是謂考訂家。如錢少詹大昕、戴吉士震諸人是也。次則辨其板片，注其錯譌，是謂校讎家。如盧學士文弨、翁閣學方綱諸人是也。次則搜采異本，上則補石室金匱之遺亡，下可備通人博士之流覽，是謂收藏家。如鄞縣范氏之天一閣、錢唐吴氏之瓶花齋、昆山徐氏之傳是樓諸家是也。次則第求精本，獨嗜宋刻，作者之旨意縱未盡窺，而刻書之年月最所深悉，是謂賞鑒家。如吴門黄主事丕烈、鄔鎮鮑處士廷博諸人是也。又次則於舊家中落者賤售其所藏，富室嗜書者要求其善價，眼别真贋，心知古今，閩本蜀本一不得欺，宋槧元槧見而即識，是謂掠販家。如吴門之錢景開、陶五柳、湖州之施漢英諸書估是也。”丁丙雖不若錢大昕、戴震輩以學問名家，但亦是藏而能讀之人，非僅聚而藏之。他從藏書中鈎稽史料，編纂成書，跋萬曆丙辰刻本《快雪堂集》云：“甲子亂平，重返故廬，復收殘燼，杜門息影，輯《杭城坊巷志》，益思網羅群籍。”今浙江圖書館就藏有《杭城坊巷志》稿本（圖 37）。又别有《松夢寮文集》三卷（圖

38），惜未刊刻。而作爲藏書家，其《八千卷樓書目》《善本書室藏書志》乃清代私家藏書目録中之可觀者，其編纂體例、善本觀念等至今仍有影響。南圖另藏有稿本《八千卷樓藏書目》（圖 39），與作爲丁氏藏書總目的《八千卷樓書目》不同，乃八千卷樓藏書目录。八千卷樓專藏四庫著录書，故僅有四庫著录書。前有丁丙小識，叙述藏書中可考之舊藏家。又有鈔本《善本書室題跋》（圖 40），成書當在《善本書室藏書志》之前，兩者文字有不同，或爲《善本書室藏書志》之初稿。藉此可窺見丁氏藏書、編目、撰寫提要的過程。

不僅是丁丙，家族之中，從丁申、丁立誠至丁三在、丁仁，祖孫三代均有著述。如丁申《武林藏書録》，彙集杭州地區藏書、刻書史料，且有不少丁氏於當時耳聞目見的材料，是研究浙江藏書史不可或缺的文獻。南圖藏丁申稿本（圖 41），與後來刊刻者有區别，可見丁申編纂此書的過程及相關史料來源。其孫丁仁、丁三在亦能著述，並在現代印刷業中頗有創舉。二人首創仿宋體鉛字，設立仿宋書局，印行其父丁立誠撰《小槐簃吟稿》。1921 年，仿宋書局併入中華書局，中華書局以這批鉛字印行了《四部備要》。丁仁還是西泠印社創始人之一，嗜印成癖，篆刻宗法浙派，輯浙派大家刻印爲《西泠八大家印選》。所謂八大家是指丁敬（1695—1765）、蔣仁（1743—1795）、黄易（1744—1802）、奚岡（1746—1803）、陳豫鍾（1762—1806）、陳鴻壽（1768—1822）、趙之琛（1781—1852）、錢松（1818—1860）等八位篆刻家，他們之間有師徒淵源，開創了篆刻中的“浙派”。《西泠八家印選》有四卷本、三十卷本之分，三十卷本收藏甚稀。南圖藏兩種（圖 42、43），選印及版式有所不同，爲研究西泠八家刻印的珍貴文獻。

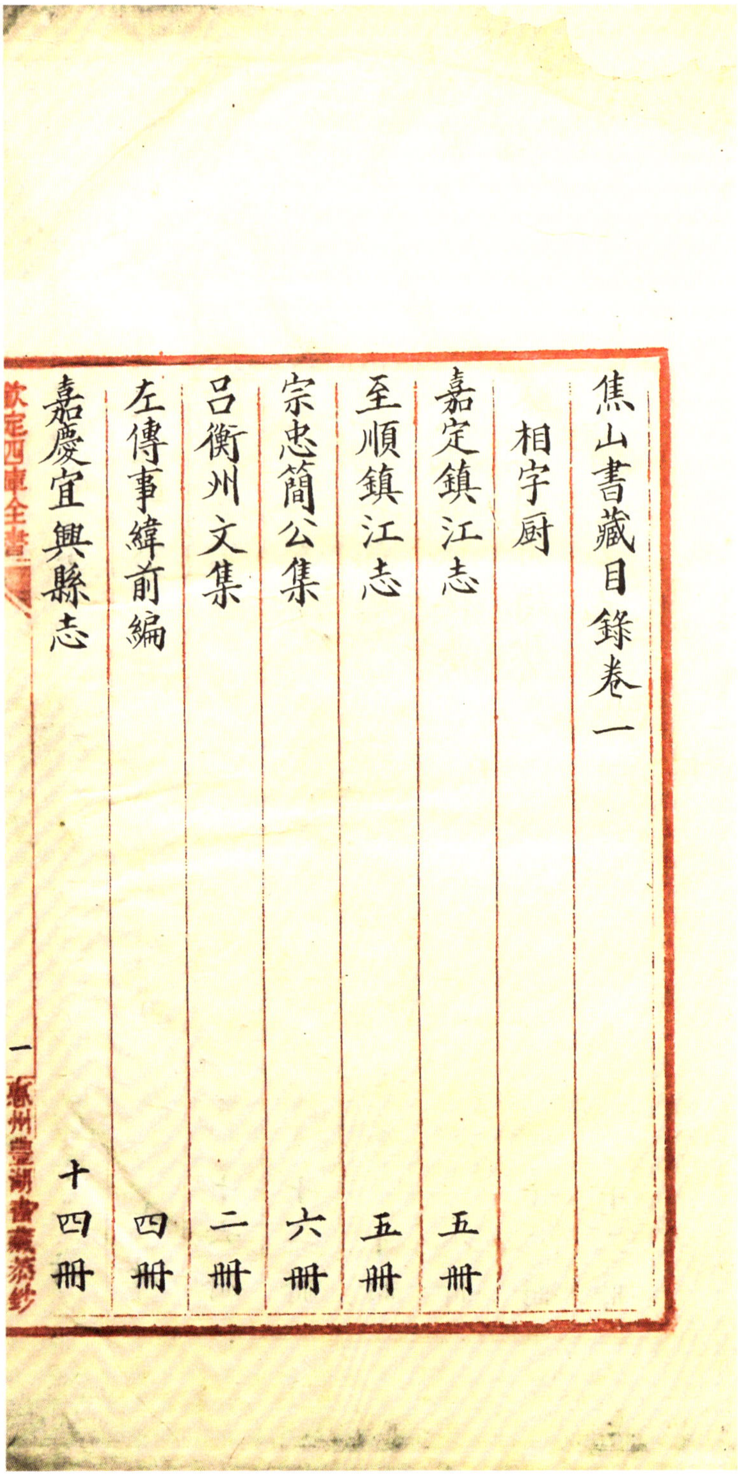
焦山書藏目錄卷一

相宇廚

嘉定鎮江志 五冊

至順鎮江志 五冊

宗忠簡公集 六冊

呂衡州文集 二冊

左傳事緯前編 四冊

嘉慶宜興縣志 十四冊

欽定四庫全書 一 惠州豐湖書藏移鈔

35 焦山書藏目録六卷嘉惠堂丁氏移弆焦山書藏目録一卷

（清）丁丙編　清鈔本

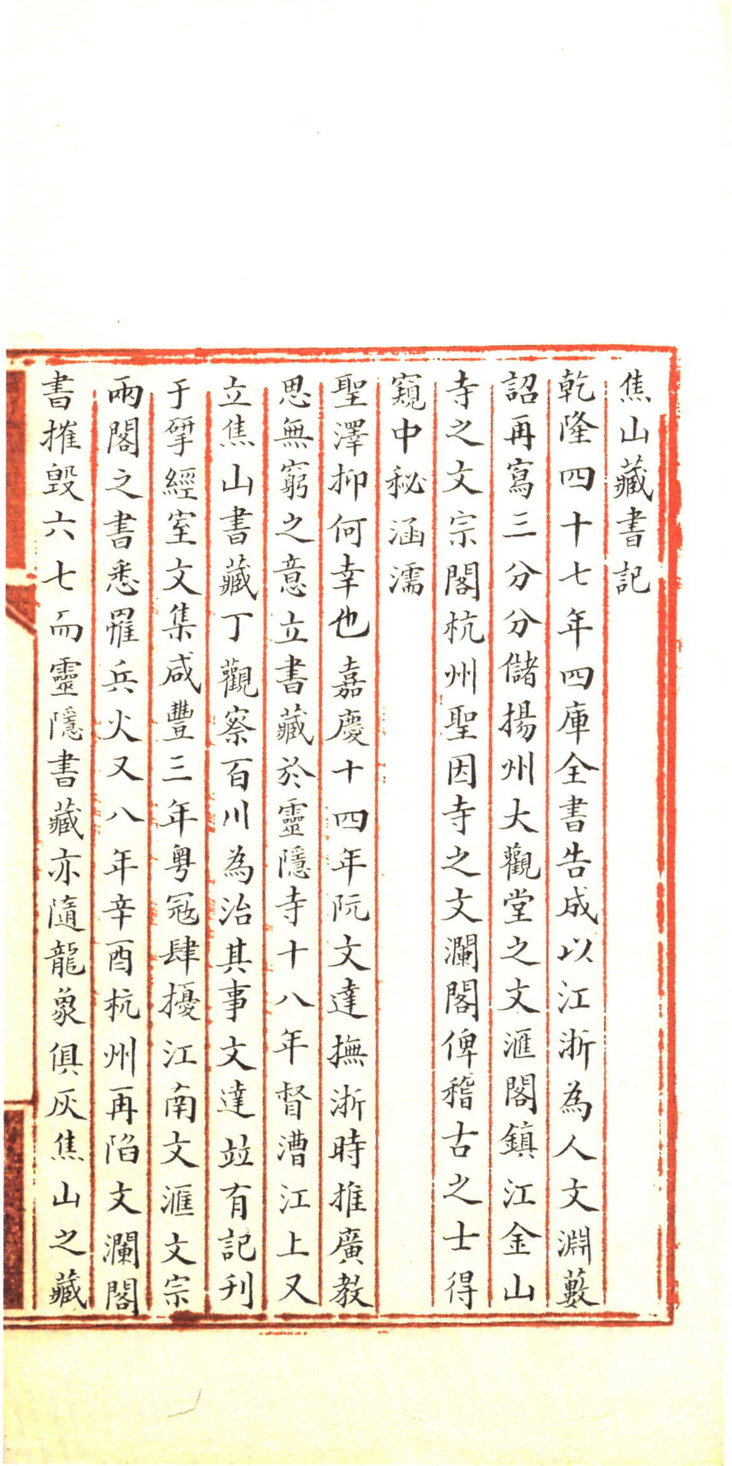

焦山藏書記

乾隆四十七年四庫全書告成以江浙為人文淵藪
詔再寫三分分儲揚州大觀堂之文滙閣鎮江金山
寺之文宗閣杭州聖因寺之文瀾閣俾稽古之士得
窺中秘涵濡
聖澤抑何幸也嘉慶十四年阮文達撫浙時推廣敎
思無窮之意立書藏於靈隱寺十八年督漕江上又
立焦山書藏丁觀察百川為治其事文達並有記刋
于揅經室文集咸豐三年粤寇肆擾江南文滙文宗
兩閣之書悉罹兵火又八年辛酉杭州再陷文瀾閣
書摧毀六七而靈隱書藏亦隨龍象俱灰焦山之藏

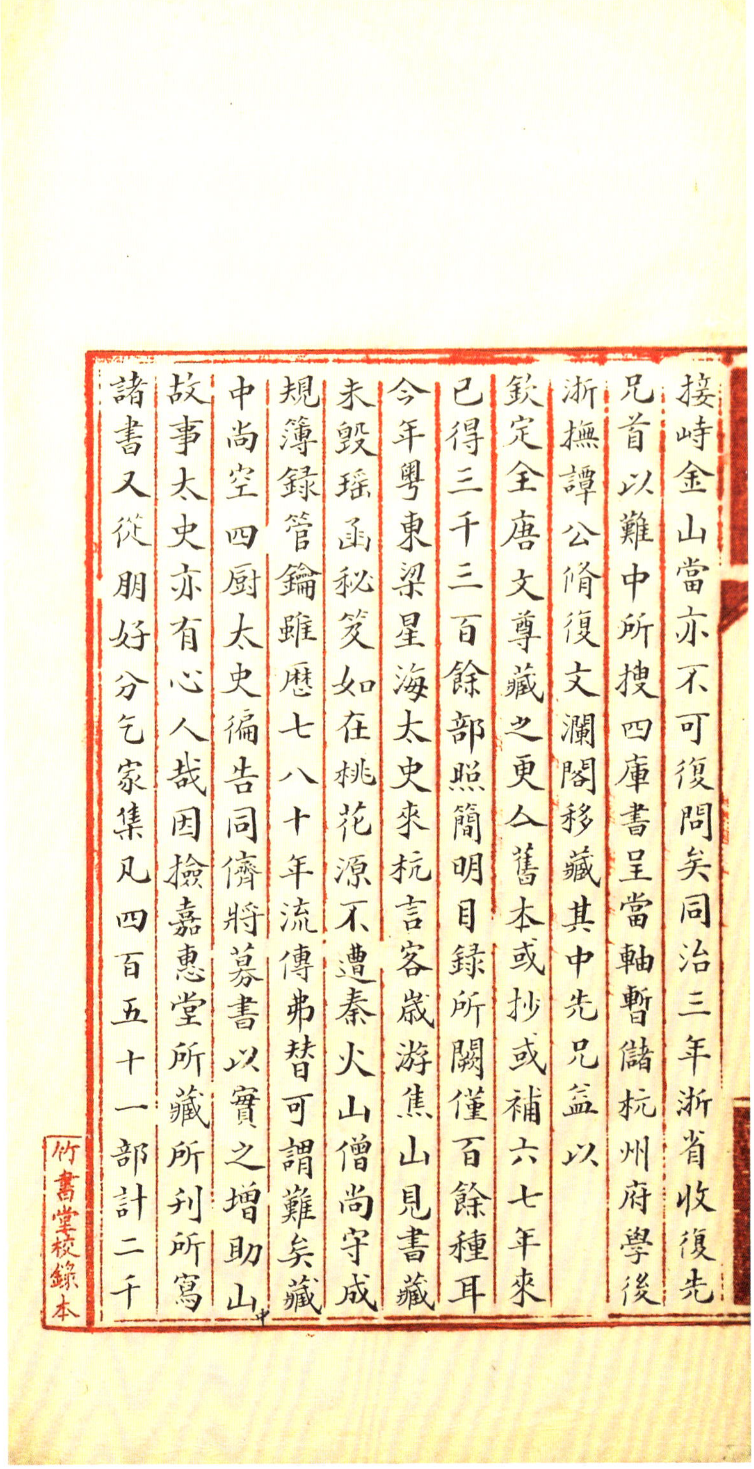

接峙金山當亦不可復問矣同治三年浙省收復先
兄首以難中所搜四庫書呈當軸暫儲杭州府學後
浙撫譚公脩復文瀾閣移藏其中先兄益以
欽定全唐文尊藏之更以舊本或抄或補六七年來
已得三千三百餘部照簡明目録所闕僅百餘種耳
今年粵東梁星海太史來杭言客歲游焦山見書藏
未毀瑶函秘笈如在桃花源不遭秦火山僧尚守成
規簿録管鑰雖歷七八十年流傳弗替可謂難矣藏
中尚空四厨太史徧告同儕將募書以實之增助山
故事太史亦有心人哉因撿嘉惠堂所藏所刊所寫
諸書又從朋好分乞家集凡四百五十一部計二千

竹書堂校錄本

六百綜一千册繕目弆置其中敬乞山靈如前呵護
儻得餘暇再繼阮約復興靈隱舊藏今日之舉實為
嚆矢若夫文滙文宗傑閣千尋琳瑯萬軸重脩盛典
嘉惠藝林則有在節鉞重臣輶軒使者固非艸野所
敢望也光緒辛卯秋日錢塘丁丙記

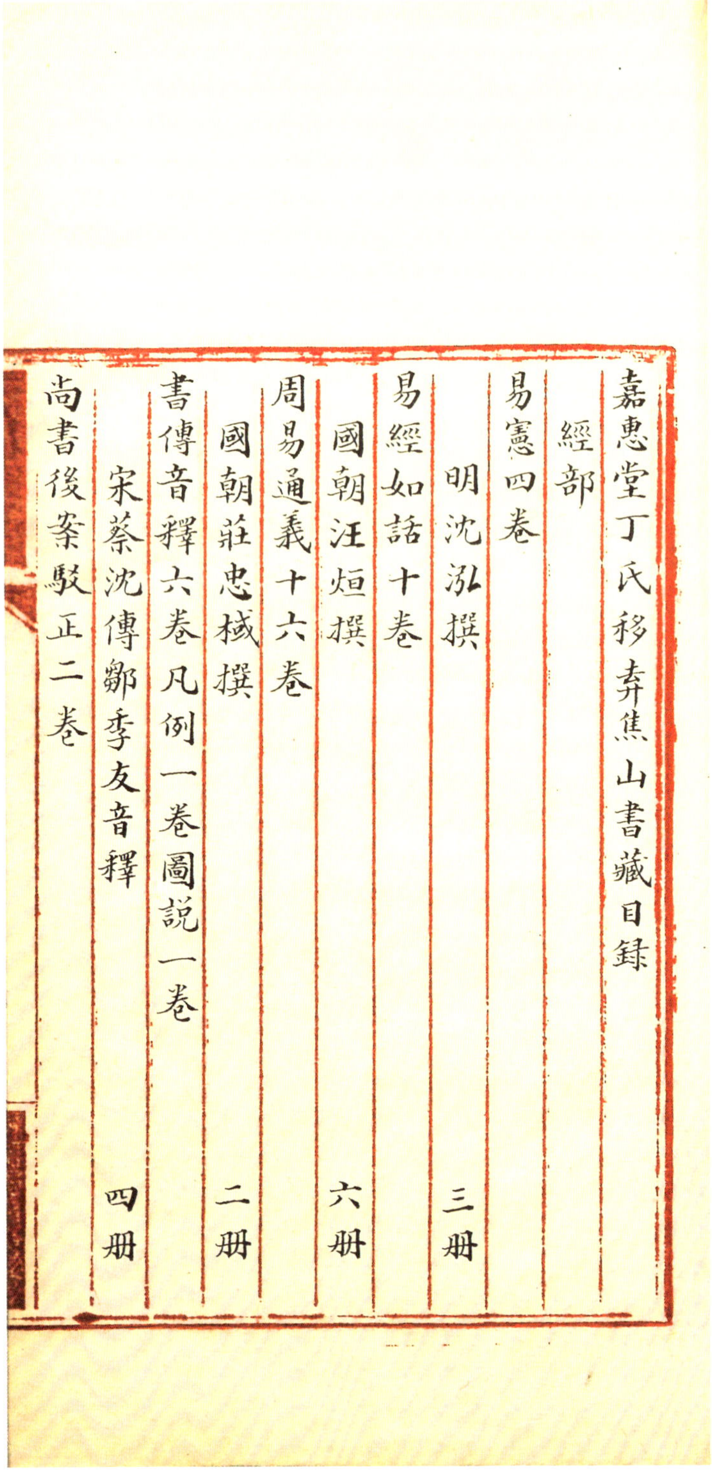
嘉惠堂丁氏移弆焦山書藏目録

經部

易憲四卷

明沈泓撰　三冊

易經如話十卷

國朝汪烜撰　六冊

周易通義十六卷

國朝莊忠棫撰　二冊

書傳音釋六卷凡例一卷圖說一卷

宋蔡沈傳鄒季友音釋　四冊

尚書後案駁正二卷

36《武林掌故叢編》書版 浙江圖書館藏

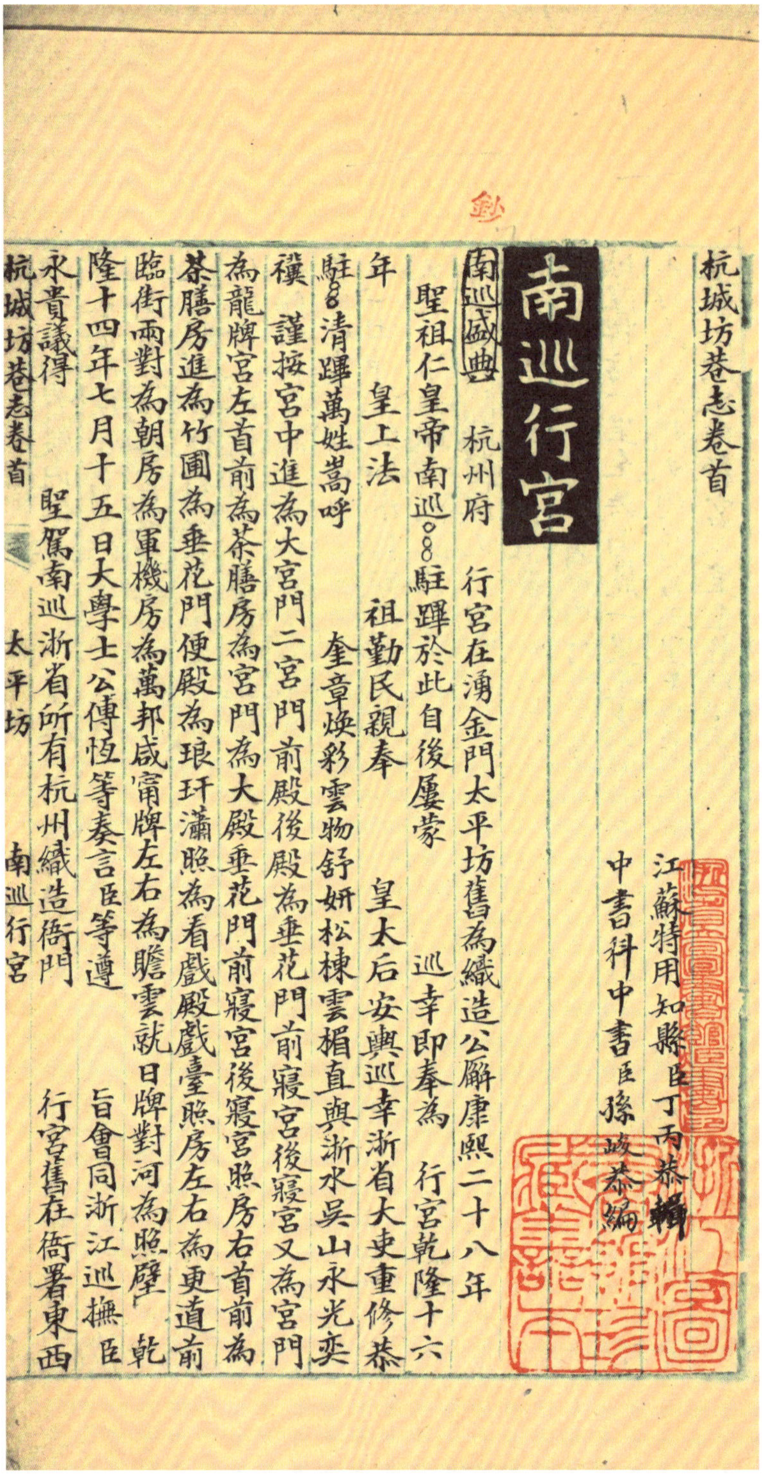
鈔

杭城坊巷志卷首

江蘇特用知縣臣丁丙恭輯

中書科中書臣孫峻恭編

南巡行宮

南巡盛典 杭州府 行宮在湧金門太平坊舊為織造公廨康熙二十八年

聖祖仁皇帝南巡。。駐蹕於此自後屢蒙 巡幸即奉為 行宮乾隆十六

年 皇上法 祖勤民親奉 皇太后安輿巡幸浙省大吏重修恭

駐。。清蹕萬姓嵩呼 奎章煥彩雲物舒妍松棟雲楣直與浙水吳山永光奕

禩 謹按宮中進為大宮門二宮門前殿後殿為垂花門前寢宮後寢宮又為宮門

為龍牌宮左首前為茶膳房為宮門為大殿垂花門前寢宮後寢宮照房右首前為

茶膳房進為竹圃為垂花門便殿為琅玕瀟照為看戲殿戲臺照房左右為更道前

臨街兩對為朝房為軍機房為萬邦咸甯牌左右為瞻雲就日牌對河為照壁 乾

隆十四年七月十五日大學士公傅恆等奏言臣等遵 旨會同浙江巡撫臣

永貴議得 聖駕南巡浙省所有杭州織造衙門 行宮舊在衙署東西

杭城坊巷志卷首 太平坊 南巡行宮

37 杭城坊巷志不分卷 （清）丁丙輯 孫峻補輯 稿本 浙江圖書館藏

杭城坊巷志卷一

錢塘丁丙松生
仁和孫峻康侯　同輯

錢塘

上后市街

淳祐臨安志　左一北廂吳山北坊

咸淳臨安志　左一北廂吳山北坊後市街對

萬歷杭府志　後市街即清望街北

武林舊事　歌館平康諸坊如後市街

宋學士集　金剛經靈異贊　杭州周縉頗知書聚二三童子講習後市中日誦金剛經甚謹童子閔生觸翻佛前燈油染於經杭之民俗凡經像獘汙輒投濤江縉因束以紅縕傚其俗行之時元之大德庚子也越三年癸卯經畱還於舊所半爲潮汐所裹而紅縕如故縉驚喜與吳門僧噞拂去沙塵其粘綴者逐番分析之徧請蕺林開士題識左方後八十一年當國朝洪武庚申經入沙門宥悌之手復重加裝潢即南屏山中請濂說贊曰至誠動物靡間毛髮此感彼應如磁引鍼況

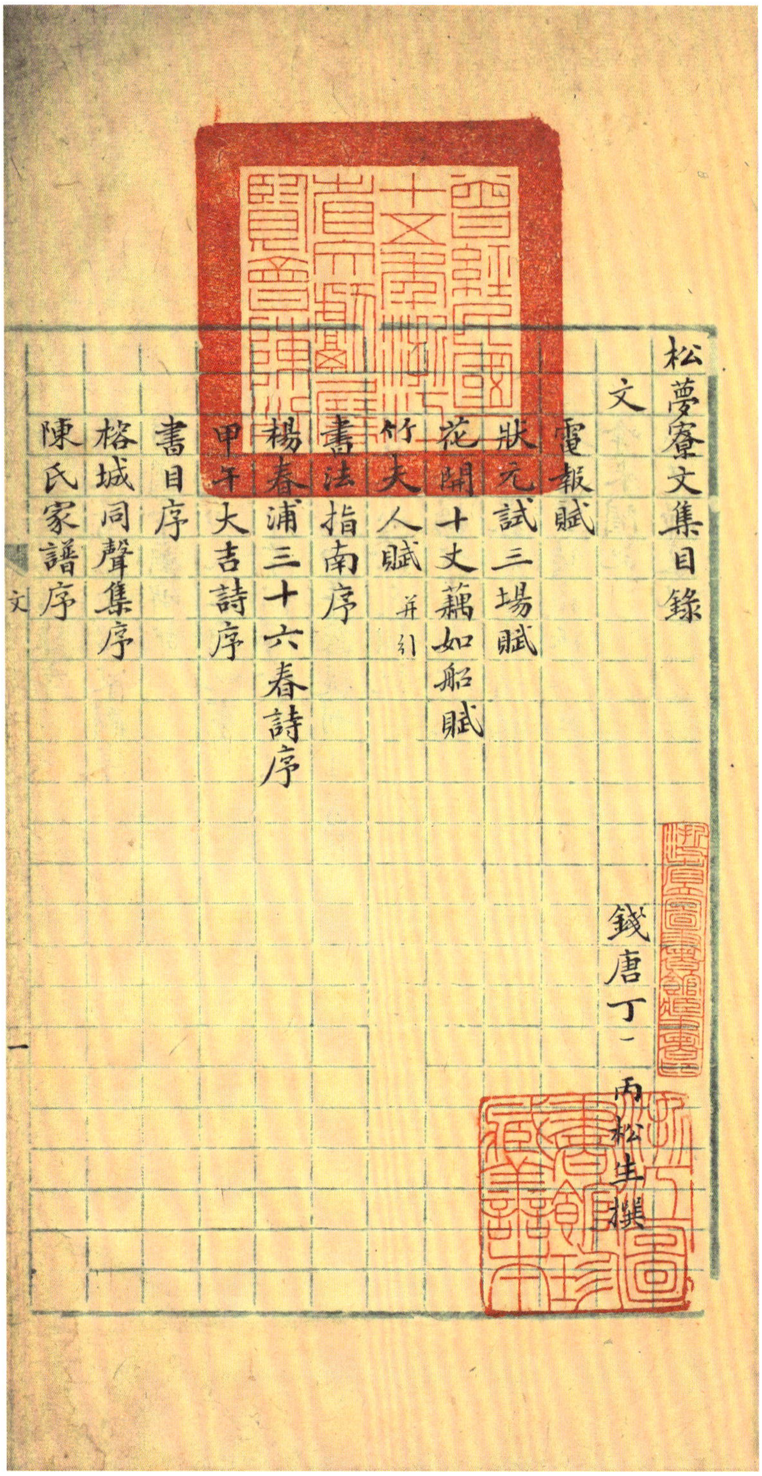
松夢寮文集目錄

錢唐丁丙松生撰

文

雹報賦

狀元試三場賦

花開十丈藕如船賦

竹夫人賦 并引

書法指南序

楊春浦三十六春詩序

甲午大吉詩序

書目序

榕城同聲集序

陳氏家譜序

文 一

38 松夢寮文集三卷　（清）丁丙撰　清鈔本　浙江圖書館藏

電報賦

閃兮爍兮上摩乾象兮下軋坤倪捷勝黃塵之騏驥橫疑碧漢之虹霓比庚郵兮神速逐亥步兮高低森玉柱兮承露立曳金繩兮與雲齊斡地毬者九萬里而遠通文報者七千字可稽（中國電報新編約七千餘字）其氣也挾陰陽以相薄其機也雖雷雨而弗迷是能洩造化使羣黎寸楮而通往來問答瞬息而周南朔東西夫以人事之必賴傳書也寸丹託尺素詳走一介致數行置馹站設提塘旁午以報軍旅令甲以報雨暘機密則蠟丸戒露緊急則羽箭飛霜以至榜題姓氏雅寄篇章家常瑣屑市價評量工言物料農話耕桑或煩車載或附舟裝即使紅鱗訊準黃耳音償慰雲山之迢遞免烟水之蒼茫莫不遠穿望眼久盪回腸又安得默通呼吸捷接毫芒奪天爭巧縮地多方千里而如逢一

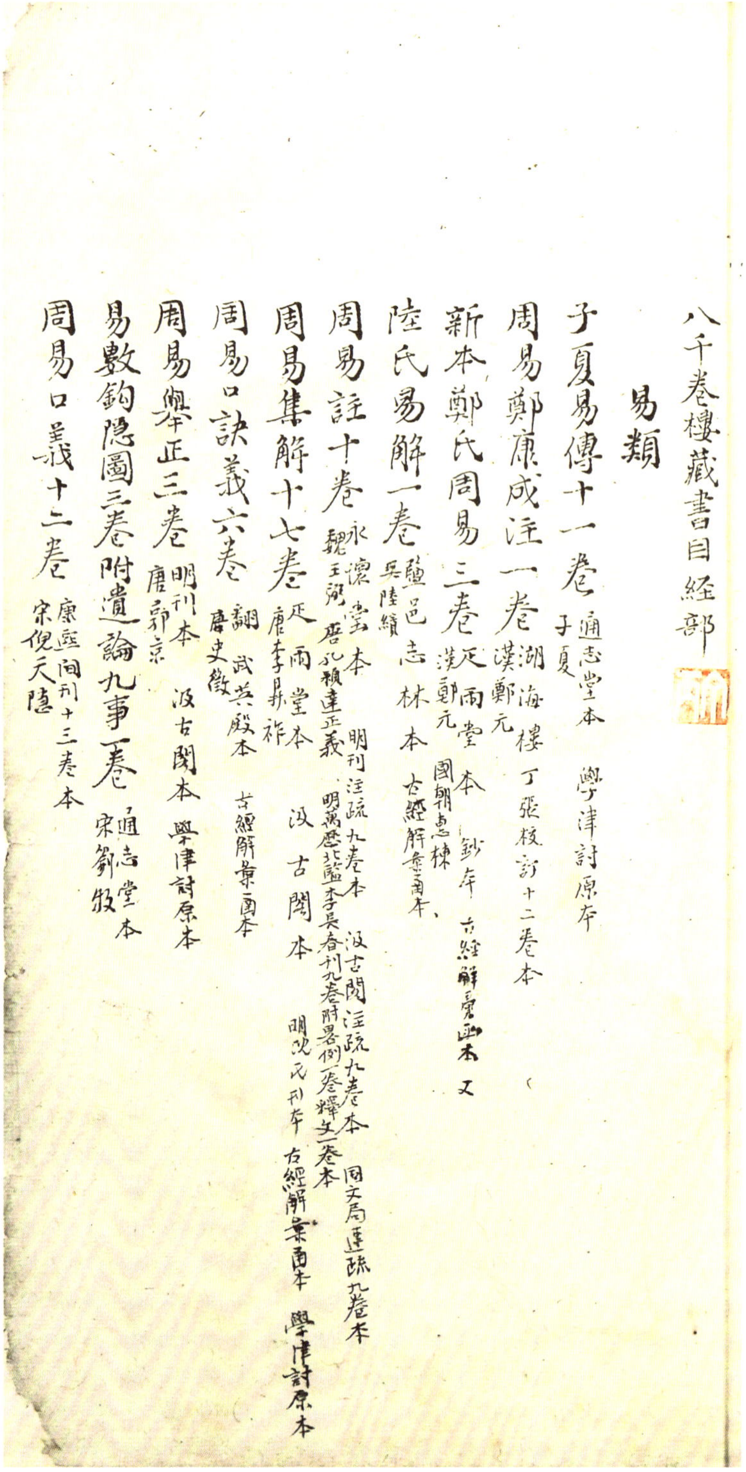

八千卷樓藏書目經部

易類

子夏易傳十一卷 子夏 通志堂本 學津討原本

周易鄭康成注一卷 漢鄭元 湖海樓 丁張校訂十二卷本

新本鄭氏周易三卷 漢鄭元 疋雨堂本 國朝惠棟 鈔本 古經解彙函本 又

陸氏易解一卷 吳陸績 鹽邑志林本 古經解彙函本

周易註十卷 魏王弼 永懷堂本 唐孔穎達正義 明刊注疏九卷本 明萬歷北監李長春刊九卷附畧例一卷釋文一卷本 汲古閣注疏九卷本 同文局注疏九卷本

周易集解十七卷 唐李鼎祚 疋雨堂本 汲古閣本 明沈氏刊本 古經解彙函本 學津討原本

周易口訣義六卷 唐史徵 翻武英殿本 古經解彙函本

周易舉正三卷 唐郭京 明刊本 汲古閣本 學津討原本

易數鉤隱圖三卷附遺論九事一卷 宋劉牧 通志堂本

周易口義十二卷 宋倪天隱 康熙間刊十三卷本

39 八千卷樓藏書目不分卷 （清）丁丙藏並撰 稿本

小樓藏庋書籍不下十萬卷中間故家名流色從手綫目審墨題朱印者
約百十家歷年三百薈萃精秘不謂之富不得也況在東南巨叔以
承風就書中或題或印可以追溯之家庋錄于後

毛子晉 汲古閣
斧季
錢蒙叟 絳雲樓
遵王 述古堂
徐尚書 傳是樓
葉九苞 菉竹堂
季滄葦
錢林頸 錢塵宅
宋賓王
宋牧仲

馮巳蒼
趙清常 脈望館
朱竹垞 潛采堂
張清恪公
祁曠翁 澹生堂
鈕 世學樓
呂恥翁 觀稼樓
何義門
潘次耕
曹潔躬 倦圃

吳樸村
尤西堂
俞蘋軒
王弇州
龔蘅圃 玉玲瓏閣
吳慶百 梧園
吳石倉 四古堂
顧俠君 秀埜艸堂
棣齋金 東壁樓
金星軺 文瑞

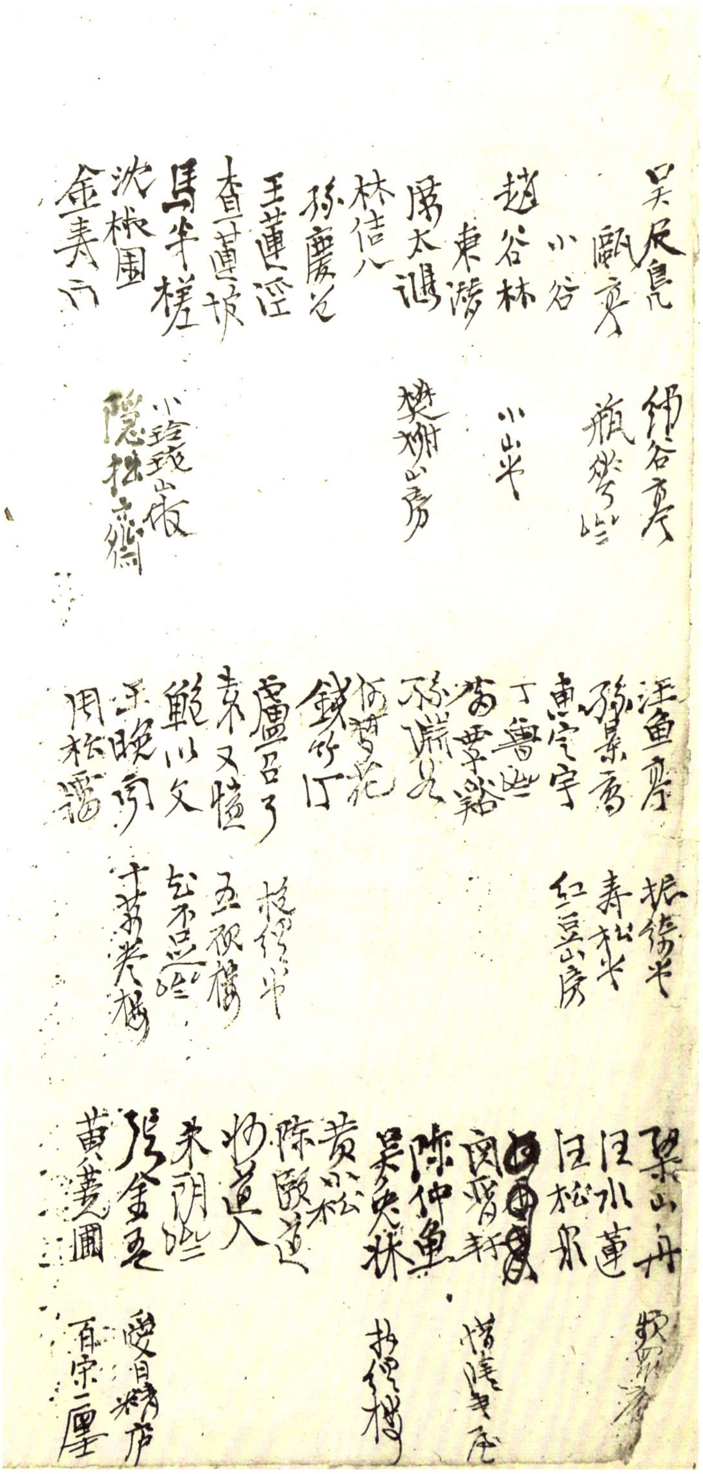
吳尺鳧 繡谷亭
甌亭 瓶花齋
小谷
趙谷林 小山堂
東潛
厲太鴻 樊榭山房
林吉人
孫慶增
王蓮涇
查蓮坡
馬半槎 小玲瓏山館
沈椒園 隱拙齋
金壽門

汪魚亭 振綺堂
孫景高 壽松堂
惠定宇 紅豆山房
丁[illegible]
[illegible]
孫[illegible]
何夢華
錢竹汀
盧召弓 抱經堂
袁又愷 五硯樓
鮑以文 知不足齋
[illegible] 十萬卷樓
周松靄

梁山舟 頻羅庵
汪水蓮
汪松泉
[illegible]
閔[illegible]軒
陳仲魚 [illegible]
吳兔牀 拜經樓
黃小松
陳[illegible]
[illegible]道人
朱[illegible]
張金吾 愛日精廬
黃蕘圃 百宋一廛

顧千里
嚴修能
許周生　鑑止水齋
汪閬源　藝芸書舍
吳枚庵
楊芸士
張芷齋
張訒庵
李鷹仙
趙輯寧　星鳳閣
馬二槎
馬笏齋

馮柳東　性養堂
羅鏡泉
蔣生沐　別下齋
瞿穎山　清吟閣
怡府　明善堂
汪季青　裘杼樓　屐硯齋
昌齡　敷槎氏
葉　潯一居

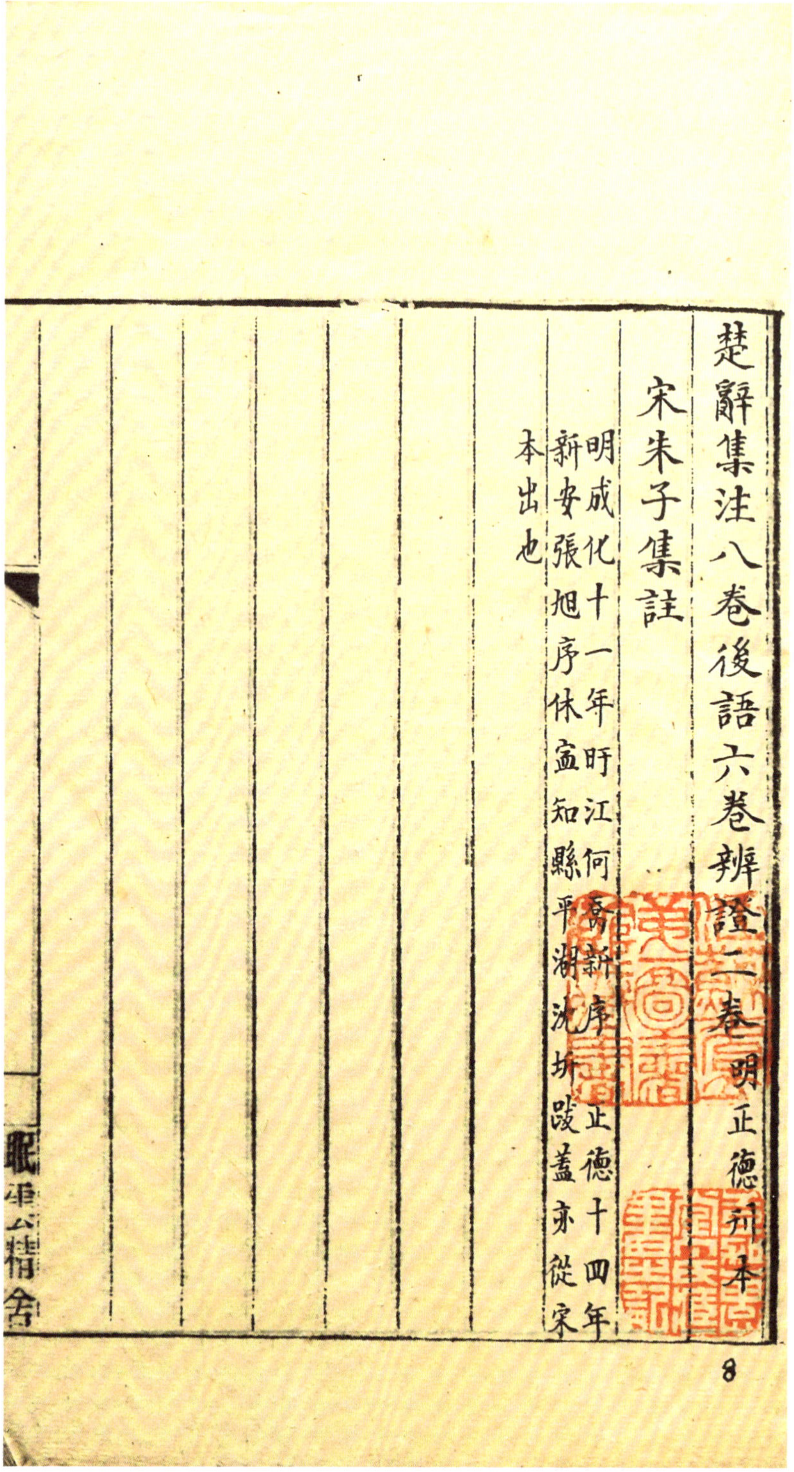

楚辭集注八卷後語六卷辨證二卷 明正德刊本

宋朱子集註

明成化十一年盱江何喬新序 正德十四年
新安張旭序休寧知縣平湖沈圻跋蓋亦從宋
本出也

8

40 善本書室題跋不分卷 （清）丁丙撰 清鈔本

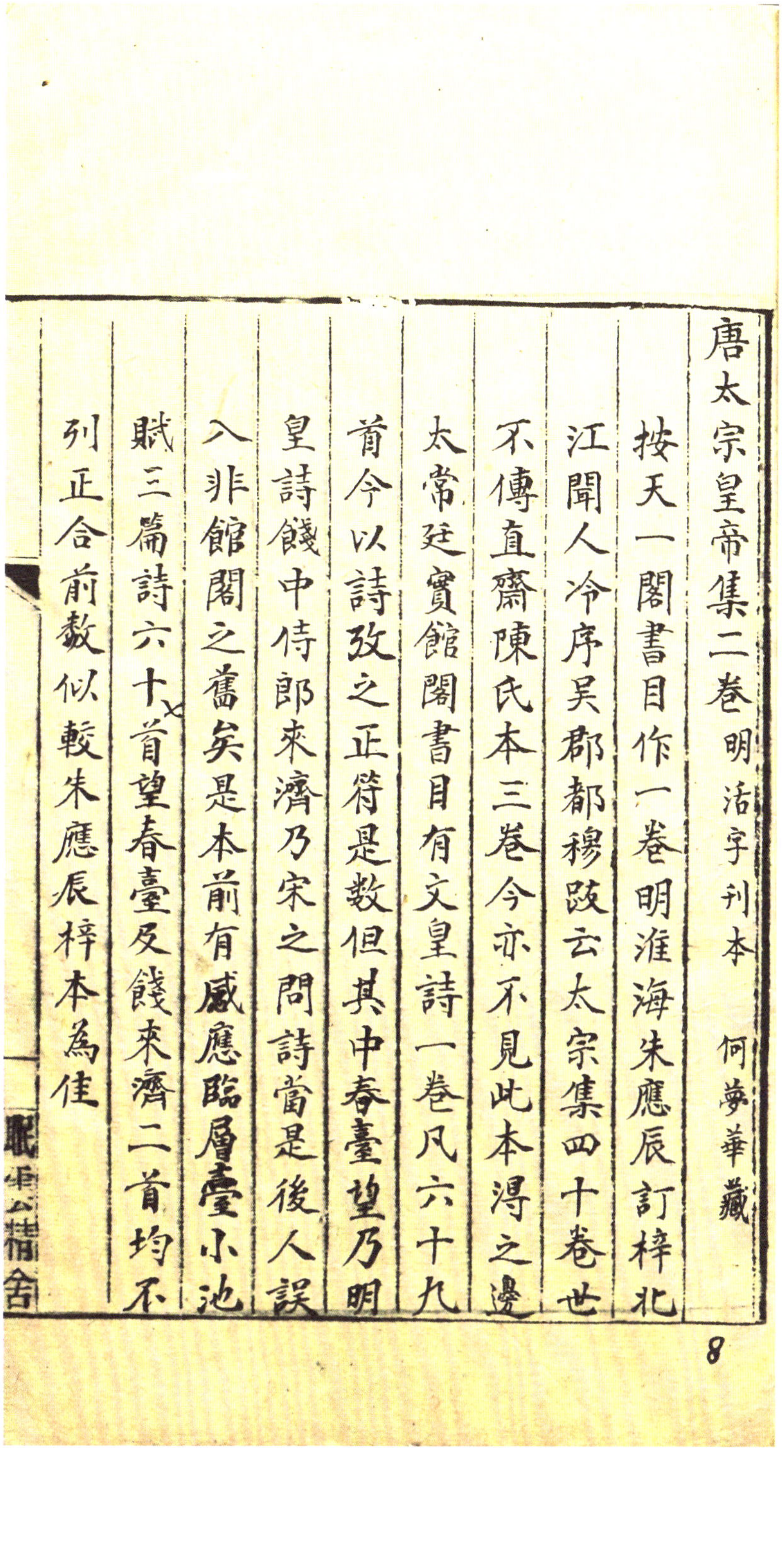
唐太宗皇帝集二卷　明活字刊本　何夢華藏

按天一閣書目作一卷明淮海朱應辰訂梓北江聞人佺序吳郡都穆跋云太宗集四十卷世不傳直齋陳氏本三卷今亦不見此本得之邊太常廷實館閣書目有文皇詩一卷凡六十九首今以詩攷之正符是数但其中春臺望乃明皇詩餞中侍郎來濟乃宋之問詩當是後人誤入非館閣之舊矣是本前有感應臨層臺小池賦三篇詩六十七首望春臺反餞來濟二首均不列正合前数似較朱應辰梓本為佳

8

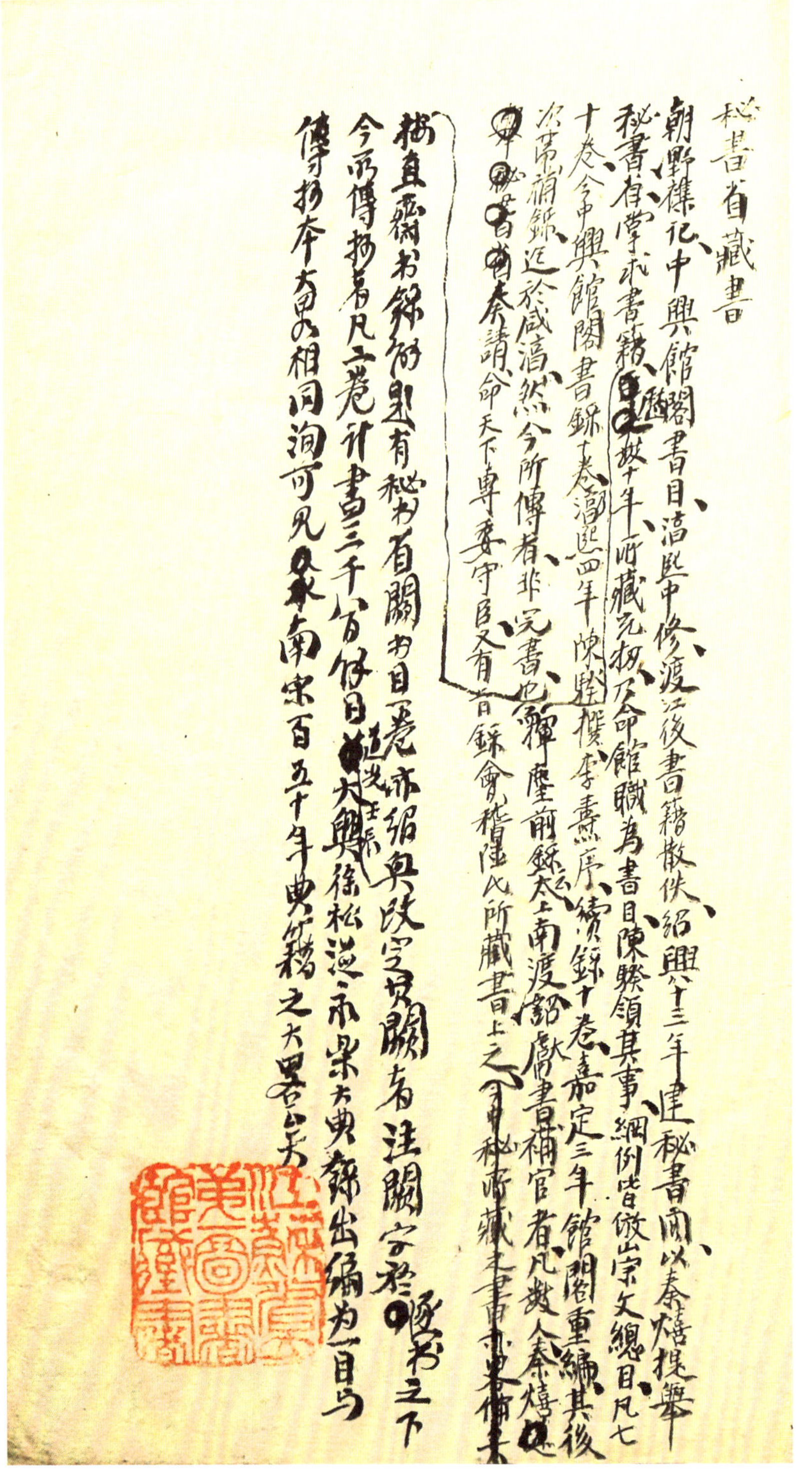
秘書省藏書
朝野雜記、中興館閣書目，淳熙中修，渡江後書籍散佚，紹興十三年建秘書省，以秦熺提舉
秘書省掌求書籍，數十年所藏充牣，又命館職爲書目，陳騤領其事，綱例皆倣崇文總目，凡七
十卷。今中興館閣書錄十卷，淳熙四年陳騤撰，李燾序，續錄十卷，嘉定三年館閣重編，其後
次第補錄，迄於咸淳，然今所傳者非完書也。直齋書錄云，太上南渡，典籍散闕，書補官者凡數人，秦熺
中秘書目，奏請命天下專委守臣，又有書錄，會稽陸氏所藏書目上之，中秘府藏之書或未備
按直齋書錄解題有秘書省闕書目一卷，亦紹興改定，其闕者注闕字於逐書之下
今所傳抄者凡二卷，計書三千有餘目，大興徐松從永樂大典錄出編爲一目焉
傳抄本大略相同，洵可見紹興南宋百五十年典籍之大略云

41 武林藏書録不分卷 （清）丁申撰　稿本

鑒止水齋

許宗彥字積卿又字周生本德清人後其子入籍錢塘生有異質九歲能誦經史善屬文十歲即不從師經史文章皆自習之乾隆丙午舉於鄉嘉慶己未成進士授兵部車駕司主事嘗誡諸子曰讀書人第一須此心光明正大澄清如止水無纖毫私累且不可對人處故名所居曰鑑止水齋有文集十二卷詩八卷性寡嗜好惟喜購異書不惜重價藏弆滿樓於書無所不讀實事求是旁及道術釋典名物象數無不得其奧而從正阮氏元爲序之定所手錄爲撰家傳墓誌銘豐順丁氏日昌持靜齋書目中有鑑止水齋書目一冊抄本長洲顧沅於道光己酉三月客杭從羅鏡泉假錄見卷首手跋又云余與其吉嗣子雙明府有舊其書於兵燹後散亡殆盡不勝悵然中搜許氏書先得於粵東又得於瓶花齋零帙實多秘笈自子漾丈宦雅子雙丈官粵其書散於許氏本家戚手辛酉辛亦家爲仍府克復後爲左制軍行台燒殘撕毀益不可問矣

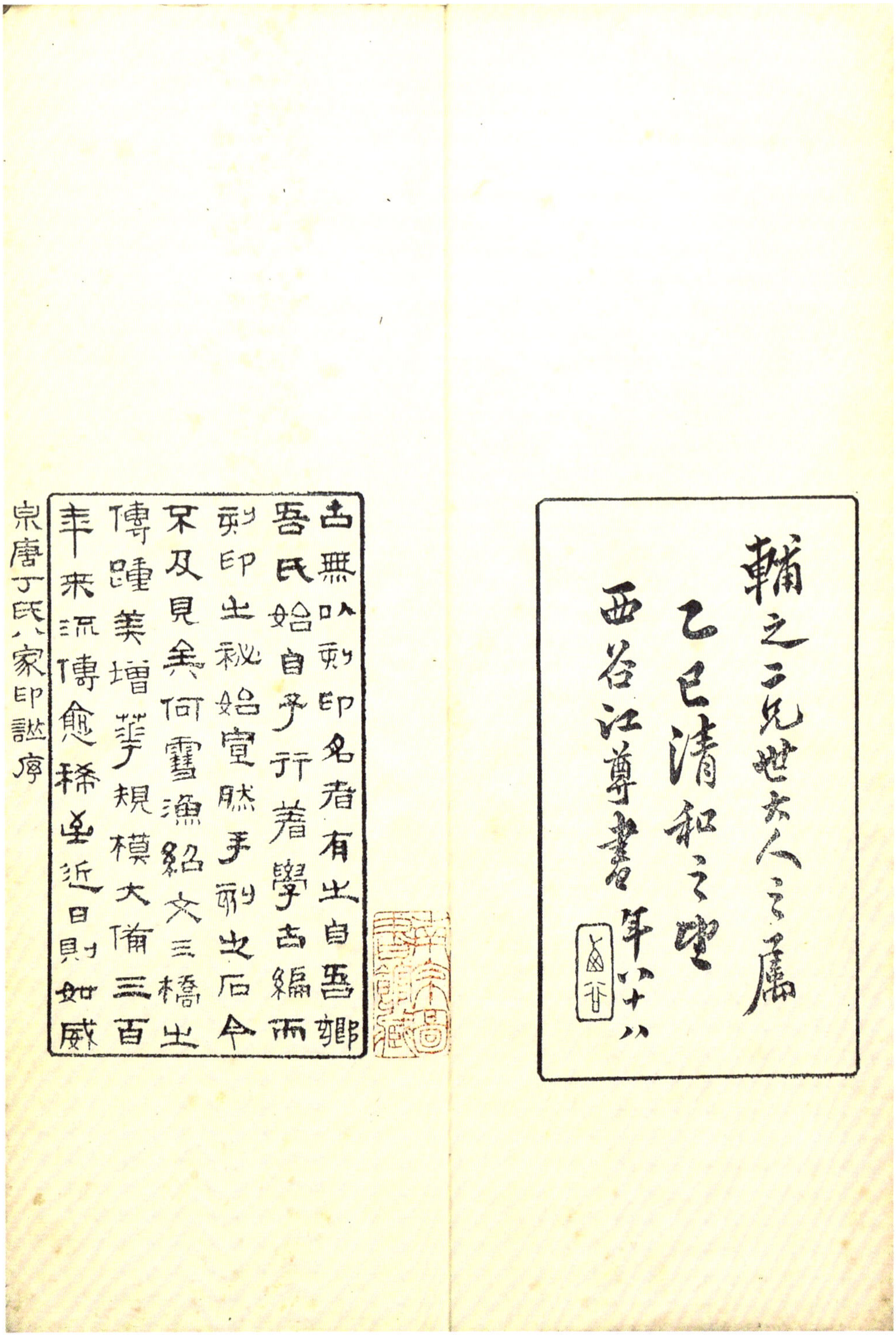
錢唐丁氏八家印譔序
古無以刻印名者有之自吾鄉
吾氏始自子行着學古編而
刻印之秘始宣然手刻之后今
不及見矣何雪漁紹文三橋之
傳踵美增華規模大備三百
年來流傳愈稀逮近日則如威
輔之二兄世大人之屬
乙巳清和之望
西谷江尊書 年八十八

42 西泠八家印選三十卷 丁仁編 清光緒三十三年（1907）

鈐拓本

宗唐丁氏八家印譜

丁敬字敬身一字硯林號鈍丁自稱孤雲石叟龍泓山人勝怠老人宗唐布衣着有硯林集武林金石志

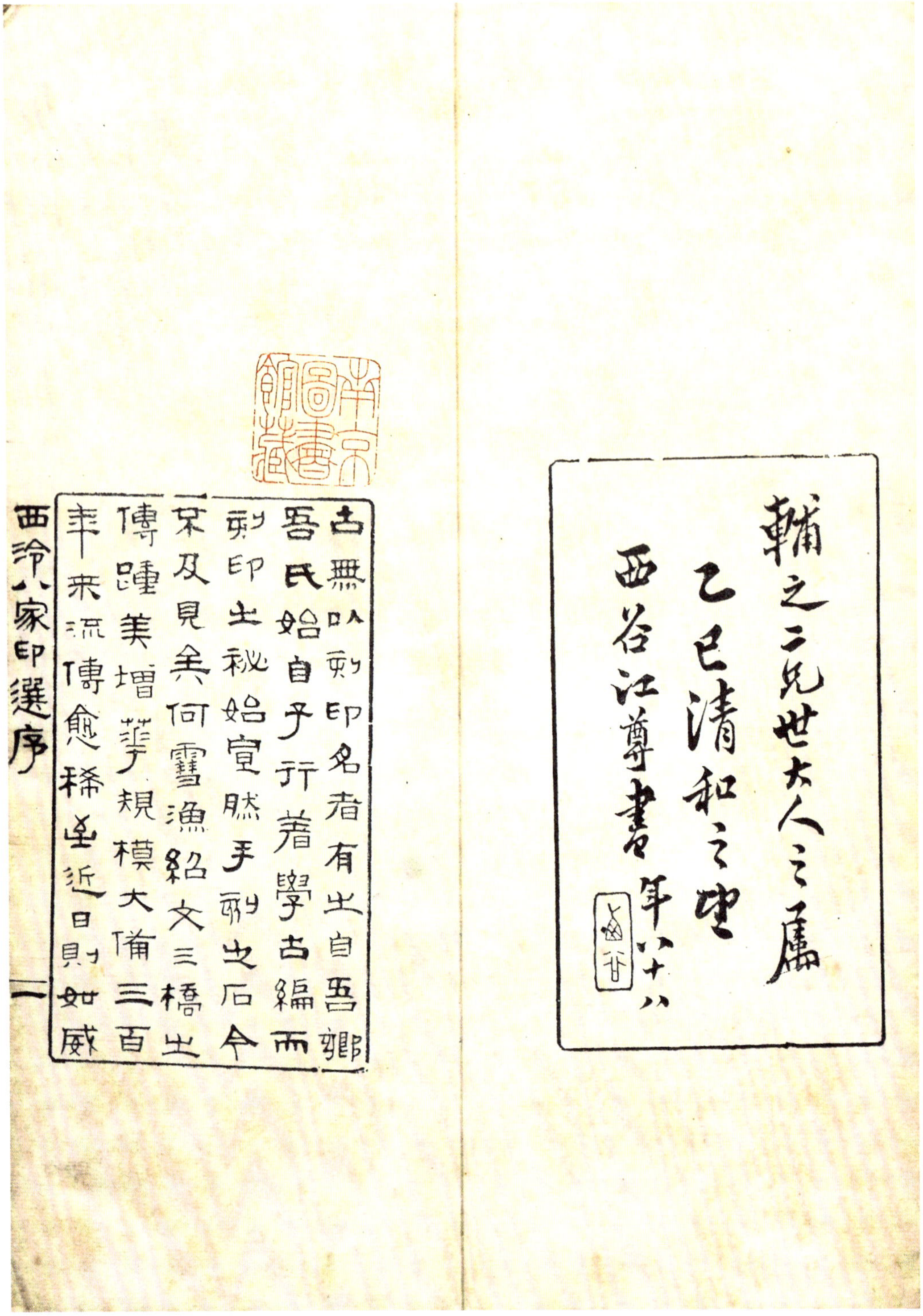

43 西泠八家印選三十卷 丁仁編 清光緒三十三年（1907）

鈐拓本

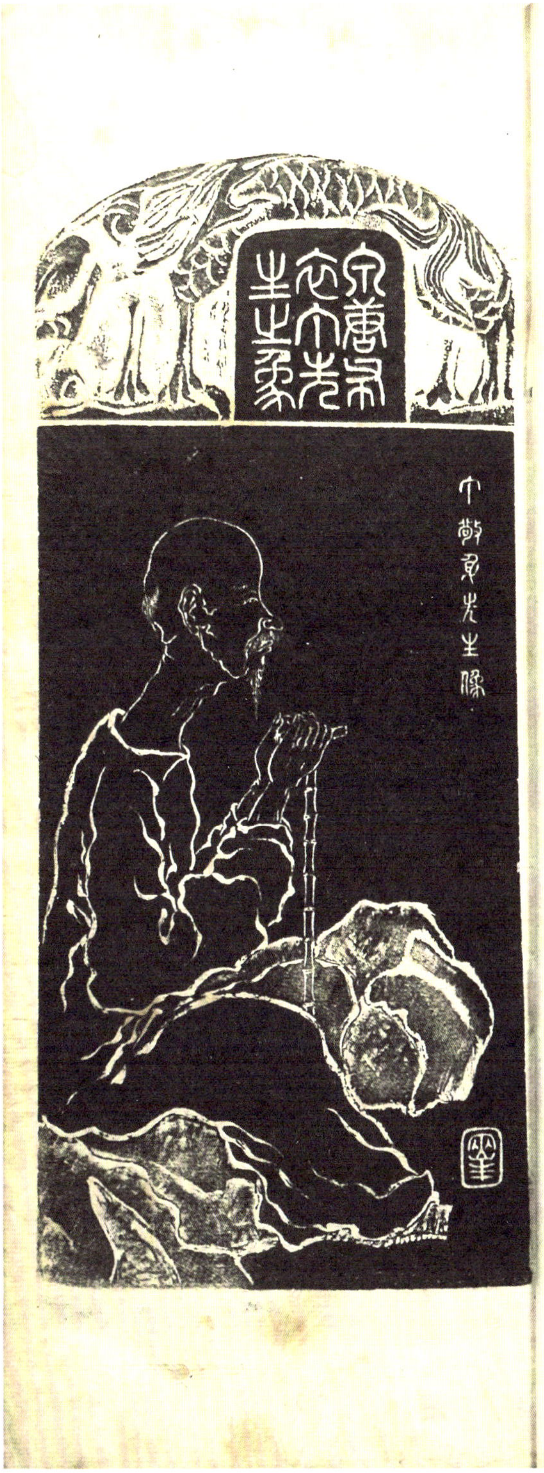

盋山公藏

光緒三十三年（1907），丁氏家族經營的官銀號出現巨額虧空。爲償還債務，丁申之子丁立誠致信繆荃孫，欲出售八千卷樓藏書。時兩江總督端方正籌備公共圖書館，囑繆荃孫、陳慶年至杭州協商，最終以七萬三千圓整體購得八千卷樓藏書。書至金陵，先儲於戚家灣之自治局，後辟陶澍盋山園舊址（今南京市鼓樓區龍蟠里 9 號）爲圖書館，名江南圖書館。

江南圖書館成立後，八千卷樓書隨之入藏。作爲現代圖書館，江南圖書館不僅向公衆開放閲覽這批藏書，還將其中的珍善之本影印發行，使其化身千萬，繼續嘉惠學林。其中，有些書在八千卷樓舊藏基礎上還有補充，較前更爲完善，如影印宋刻本《醫説》。《醫説》宋刻今存世有三：一爲南圖所藏，即丁氏八千卷樓舊藏，曾經黄丕烈、汪士鐘收藏，稍有殘損，有舊鈔補頁。一爲北大圖書館所藏，此書曾經鄧邦述群碧樓、李盛鐸木犀軒所藏，缺卷二、卷七部分。一爲日本宫内廳書陵部所藏，僅存九、十兩卷。明代以後，《醫説》被廣泛傳播，刊行版本十數種之多，其中較精善者如明嘉靖二十三年（1544）顧定芳刊本（圖 44）、明萬曆三十七年（1609）張堯德刊本等。清代修《四庫全書》，所收《醫説》即以張堯德本爲底本。丁丙曾用宋本校嘉靖二十九年（1550）瀋藩刻本（圖 45），但因未見顧定芳本，故仍有殘缺，未能補足。國學圖書館後又收得顧定芳本，故又據以補之，以宋刻本（圖 46）爲底本影印發行。經此配補，此影印本洵爲足善。

江南圖書館既對外開放，八千卷樓藏書又爲世所重，因此很多學者至館讀書。此時館内尚無目録，學者多據《八千卷樓書目》與《善本書室藏書志》尋書。但因各種原因，八千卷樓的藏書並未完全進入江南圖書館，如上海圖書館藏鈔本《安禄山事迹》（圖 47）、稿本《海漚日記》（圖 48）即是，按圖索驥不一定真能找到書。所以，時任館長的柳詒徵撰寫了《缽山丁書檢校記》，旨在説明《八千卷樓書目》與《善本書室藏書志》所載不盡在館。隨後，館内同仁又根據《八千卷樓書目》與來館之書互檢，撰成《八千卷樓藏書未歸本館書目》

（圖 49）。即使入藏館内後，八千卷樓藏書也有因戰争、調撥等原因散出的。如浙江圖書館藏《謝氏後漢書補逸》（圖 50）、上海圖書館藏《臨潼縣志》（圖 51），後者且有國學圖書館藏印，可見乃入藏後散出者。這些書有的爲其他藏書家購得，後又輾轉進入公家圖書館，今上海圖書館、浙江圖書館、“國立臺灣圖書館”、香港中文大學馮平山圖書館等均有藏。

歷代藏書毁壞最嚴重的就是在戰争時期，隋朝牛弘曾提出書有五厄，其中四厄均是兵燹，可見戰争對書籍的衝擊是毁滅性的。抗日戰争爆發後，南京岌岌可危，一旦城破，國學圖書館（原江南圖書館，時改名爲江蘇省立國學圖書館）的珍藏必然受到影響。1937 年 8 月 14 日，館長柳詒徵將館内宋元精刊、稿本、鈔本及孤本等善本先行裝運 5 箱，寄存朝天宫故宫博物院南京分院地庫，16 日又運送 105 箱至朝天宫地庫。至此，善本甲庫之書、善本乙庫書中之精本和館藏名人手札共 110 箱，全部寄存該院。由於形勢緊迫，寄存朝天宫的這批書未能與故宫文物一同西遷。1940 年 2 月，敵僞衝破地庫，將 110 箱書悉數移至竺橋僞圖書館專門委員會，辟專庫貯藏，並編善本書目，即《行政院文物保管委員會圖書專門委員會所藏八千卷樓善本目録》（圖 52）。

除了被大批劫掠的，尚有零星爲私人所獲，如陳群澤存書庫即收有幾種，據《澤存書庫善本書目》所載（圖 53），包括：明刊本《武夷志略》、明吴勉學刊本《近思録》、舊鈔本《林居漫録》、明刊本《文子》、清谷園胡氏刊本《王司馬集》、舊鈔本《相山集》、舊鈔本《東萊集》。澤存書庫的書後爲中央圖書館接收，中央圖書館的部分書後又併入南京圖書館，上述爲陳群所得丁氏書即在其中。

1945 年，日本投降，柳詒徵經過多方努力終於接收回這批善本。經過清點，最終收回善本 2318 部 16242 册，缺 184 部 1643 册。名人手札損失較爲嚴重，原手札 1401 函，計 4626 頁，缺少 283 人的全部或部分手札 1042 函，共 3417 頁。1946 年中國政府向遠東委員會遞交《中國戰時文物損失數量及估價目録》，其中列有國學圖書館館藏甲庫善本（宋明元版）141 種計 542 册。經此浩劫，館藏書還能較爲完整地保存下來，實乃萬幸。

中華人民共和國成立後，江蘇省立國學圖書館併入國立南京圖書館，原藏書亦一併入藏。1954 年 7 月 6 日，文化部正式通知南京圖書館成爲省館。1962

年，又收回抗戰中遺失的《春秋集傳》《嘉興府圖記》《中説》《駱賓王集》四種丁氏舊藏。曹菊生在批校《善本書室藏書志》時（圖 54），注明了南圖所藏善本書室藏書之存佚，且略述聚散之由，蓋可見此百年間書事興替。雖仍有極少數的書籍未能尋回，但百年間私家藏書樓凋零不知凡幾，八千卷樓書能較爲完整地保藏至今，端賴先輩護持之功。

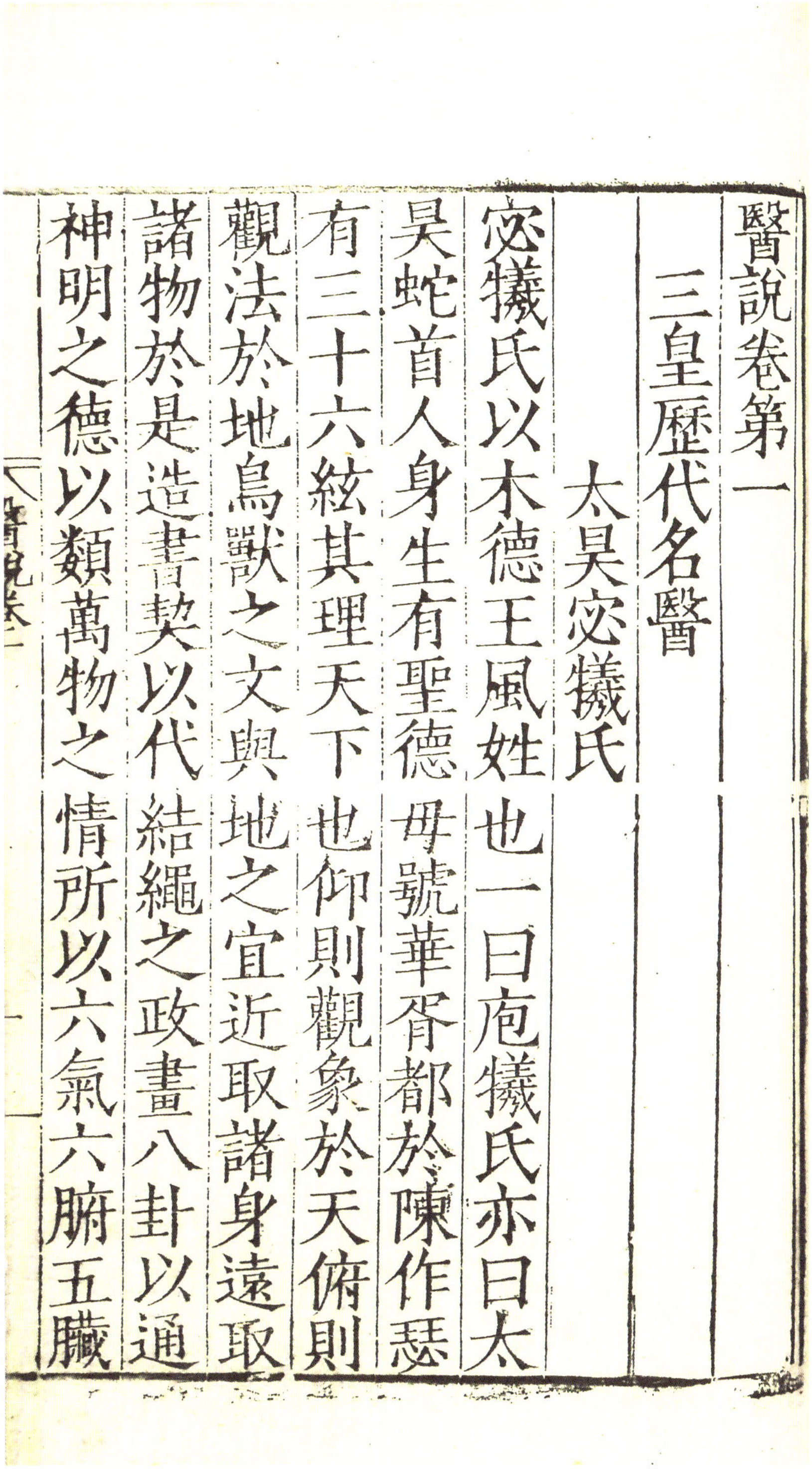

醫說卷第一

三皇歷代名醫

太昊宓犧氏

宓犧氏以木德王風姓也一曰庖犧氏亦曰太昊蛇首人身生有聖德母號華胥都於陳作瑟有三十六絃其理天下也仰則觀象於天俯則觀法於地鳥獸之文與地之宜近取諸身遠取諸物於是造書契以代結繩之政畫八卦以通神明之德以類萬物之情所以六氣六腑五臟

醫說卷一　一

44 醫說十卷　（宋）張杲撰　明嘉靖二十三年（1544）顧定芳刻本

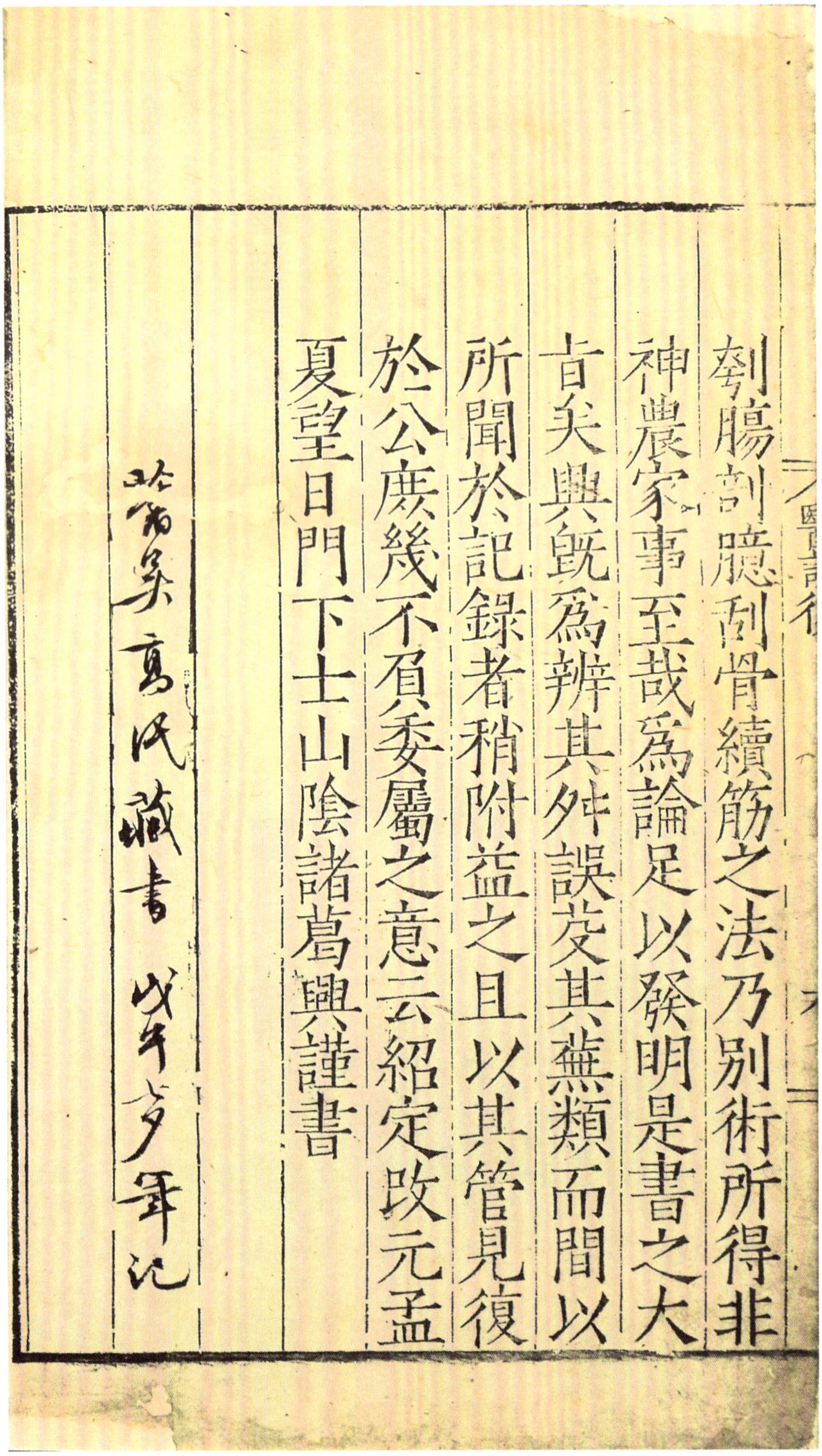

刳腸剖臆刮骨續筋之法乃別術所得非
神農家事至哉爲論足以發明是書之大
吉矣興既爲辨其舛誤芟其蕪類而間以
所聞於記録者稍附益之且以其管見復
於公庶幾不負委屬之意云紹定改元孟
夏望日門下士山陰諸葛興謹書

於常熟高氏藏書 戊午夕年記

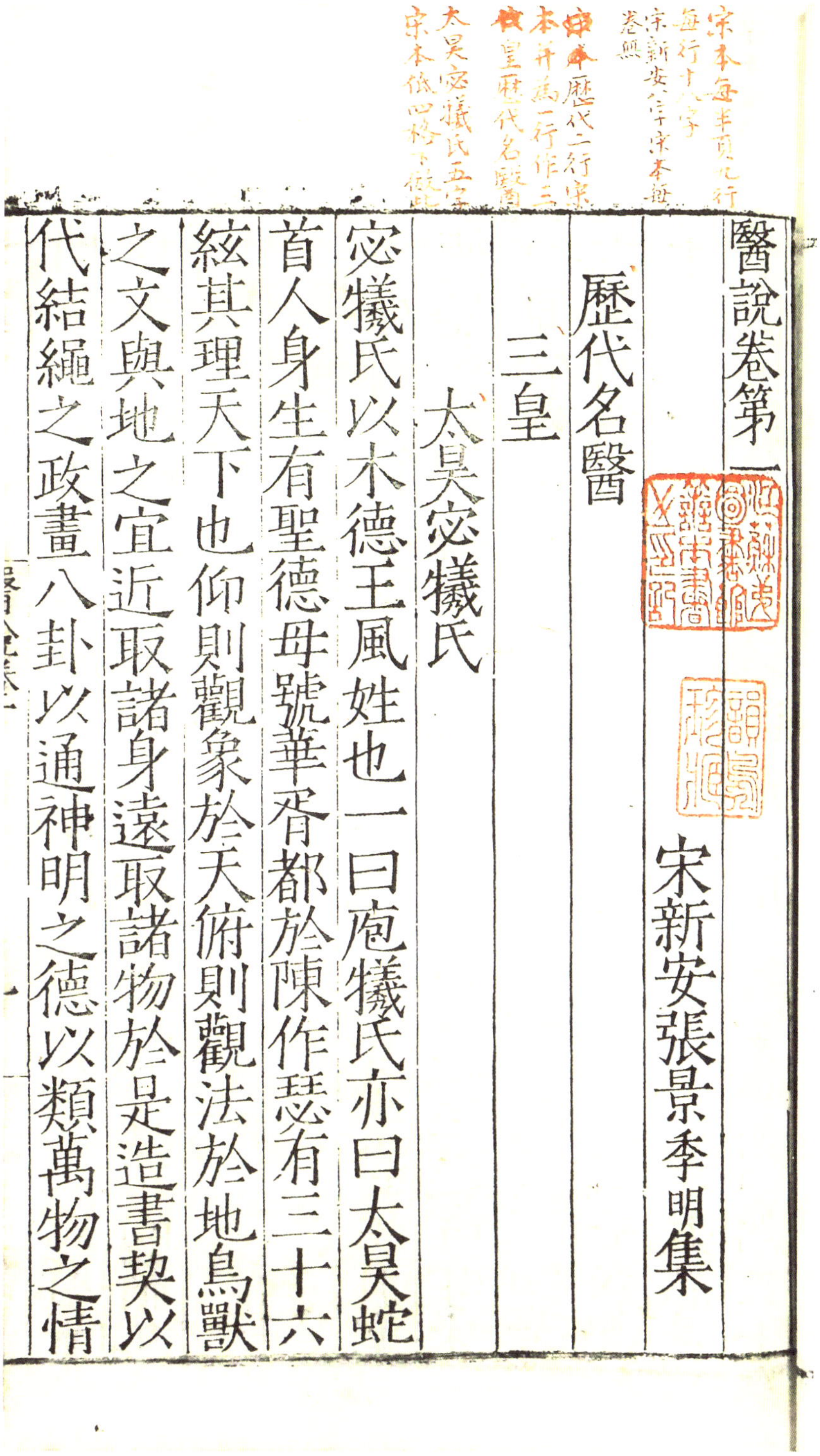

醫說卷第一

宋新安張景季明集

歷代名醫

三皇

太昊宓犧氏

宓犧氏以木德王風姓也一曰庖犧氏亦曰太昊蛇首人身生有聖德母號華胥都於陳作瑟有三十六絃其理天下也仰則觀象於天俯則觀法於地鳥獸之文與地之宜近取諸身遠取諸物於是造書契以代結繩之政畫八卦以通神明之德以類萬物之情

45 醫說十卷　（宋）張杲撰　明嘉靖二十九年（1550）刻本

佚名校並録清黄丕烈跋　清丁丙跋

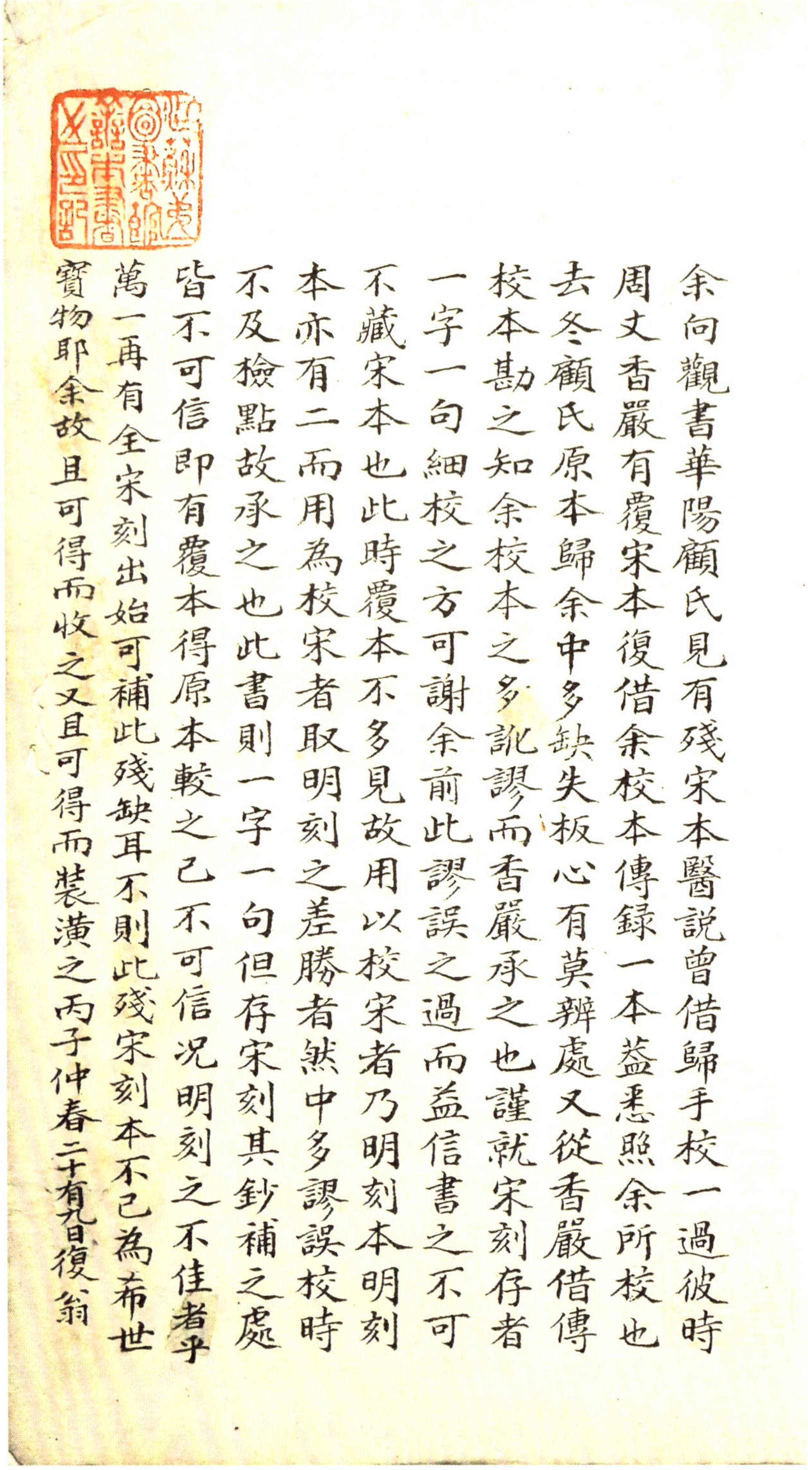
余向觀書華陽顧氏見有殘宋本醫說曾借歸手校一過彼時
周文香嚴有覆宋本復借余校本傳録一本益悉照余所校也
去冬顧氏原本歸余中多缺失板心有莫辨處又從香嚴借傳
校本勘之知余校本之多訛謬而香嚴承之也謹就宋刻存者
一字一句細校之方可謝余前此謬誤之過而益信書之不可
不藏宋本也此時覆本不多見故用以校宋者乃明刻本明刻
本亦有二而用為校宋者取明刻之差勝者然中多謬誤校時
不及檢點故承之也此書則一字一句但存宋刻其鈔補之處
皆不可信即有覆本得原本較之已不可信況明刻之不佳者乎
萬一再有全宋刻出始可補此殘缺耳不則此殘宋刻本已為希世
寶物耶余故且可得而收之又且可得而裝潢之丙子仲春二十有九日復翁

醫說十卷 明嘉靖[illegible]刊校宋本

宋新安張杲季明集

是編凡四十七門首七門採錄歷代名醫[illegible]書本草鍼灸神[illegible]神方診法之數次[illegible]

[illegible]

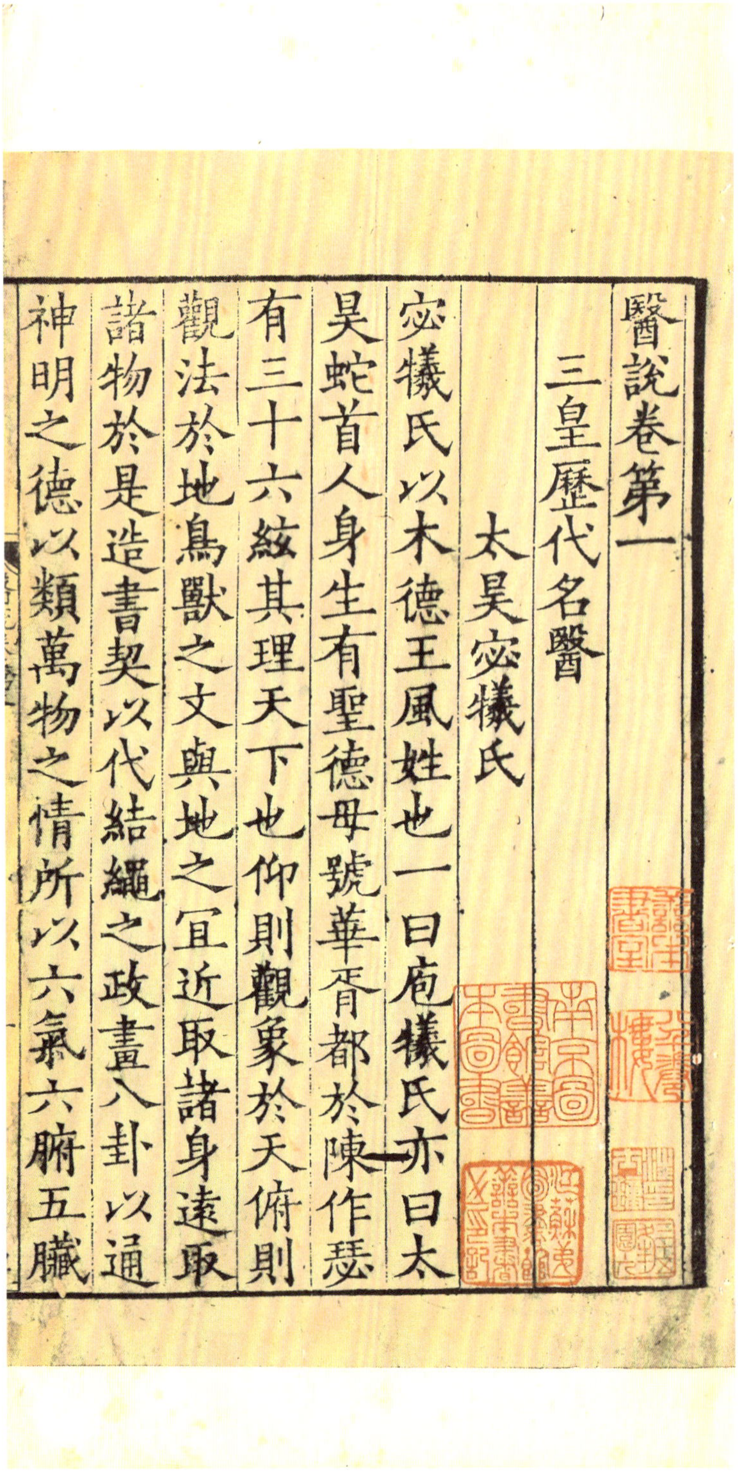

醫說卷第一

三皇歷代名醫

太昊宓犧氏

宓犧氏以木德王風姓也一曰庖犧氏亦曰太昊蛇首人身生有聖德母號華胥都於陳作瑟有三十六絃其理天下也仰則觀象於天俯則觀法於地鳥獸之文與地之宜近取諸身遠取諸物於是造書契以代結繩之政畫八卦以通神明之德以類萬物之情所以六氣六腑五臟

46 醫說十卷　（宋）張杲撰　宋刻本　清黄丕烈、丁丙跋　柳詒徵跋

余向觀書華陽顧氏見有殘宋本遂面說曾借
歸手校一過彼時周丈香嚴有覆宋本復借來
校本傳錄一本蓋香嚴照余所校也去春顧氏原
本歸余中多缺失板心有莫辨處又從香嚴借
傳校本勘之知余校本之多訛謬向香嚴所
之也謹就宋刻存者一字一句細校之方可謝余前
此謬誤之過而益信書之不可不藏宋本也此
時覆本不多見故用以校宋本乃所刻本所刻
本亦有之而用以校宋者取明刻之差勝者耳
中多謬誤校時不及檢點故所之也此其所以一字

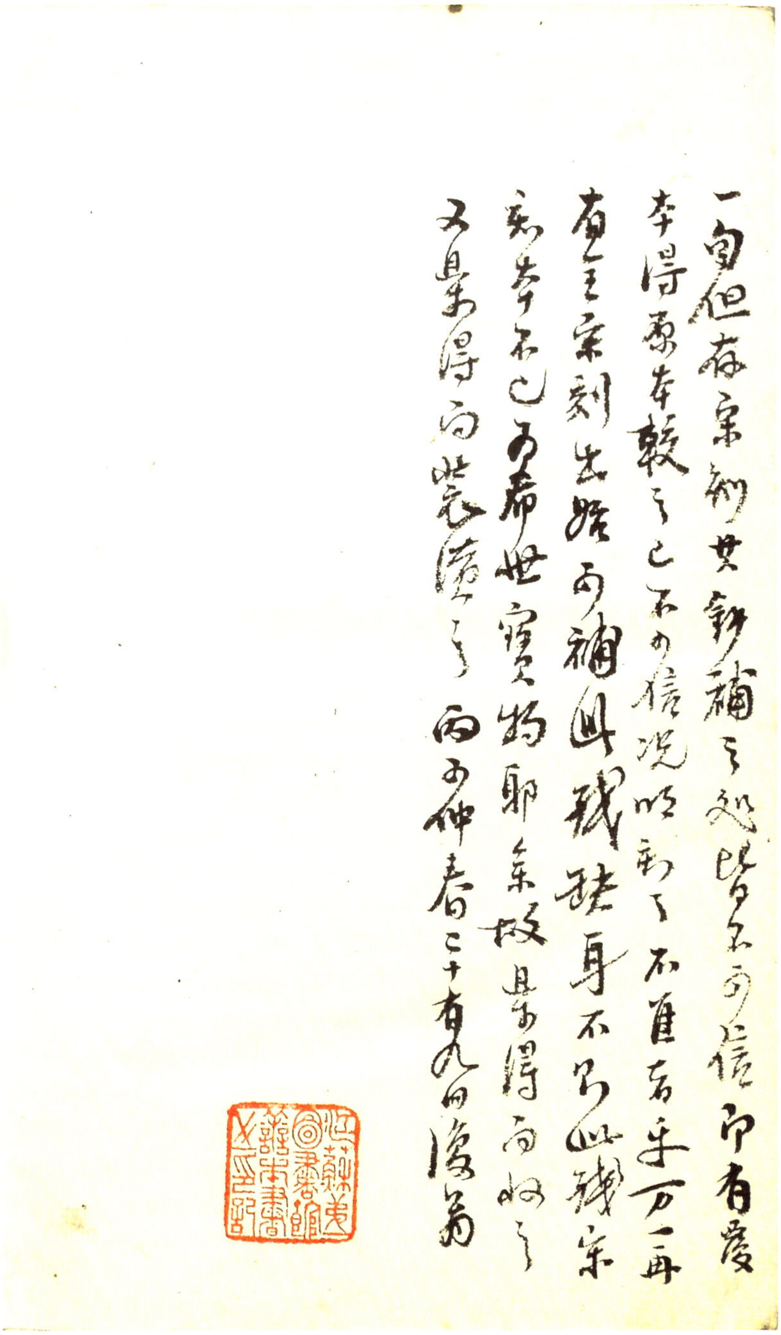
一旬但存宋刻其鈔補之處皆不可信即有覆
本得原本較之已不可信況明刻乎不宜存乎万一再
有之宋刻出焉而補此殘缺耳不可以殘宋
刻本不足而希世寶物耶余故且得而收之
又且未得而裝潢之 丙子仲春二十有九日復翁

張杲醫說十卷四庫著錄自明以来翻刻改訂者有嘉靖癸卯鄧正初本嘉靖甲辰顧定芳本嘉靖丙午瀋藩本萬曆己酉張堯直本朝鮮活字本日本翻印本周恭續編本其宋刊原本見於著錄者衹此黄蕘圃汪閬源丁松生舊藏今在盋山書庫之十卷及羣碧樓鬻之中央研究院之九卷經籍訪古志所載九十兩卷今存日本圖書寮者耳鄧正闇得於廠肆者無第二卷以明刻配補固不逮丁書之具足十卷丁書亦

有殘損嘗以它本鈔補字迹既劣與目錄亦不盡合丁氏嘗以瀋藩十行本與此宋刊對勘惜其未見顧定芳本不能推見諸刻遞嬗之迹也今年春館中又購得顧本其行格一準宋本叅校三書得失具見爰就宋本闕字依顧本補寫其全葉均脫者以顧本配之亟付景印以餉學者儻亦黃丁諸先生所欣許乎景之家世見第三卷太素之妙條可補宋史方伎傳是書取材之富槧印之精提要及訪古志言之綦詳固今日治國醫研故書者所當胝沫抑吾聞時賢盛倡抽印四庫珍本之說妄謂閣書迻錄校勘率未精審似宜依據提要訪求公私藏庋初刻精印為之流布當瘉於四庫鈔胥之本謹舉此以為先河云癸酉夏五月鎮江柳詒徵

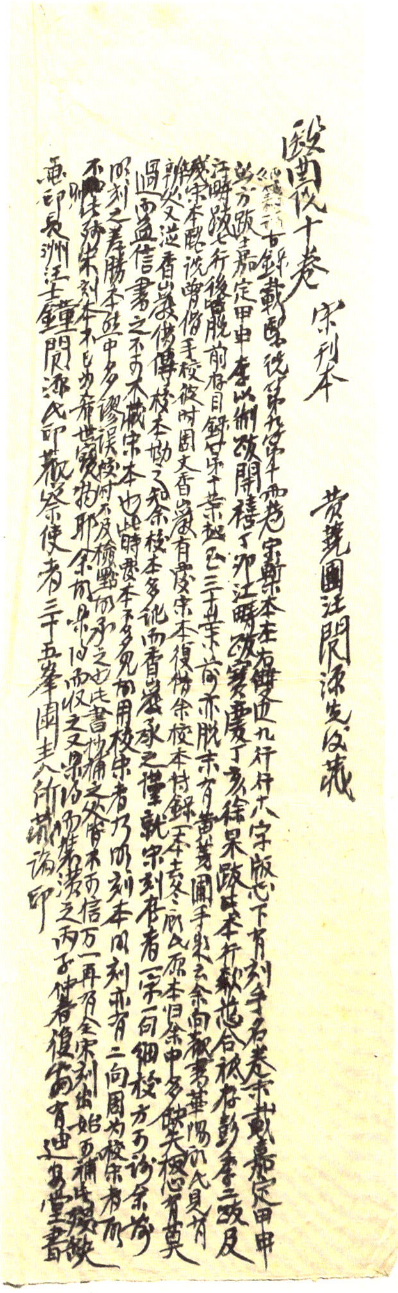

醫說十卷　宋刊本　黃蕘圃汪閬源先後藏

古録載醫說廿卷宋槧本左右雙邊九行行十八字版心下有刻手名姜宗武嘉定甲申
方跋嘉定甲申李以制跋開禧丁卯江疇跋寶慶丁亥徐杲跋此本行款悉合祇存彭季三跋及
江疇跋七行後皆脫前存目録廿頁十葉起至三十五葉前亦脫末有黃蕘圃手跋云余向藏書華陽顧氏見有
成宋本醫說曾借手校彼時因文香嵓處有殘宋本復借余校本對録一本去冬顧氏原本歸余中多缺失想心有莫
辨文瀾香嵓殘傳校本始知余校本多訛而香嵓處承之謹就宋刻存者一字一句細校方可證余前
過而益信書之不可不藏宋本也此時費本不多見所用校宋者乃明刻本明刻亦有二向周為校宋者所
明刻之善勝本中多謬誤校時不及檢點所承之也此書抄補之處皆不可信万一再得全宋刻出始可補此殘缺
不知朱氏宋刻本不足為希世寶也耶余所得宋刻而收之又宋刻而集之丙子仲春復翁有道書
惠印長洲汪士鐘閬源氏印藏於余使者三千五峯園主人所藏諸印

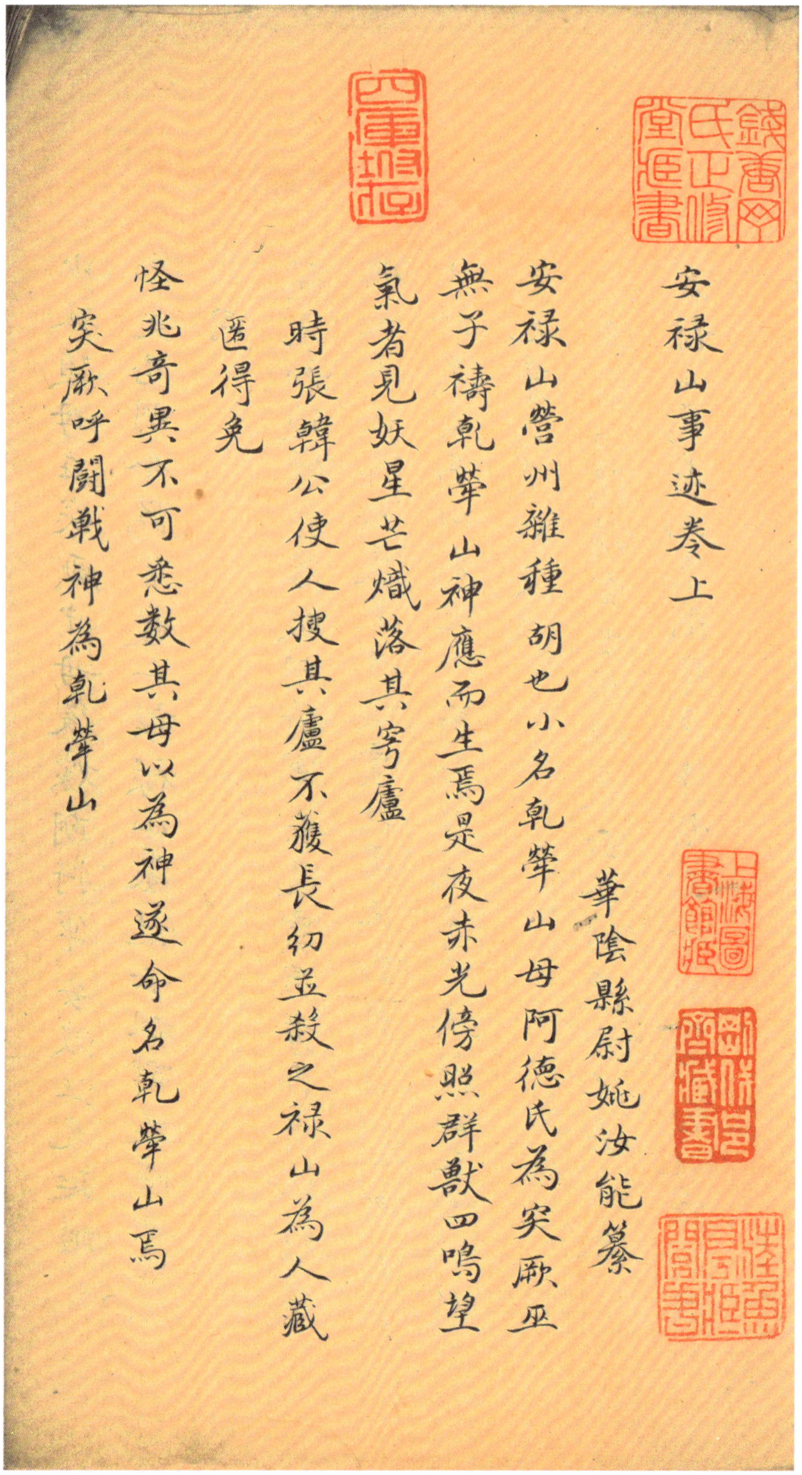

安禄山事迹卷上

華陰縣尉姚汝能纂

安禄山營州雜種胡也小名軋犖山母阿德氏為突厥巫無子禱軋犖山神應而生焉是夜赤光傍照群獸四鳴望氣者見妖星芒熾落其穹廬

時張韓公使人搜其廬不獲長幼並殺之禄山為人藏匿得免

怪兆奇異不可悉數其母以為神遂命名軋犖山焉突厥呼鬬戰神為軋犖山

47 安禄山事迹三卷劉豫事迹一卷 （唐）姚汝能撰　（清）曹溶輯　清鈔本　上海圖書館藏

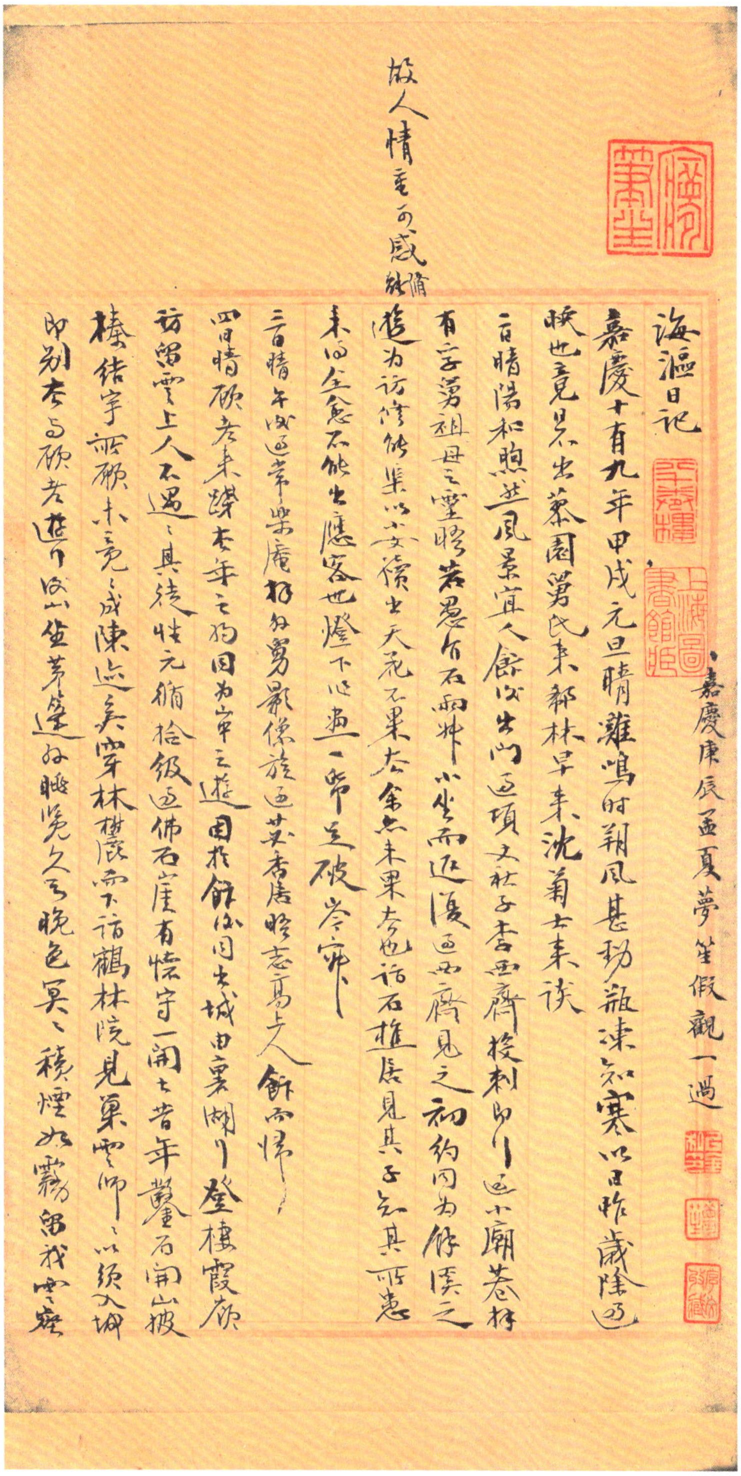

48 海漚日記不分卷 （清）倪稻孫撰　稿本　上海圖書館藏

清奚疑跋　吴慶坻、章綬銜跋

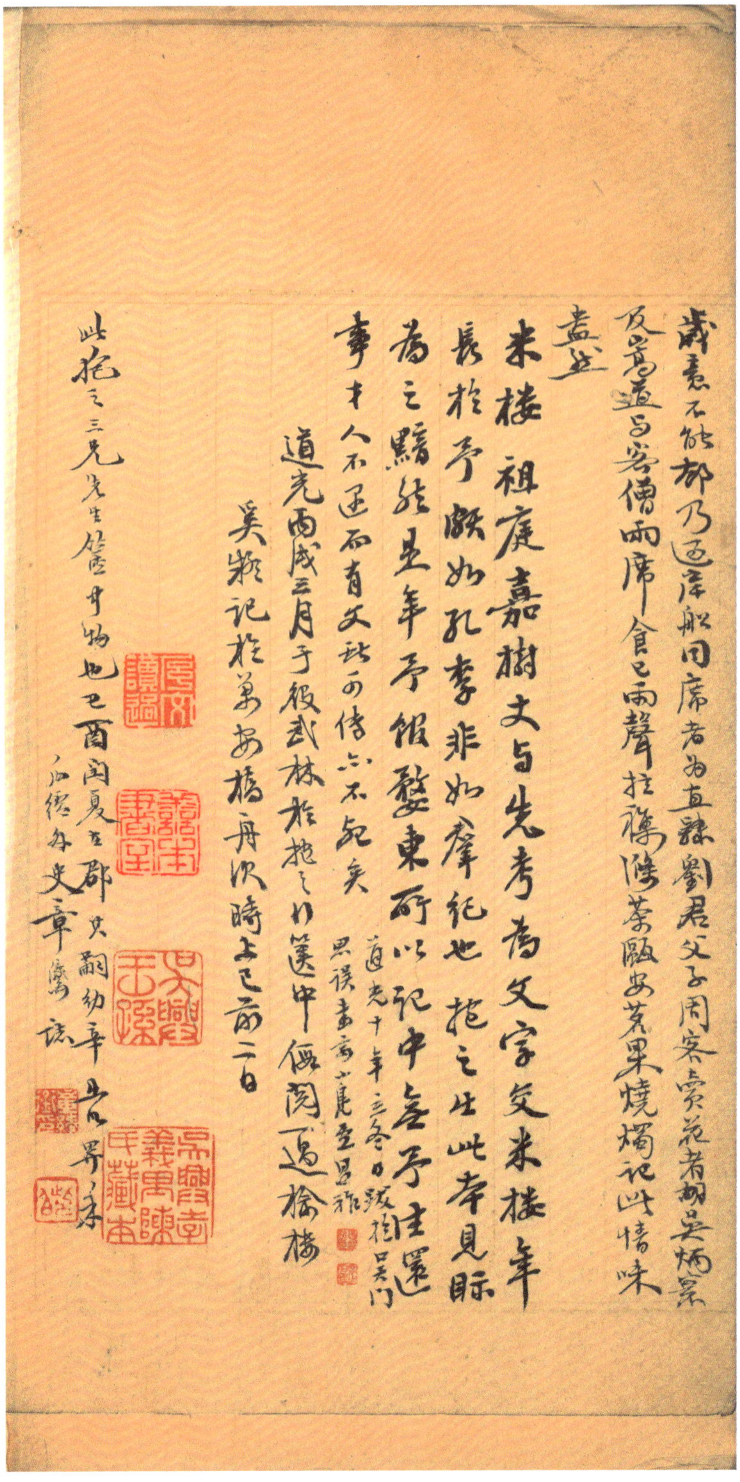
識意不能卻乃返岸舣同席者為直隸劉君文子周客賞花者翁吳炳泉
及寄遍與客僧兩席食已雨聲拉雜淪茶甌安茗果燒燭記此情味
盡並
米樓祖庭嘉樹丈與先考為文字交米樓年
長於予澂如孔李非如牽紀也挹之出此本見眎
為之黯然是年予館婺東研以記中無予主還
事十人不遇而有文或可傳亦不死矣
道光丙戌三月予假武林於挹之行篋中偶閱一過於檢樓
道光十年三冬日跋挹之吳門思誤書齋小尾呈星非
吳穎記於苕安橋舟次時上巳前二日
此挹之三兄先生篋中物也乙酉閏夏至郡史嗣幼章書畀余
人山總史文章鑑識

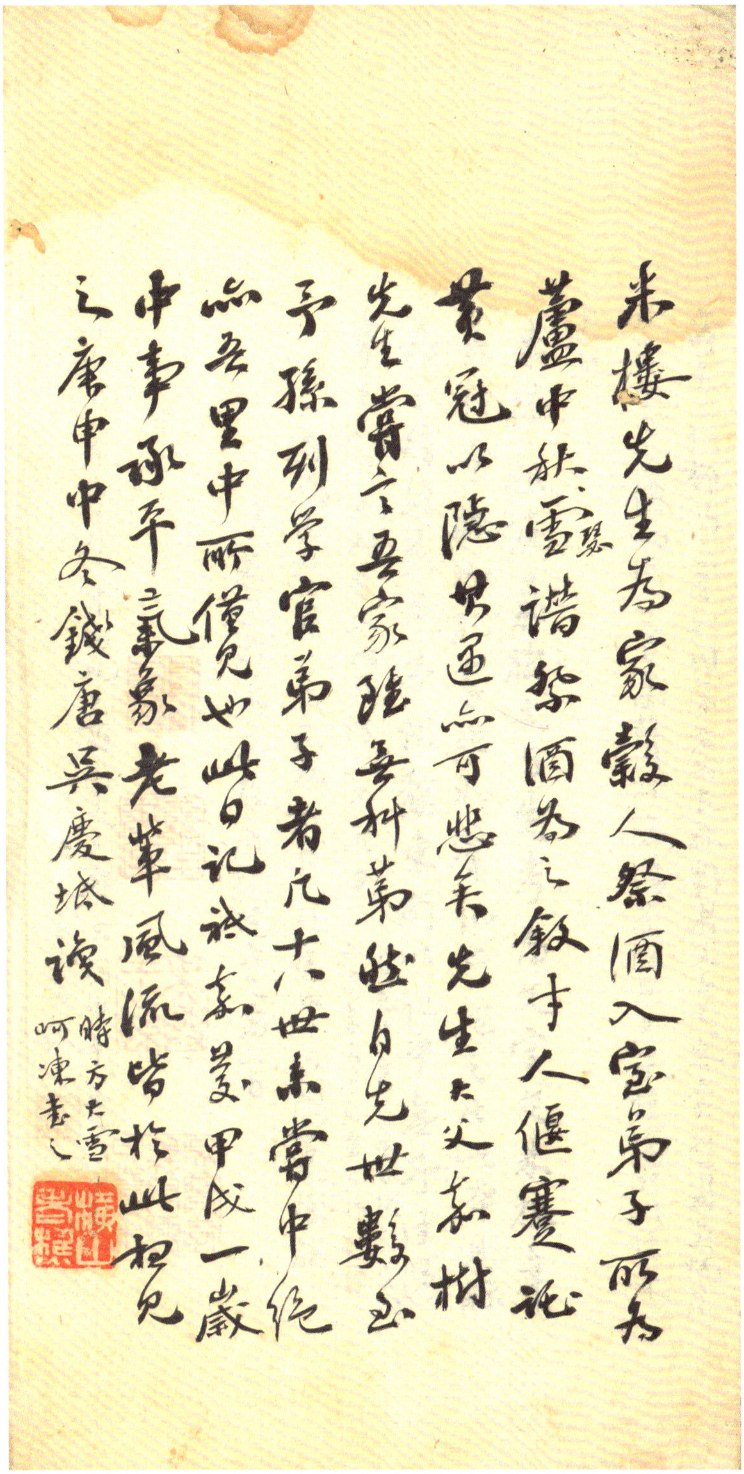

米樓先生為家數人祭酒入室弟子所為
蘆中秋瑟譜祭酒為之敘十人偃蹇終
黃冠以隱其迹亦可悲矣先生大父家樹
先生嘗言吾家雖無科第然自先世數百
年子孫列學官弟子者凡十八世未嘗中絕
亦吾里中所僅見也此日記祇家[illegible]甲戌一歲
中事承平氣象老輩風流皆於此相見
之庚申中冬錢唐吳慶坻讀
時方大雪呵凍書之

米樓小象
抱之主簿屬西谷繪
庚寅九月立冬節小良題

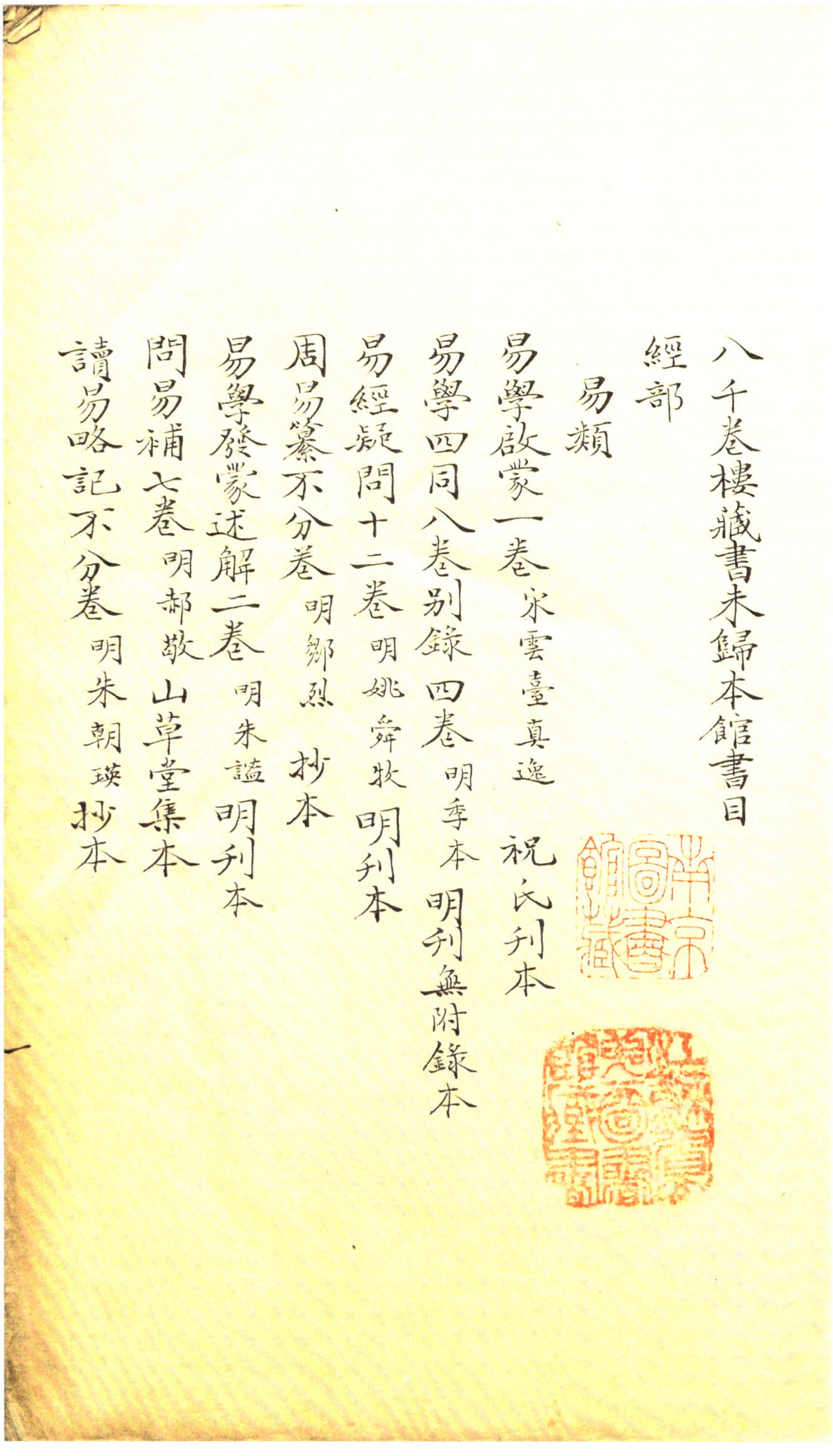

八千卷樓藏書未歸本館書目

經部

易類

易學啟蒙一卷 宋雲臺真逸 祝氏刊本

易學四同八卷別錄四卷 明季本 明刊無附錄本

易經疑問十二卷 明姚舜牧 明刊本

周易纂不分卷 明鄒烈 抄本

易學發蒙述解二卷 明朱謐 明刊本

問易補七卷 明郝敬 山草堂集本

讀易略記不分卷 明朱朝瑛 抄本

49 八千卷樓藏書未歸本館書目一卷 江蘇省立第一圖書館編

民國鈔本

史部

正史類

補後漢書年表十卷 宋熊方 嘉慶刊本

補南北史表四卷 清周兩塍 原刊本

舊唐書疑義四卷 清張道 刊本

元史證誤二十三卷 清汪輝祖 刊本

編年類

通鑑釋例一卷 宋司馬光 明刊本

續通曆五卷 宋孫光憲 抄本

宋元資治通鑑一百五十七卷 明薛應旂 明刊本

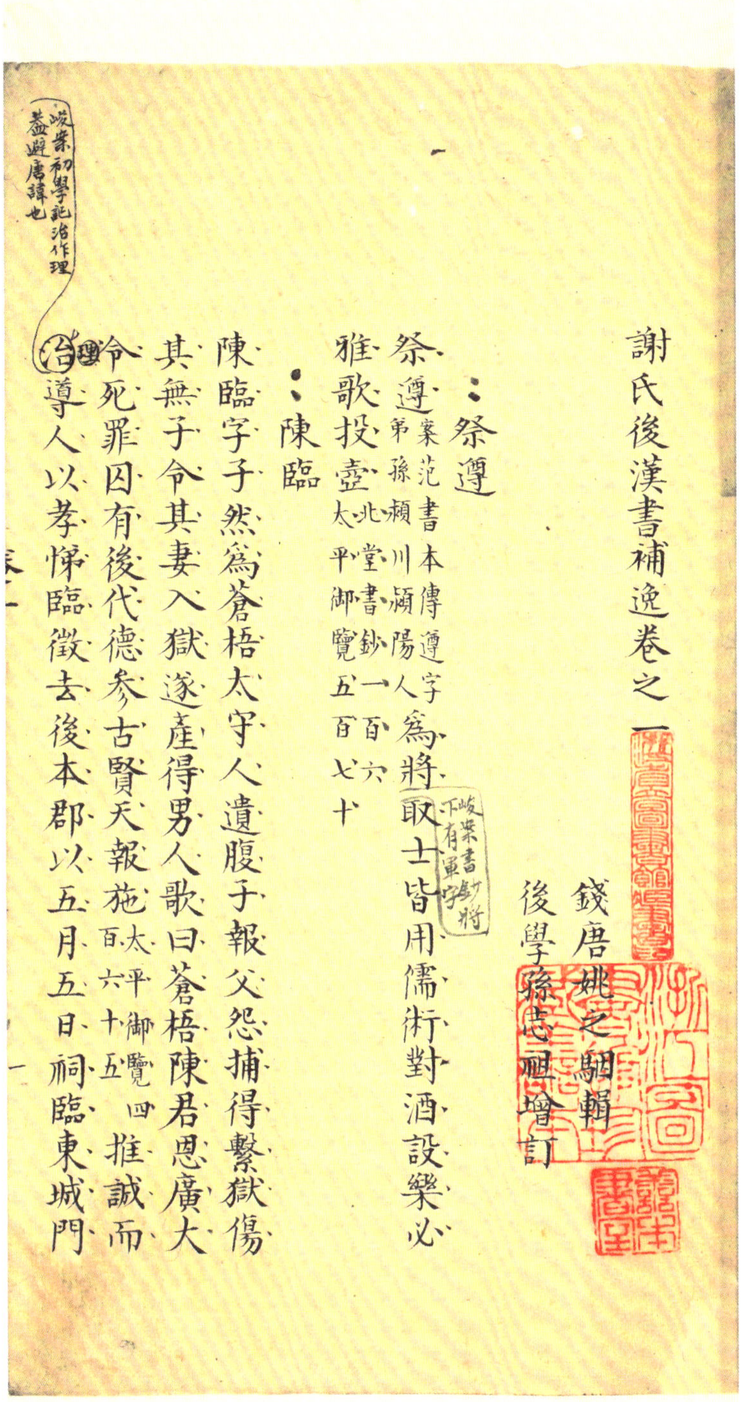

謝氏後漢書補逸卷之一

錢唐姚之駰輯

後學孫志祖增訂

：祭遵

祭遵案范書本傳遵字弟孫潁川潁陽人爲將取士皆用儒術對酒設樂必雅歌投壺北堂書鈔一百六太平御覽五百七十

峻案書鈔將下有軍字

：陳臨

陳臨字子然爲蒼梧太守人遺腹子報父怨捕得繫獄傷其無子令其妻入獄遂産得男人歌曰蒼梧陳君恩廣大令死罪囚有後代德參古賢天報施太平御覽四百六十五推誠而治導人以孝悌臨徵去後本郡以五月五日祠臨東城門

峻案初學記治作理蓋避唐諱也

50 謝氏後漢書補逸六卷　（清）姚之駰輯　孫志祖增訂　孫峻補輯　清鈔本　浙江圖書館藏

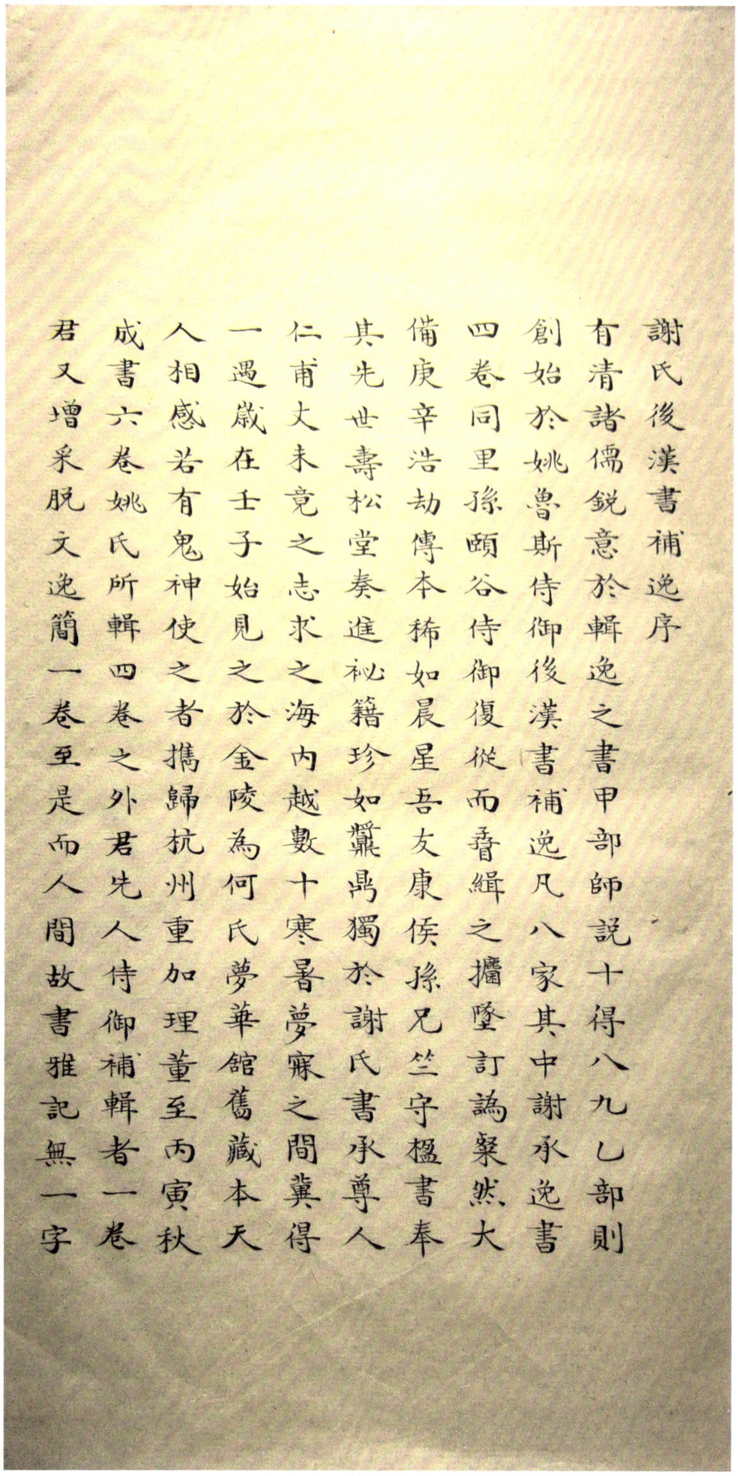

謝氏後漢書補逸序

有清諸儒銳意於輯逸之書甲部師說十得八九乙部則創始於姚魯斯侍御後漢書補逸凡八家其中謝承逸書四卷同里孫頤谷侍御復從而脅緝之攟墬訂譌粲然大備庚辛浩劫傳本稀如晨星吾友康侯孫兄竺守楹書奉其先世壽松堂奏進祕籍珍如鼒鼎獨於謝氏書承尊人仁甫丈未竟之志求之海內越數十寒暑夢寐之間冀得一遇歲在壬子始見之於金陵為何氏夢華館舊藏本天人相感若有鬼神使之者攜歸杭州重加理董至丙寅秋成書六卷姚氏所輯四卷之外君先人侍御補輯者一卷君又增采脫文逸簡一卷至是而人間故書雅記無一字

一句之僢漏矣竊謂輯逸之作前人為其難而後人為其易校勘既經衆手則前人為其疏而後人為其密即如北堂書鈔宋元以來未見足本自孫氏祠堂本由閩入粵南海孔氏精校刊行人世始重覩全豹此亦時會使然而乾嘉諸儒則求之終身而不可獲者也士鑑好搜乙部逸書有志於采掇成編已脫稿者有魚豢魏略郭頒魏晉世語二種人事遷延未遑卒業今讀君謝書全稿或可匡督士鑑之所不逮乎戊辰重五日同里弟吳士鑑拜序

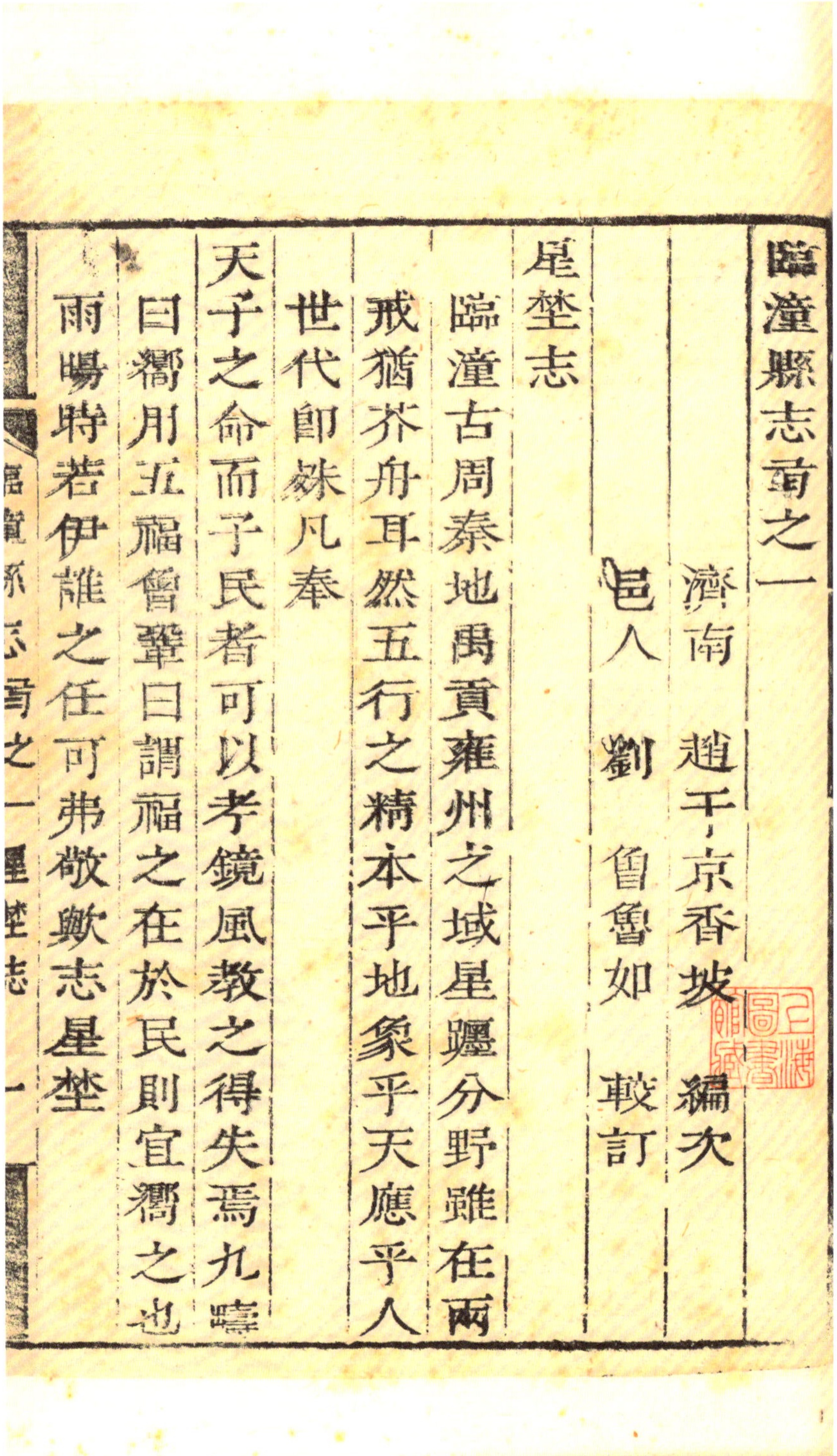

臨潼縣志卷之一

濟南　趙于京香坡　編次

邑人　劉　曾魯如　較訂

星埜志

臨潼古周秦地禹貢雍州之域星躔分野雖在兩戒猶芥舟耳然五行之精本乎地象乎天應乎人世代卽殊凡奉

天子之命而子民者可以考鏡風教之得失焉九疇曰嚮用五福曾鞏曰謂福之在於民則宜嚮之也雨暘時若伊誰之任可弗敬歟志星埜

臨潼縣志卷之一　星埜志　一

51 臨潼縣志八卷　（清）趙于京纂修　清康熙四十年（1701）藕葉山房刻本　上海圖書館藏

趙香坡編次

臨潼縣志

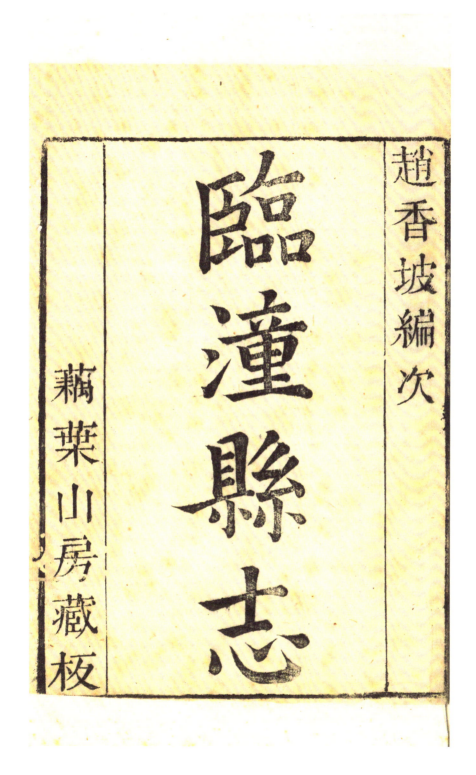

藕葉山房藏板

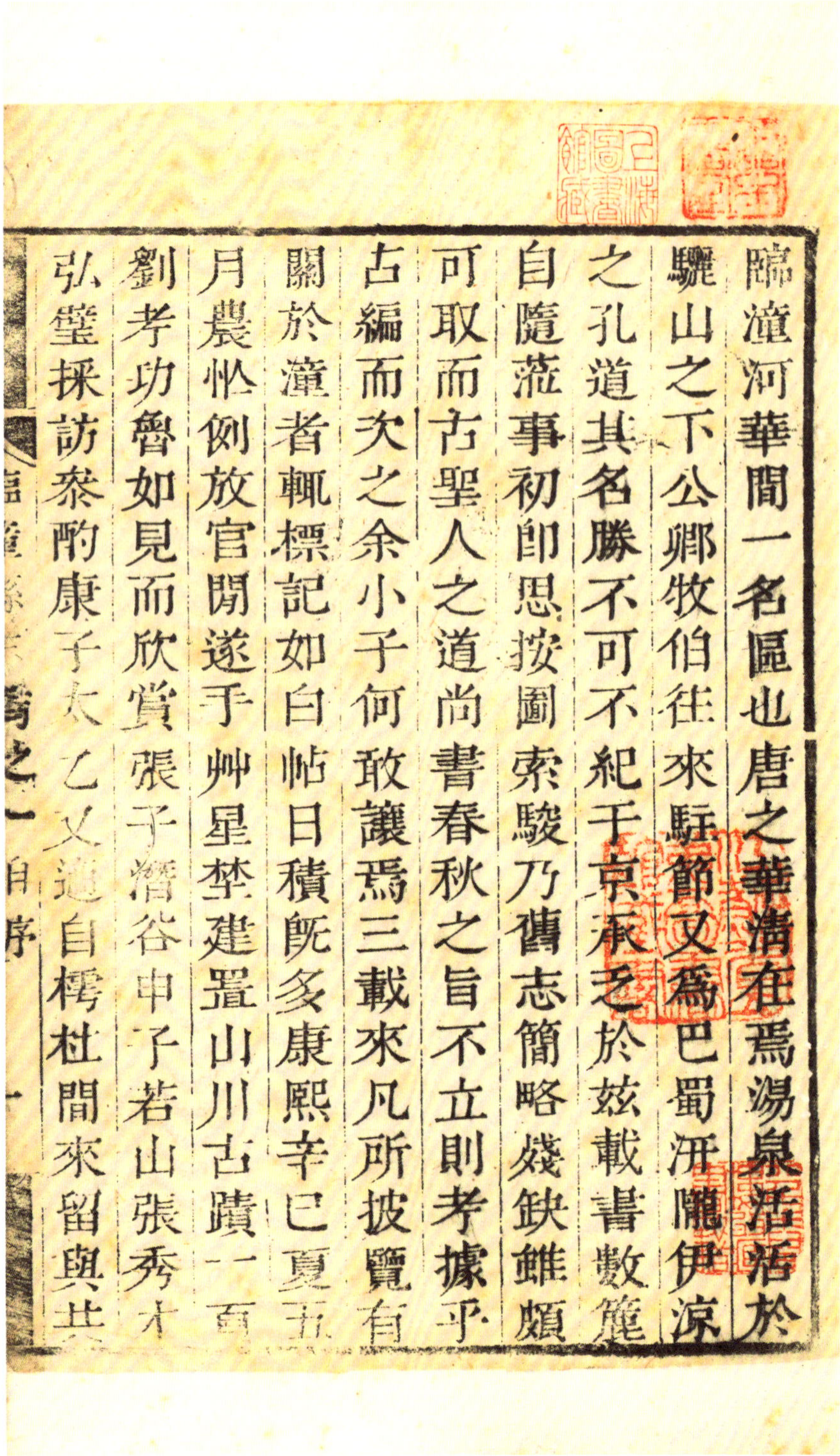
臨潼河華間一名區也唐之華清在焉湯泉活活於
驪山之下公卿牧伯往來駐節又爲巴蜀汧隴伊涼
之孔道其名勝不可不紀于京承乏於茲載書數簏
自隨蒞事初即思按圖索駿乃舊志簡略殘缺雖頗
可取而古聖人之道尚書春秋之旨不立則考據乎
古編而次之余小子何敢讓焉三載來凡所披覽有
關於潼者輒標記如白帖日積既多康熙辛巳夏五
月農忙例放官閒遂手艸星埜建置山川古蹟一百
劉考功魯如見而欣賞張子濬谷中子若山張秀才
弘瑩採訪叅酌康子太乙又道自樗杜間來留與共

臨潼縣志　卷之一　自序　一

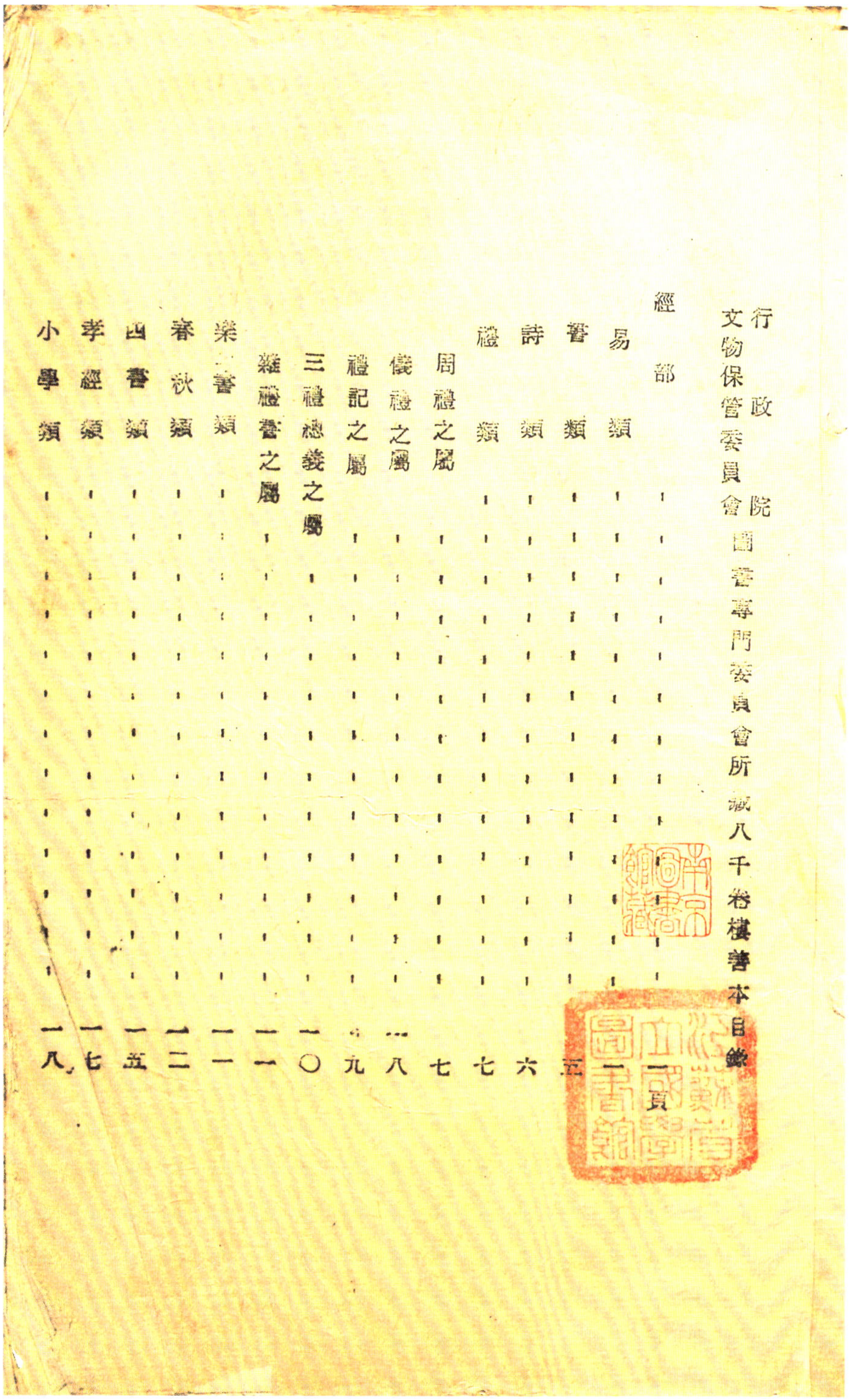

行政院文物保管委員會圖書專門委員會所藏八千卷樓善本目錄

52 行政院文物保管委員會圖書專門委員會所藏八千卷樓善本目録不分卷 民國油印本

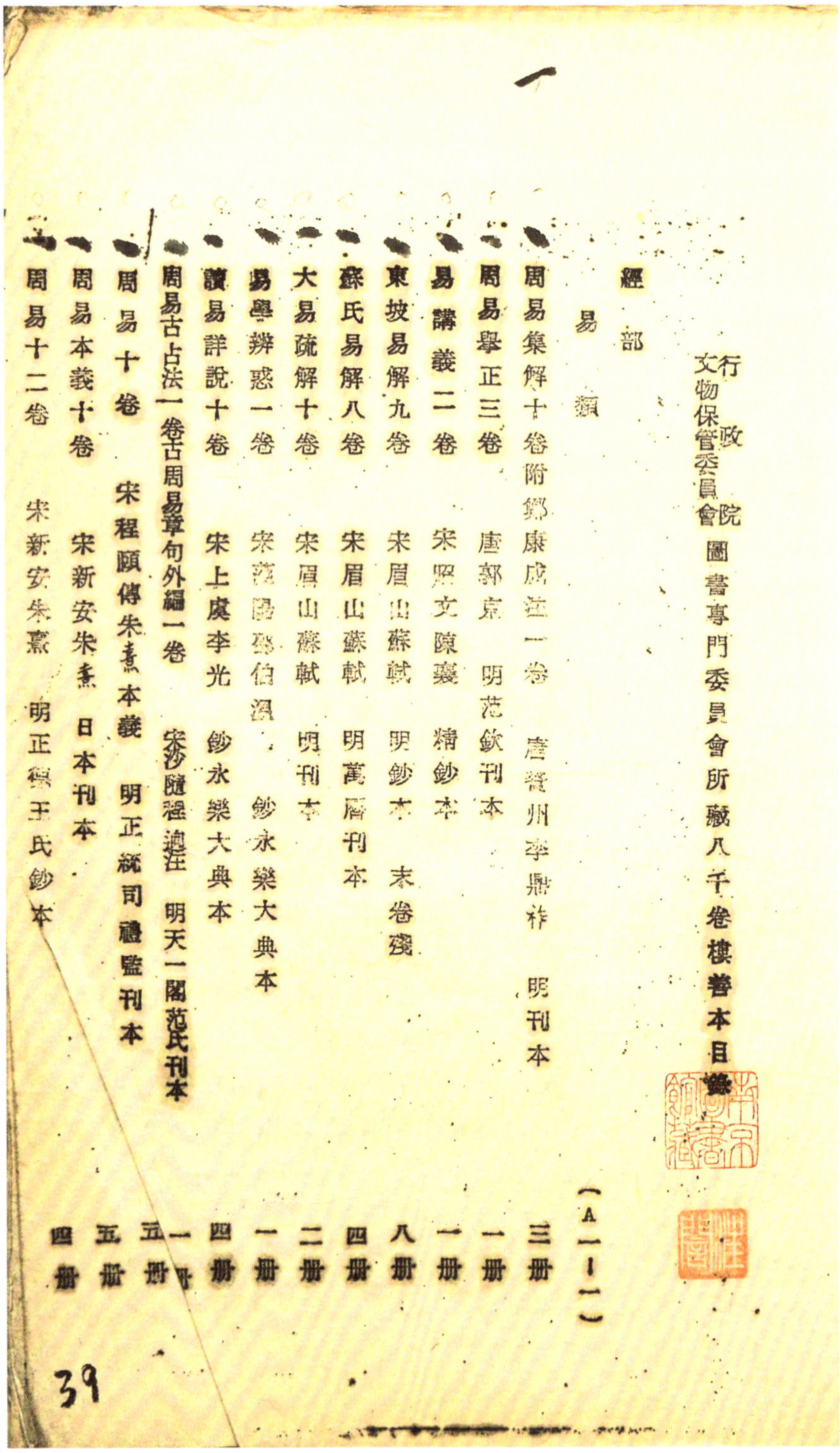

行政院文物保管委員會圖書專門委員會所藏八千卷樓善本目錄

（A一一）

經部

易類

周易集解十卷附鄭康成注一卷　唐資州李鼎祚　明刊本　三冊

周易舉正三卷　唐郭京　明范欽刊本　一冊

易講義二卷　宋照文陳襄　精鈔本　一冊

東坡易解九卷　宋眉山蘇軾　明鈔本　末卷殘　八冊

蘇氏易解八卷　宋眉山蘇軾　明萬曆刊本　四冊

大易疏解十卷　宋眉山蘇軾　明刊本　二冊

易學辨惑一卷　宋滎陽邵伯溫　鈔永樂大典本　一冊

讀易詳說十卷　宋上虞李光　鈔永樂大典本　四冊

周易古占法一卷古周易章句外編一卷　宋沙隨程迥注　明天一閣范氏刊本　一冊

周易十卷　宋程頤傳朱熹本義　明正統司禮監刊本　五冊

周易本義十卷　宋新安朱熹　日本刊本　五冊

周易十二卷　宋新安朱熹　明正德王氏鈔本　四冊

39

大慧普覺禪師語錄二卷 宋釋宗杲 萬曆陝西刊本 二册

大唐三藏玄奘法師表啓一卷 日本石印本 唐釋玄奘 一册

林間錄二卷後集一卷 宋釋惠洪 明萬曆刊本 五册

五燈會元二十卷 宋釋普濟 明嘉靖刊本 一二册

佛果圜悟禪師碧巖錄十卷 失名 明楞嚴寺刊本 四册

神僧傳九卷 明成祖 明秦藩刊本 三册

東林蓮社十八高賢傳一卷 晉失名 明刊本 一册

道家類

道德眞經二卷文始眞經三卷沖虛眞經八卷南華眞經十卷 老子文子列子莊子 明刊本 八册

老子口義二卷列子口義二卷莊子口義十卷 宋林希逸 明嘉靖刊本 八册

道德眞經廣聖義五十卷 唐道士杜光庭 明鈔道藏本 六册

道德經解二卷 宋眉山蘇轍 明萬曆刊本 二册

老子解四卷 宋晉江呂惠卿 舊鈔本 一册

道德眞經集解四卷 宋李榮 明刊道藏本 一册

元始說先天道德經注解五卷 宋李宗 明刊道藏本 一册

95 道德寶章一卷 宋葛長庚 清光緒翻元刊本 一册

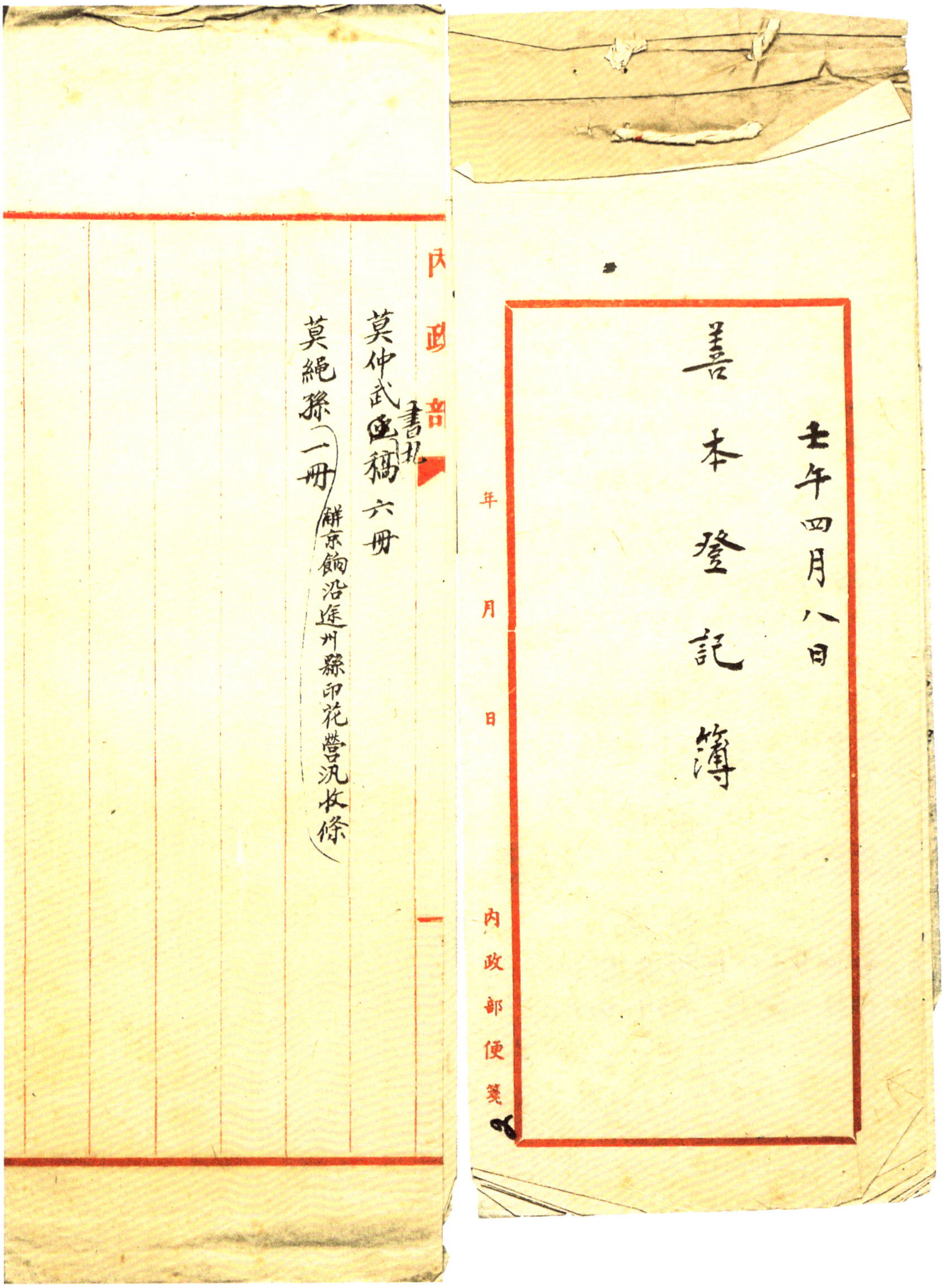

53 澤存書庫善本書目不分卷　陳群編　稿本

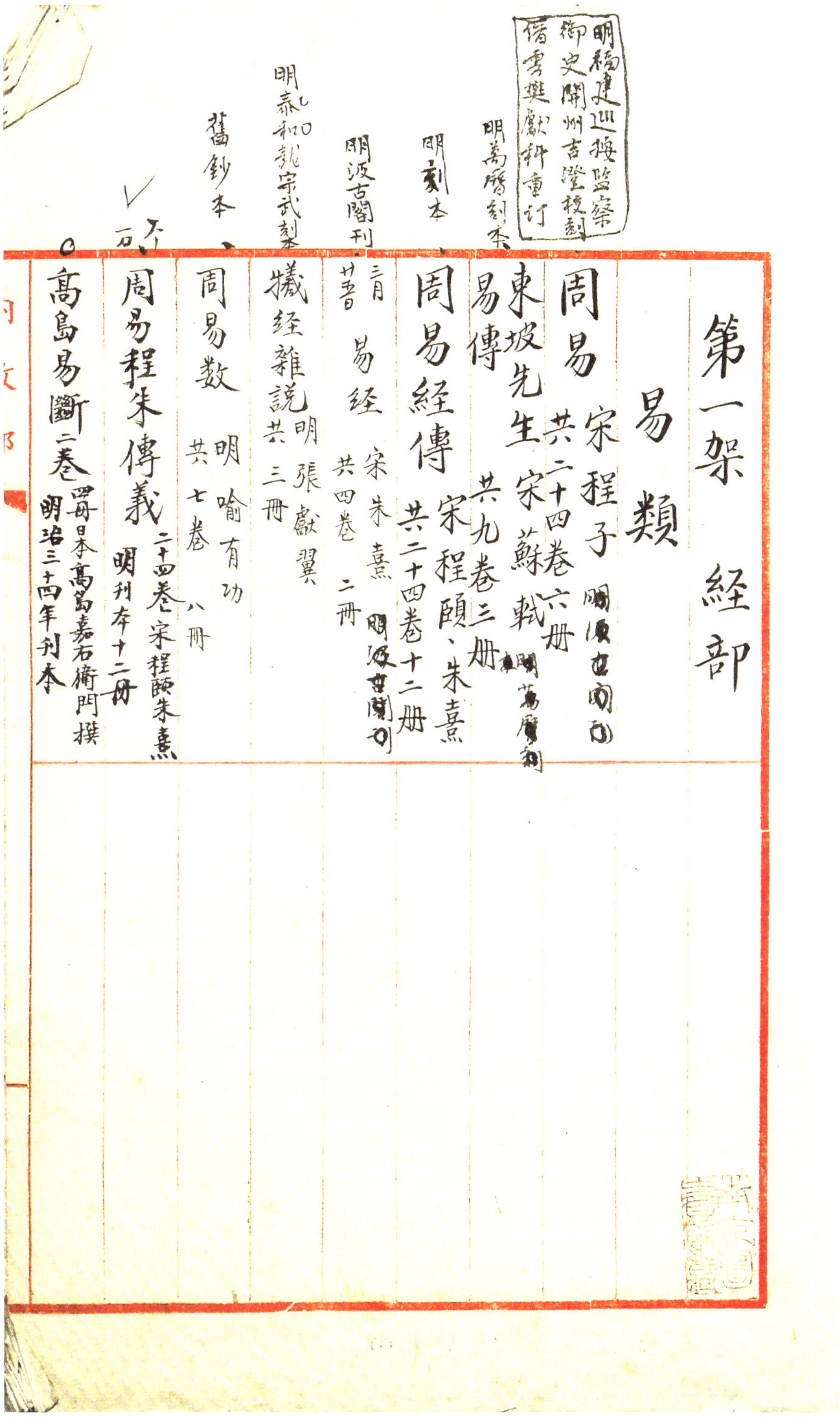
第一架 經部
易類
周易 宋程子 明汲古閣刊 共二十四卷 六冊
明福建巡按監察御史開州吉澄校刻 儲雲擧獻科重訂
明萬曆刻本
東坡先生易傳 宋蘇軾 明萬曆刻本 共九卷 三冊
明刻本
周易經傳 宋程頤、朱熹 共二十四卷 十二冊
明汲古閣刊
三有廿四 易経 宋朱熹 明汲古閣刊 共四卷 二冊
明泰和龍宗武刻本
犧経雜説 明張獻翼 共三冊
舊鈔本
周易數 明喻有功 共七卷 八冊
周易程朱傳義 二十四卷 宋程頤朱熹 明刊本 十二冊
高島易斷 二卷 四冊 日本高島嘉右衛門撰 明治三十四年刊本

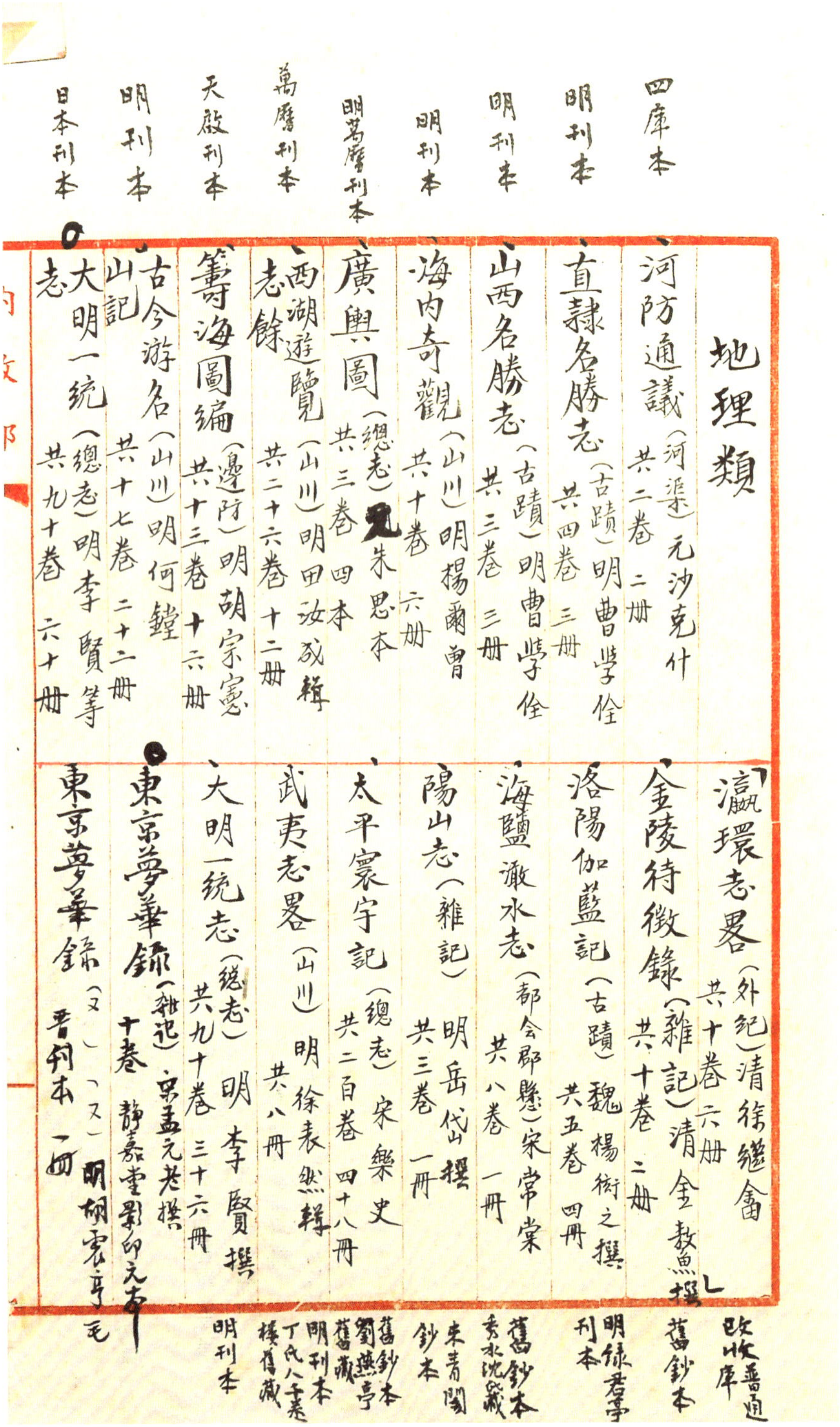

地理類

河防通議（河渠）元沙克什 共二卷 二册 四庫本

直隸名勝志（古蹟）明曹學佺 共四卷 三册 明刊本

山西名勝志（古蹟）明曹學佺 共三卷 三册 明刊本

海內奇觀（山川）明楊爾曾 共十卷 六册 明刊本

廣輿圖（總志）元朱思本 共三卷 四本 明萬曆刊本

西湖遊覽志餘（山川）明田汝成輯 共二十六卷 十二册 萬曆刊本

籌海圖編（邊防）明胡宗憲 共十三卷 十六册 天啟刊本

古今遊名山記（山川）明何鏜 共十七卷 二十二册 明刊本

大明一統志（總志）明李賢等 共九十卷 六十册 日本刊本

瀛環志畧（外紀）清徐繼畬 共十卷 六册 改收普通庫

金陵待徵錄（雜記）清金鰲撰 共十卷 二册 舊鈔本

洛陽伽藍記（古蹟）魏楊衒之撰 共五卷 四册 明綠君亭刊本

海鹽澉水志（郡縣）宋常棠 共八卷 一册 舊鈔本 秀水沈藏

陽山志（雜記）明岳岱撰 共三卷 一册 朱青閣鈔本

太平寰宇記（總志）宋樂史 共二百卷 四十八册 舊鈔本 劉燕亭舊藏

武夷志畧（山川）明徐表然輯 共八册 明刊本 丁氏八千卷樓舊藏

大明一統志（總志）明李賢撰 共九十卷 三十六册 明刊本

東京夢華錄（雜記）宋孟元老撰 十卷 靜嘉堂影印元本

東京夢華錄（又）（又）明胡震亨 毛晉刊本 一册

説苑　漢劉向　共二十卷　八冊　明刊本

鹽鐵論　漢桓寬　共十二卷　六冊　明刊本

鹽鐵論　漢桓寬　共十二卷　十二冊　白口楷寫　明張之象刊本

近思錄　宋朱熹　呂祖謙　共十四卷　二冊　明吳勉學刊本　八千卷樓舊藏

西山先生真文忠公讀書記　宋真德秀撰　共六十一卷　四十八冊　宋刊元明遞修本

大學衍義　宋真德秀　共四十三卷　七冊　明刊本

溫公家範　宋司馬光　共十卷　二冊　明天啟刊本

榕壇問業　明黃道周　共十八卷　八冊　明刊本

大學衍義補　明邱濬　共一六〇卷　二十八冊　明刊本

先聖大訓　宋楊簡撰　共六卷　六冊　明萬曆刊本

二程遺書　宋朱熹編　共五十一卷　二十四冊　明刊本

讀書錄　明薛瑄　共二十四卷　四冊　明刊本

先儒性命理氣説　清呂纘斝輯　一卷　一冊　舊鈔本　海日樓舊藏

楊園先生全集　清張履祥撰　五十四卷　十六冊　同治江蘇局本

經世石畫　明辛全撰　三卷　六冊　崇禎己巳刊本

賈子新書　十卷　五冊　學雲館　寬延二年刊

説苑　廿卷　五冊　日本覆刊程榮本

潛夫論　10卷　4冊　漢王符　天明七年刊　蔣祝雲藏

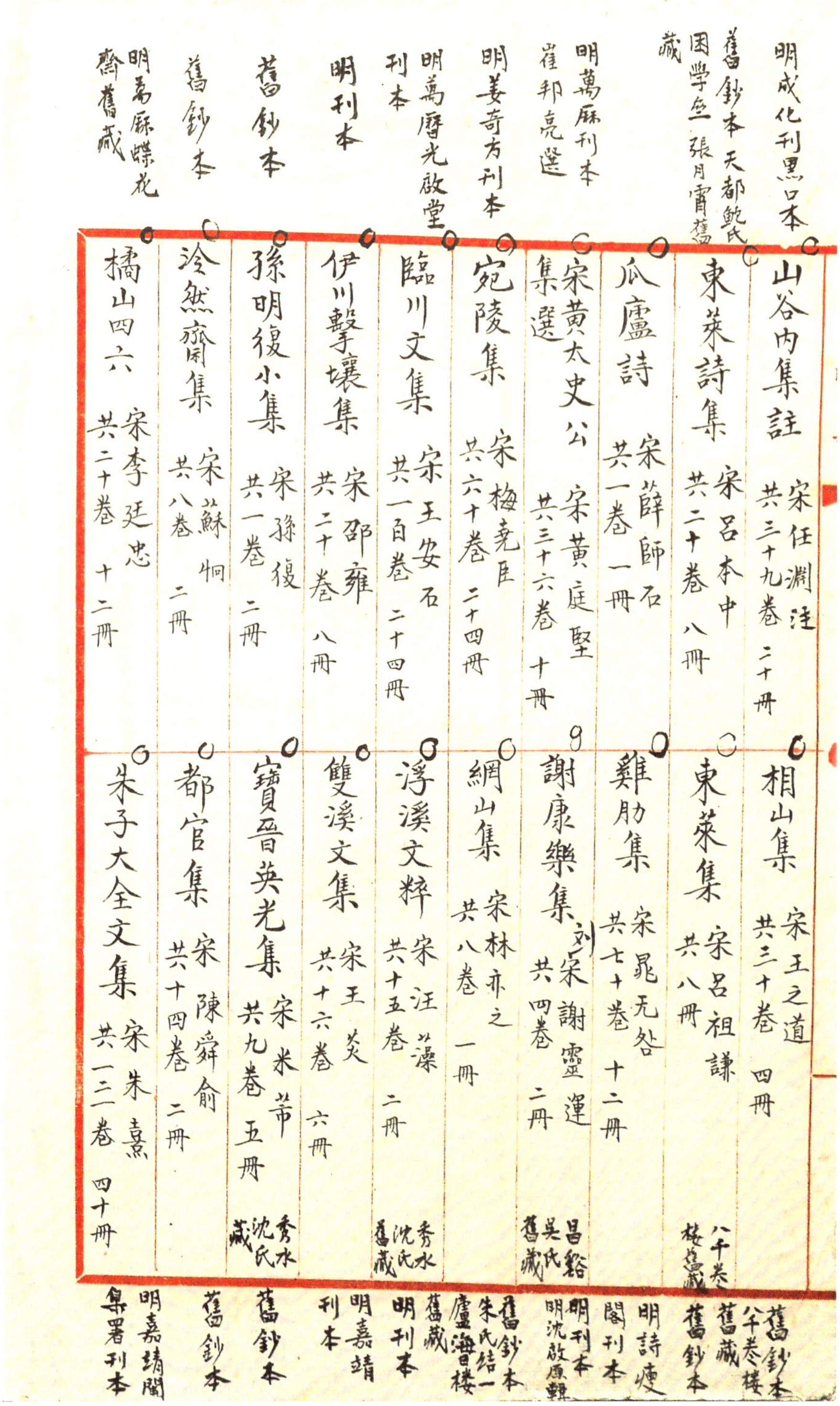
山谷内集註 宋任淵注 共三十九卷 二十冊 明成化刊黑口本
東萊詩集 宋呂本中 共二十卷 八冊 舊鈔本 天都鮑氏困學齋 張月霄舊藏
瓜廬詩 宋薛師石 共一卷 一冊 明萬厯刊本
宋黃太史公集選 宋黃庭堅 共三十六卷 十冊 崔邦亮選
宛陵集 宋梅堯臣 共六十卷 二十四冊 明姜奇方刊本
臨川文集 宋王安石 共一百卷 二十四冊 明萬曆光啟堂刊本
伊川擊壤集 宋邵雍 共二十卷 八冊 明刊本
孫明復小集 宋孫復 共一卷 二冊 舊鈔本
泠然齋集 宋蘇泂 共八卷 二冊 舊鈔本
橘山四六 宋李廷忠 共二十卷 十二冊 明萬厯蝶花齋舊藏

相山集 宋王之道 共三十卷 四冊 舊鈔本 八千卷樓舊藏
東萊集 宋呂祖謙 共八冊 八千卷樓舊藏 舊鈔本
雞肋集 宋晁无咎 共七十卷 十二冊 明詩瘦閣刊本
謝康樂集 宋謝靈運 共四卷 二冊 呂鉛吳氏舊藏 明刊本 明沈啟原輯
綱山集 宋林亦之 共八卷 一冊 舊鈔本 朱氏結一廬海日樓舊藏
浮溪文粹 宋汪藻 共十五卷 二冊 秀水沈氏舊藏 明刊本
雙溪文集 宋王炎 共十六卷 六冊 明嘉靖刊本
寶晉英光集 宋米芾 共九卷 五冊 秀水沈氏藏 舊鈔本
都官集 宋陳舜俞 共十四卷 二冊 舊鈔本
朱子大全文集 宋朱熹 共一二一卷 四十冊 明嘉靖閩臬署刊本

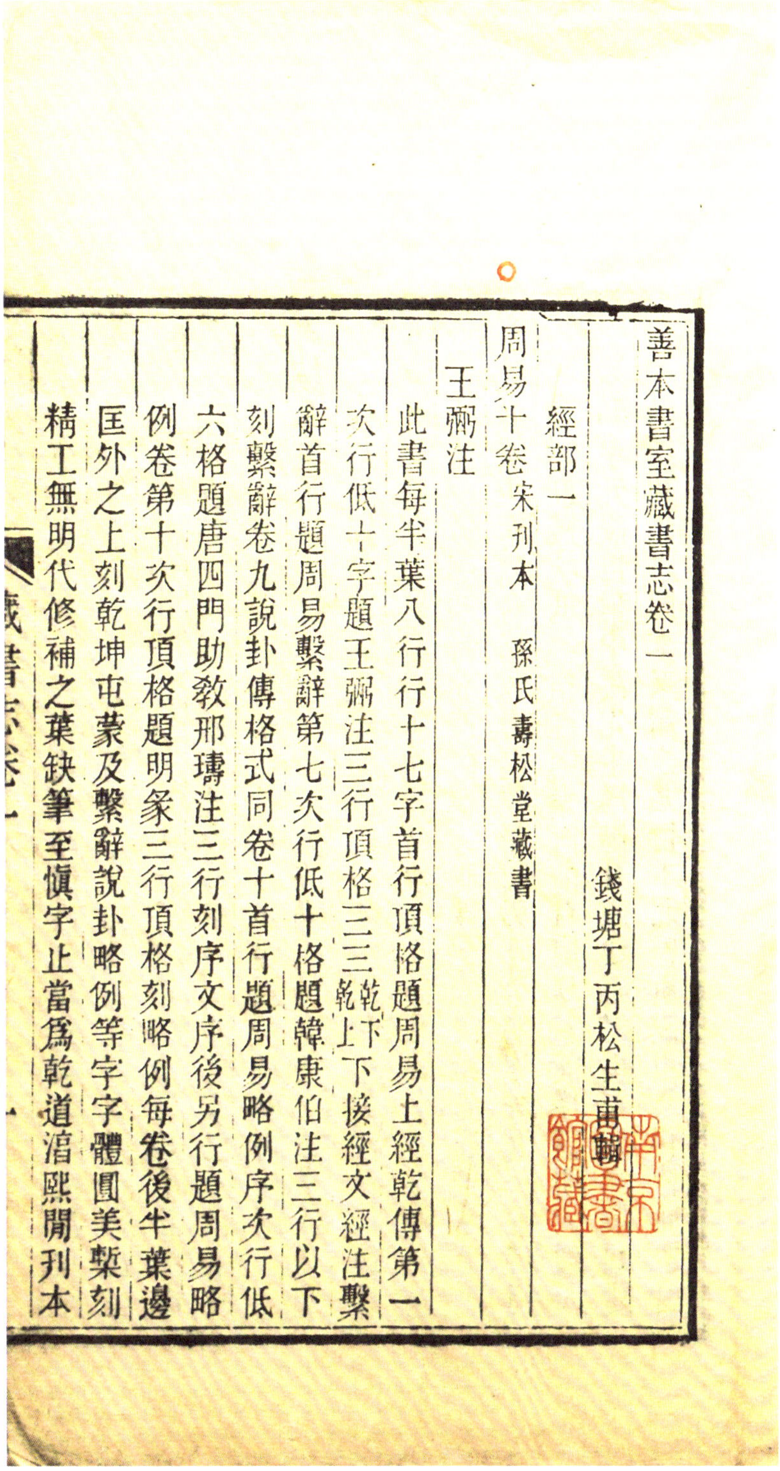

54 善本書室藏書志四十卷 （清）丁丙撰　清光緒二十七年（1901）刻本　曹菊生批校並題識

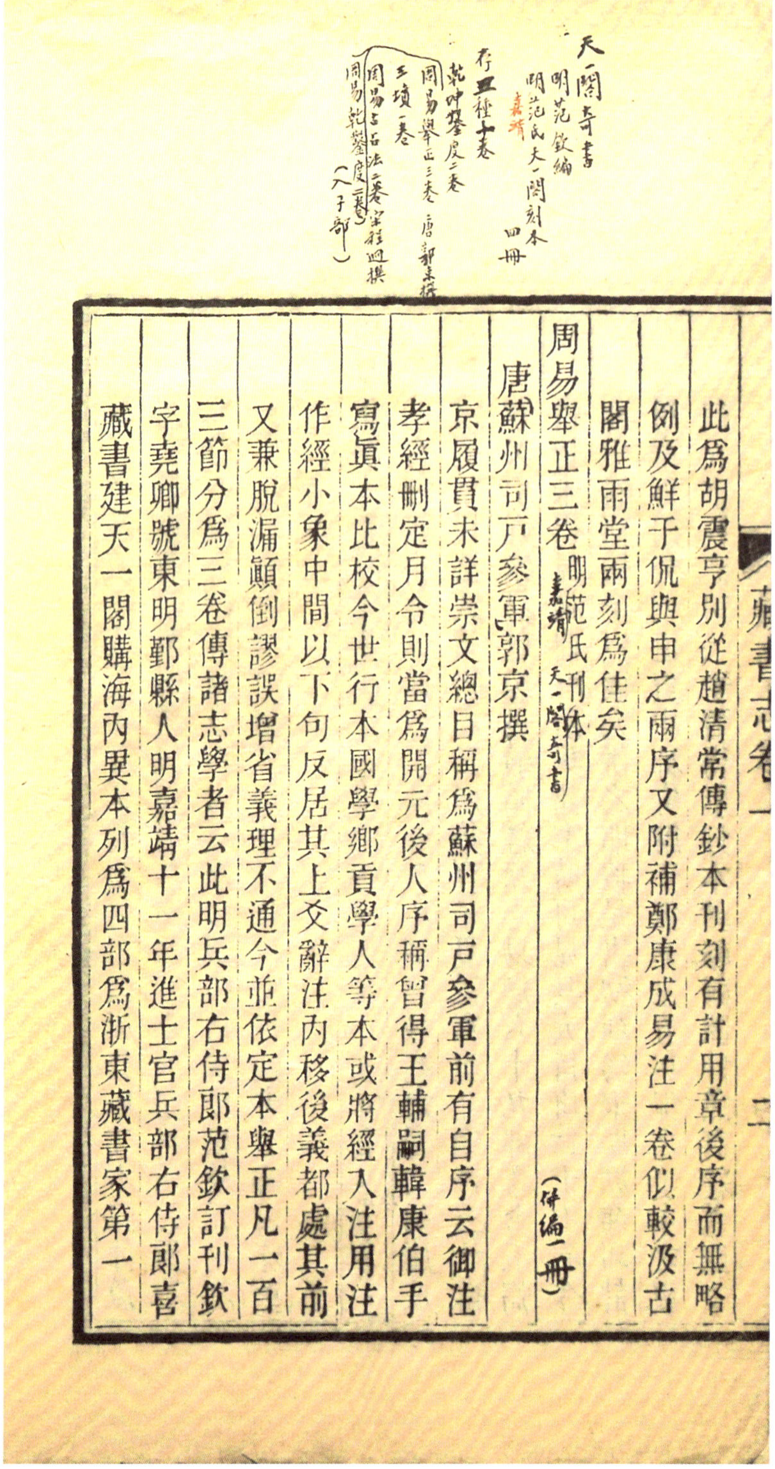

天一閣奇書
明范欽編
明范氏天一閣刻本 嘉靖
四冊
存四種十卷
乾坤鑿度二卷
周易舉正三卷 唐郭京撰
三墳一卷
周易古占法二卷 宋程迥撰
周易乾鑿度二卷
（入子部）

藏書志卷一　二

此爲胡震亨別從趙清常傳鈔本刊刻有計用章後序而無晷
例及鮮于侁與申之兩序又附補鄭康成易注一卷似較汲古
閣雅雨堂兩刻爲佳矣

周易舉正三卷 明范氏刊本 嘉靖 天一閣奇書 （附編一冊）
唐蘇州司戶參軍郭京撰

京履貫未詳崇文總目稱爲蘇州司戶參軍前有自序云御注孝經刪定月令則當爲開元後人序稱曾得王輔嗣韓康伯手寫眞本比校今世行本國學鄉貢學人等本或將經入注用注作經小象中間以下句反居其上爻辭注內移後義都處其前又兼脫漏顚倒謬誤增省義理不通今並依定本舉正凡一百三節分爲三卷傳諸志學者云此明兵部右侍郎范欽訂刊欽字堯卿號東明鄞縣人明嘉靖十一年進士官兵部右侍郎喜藏書建天一閣購海內異本列爲四部爲浙東藏書家第一

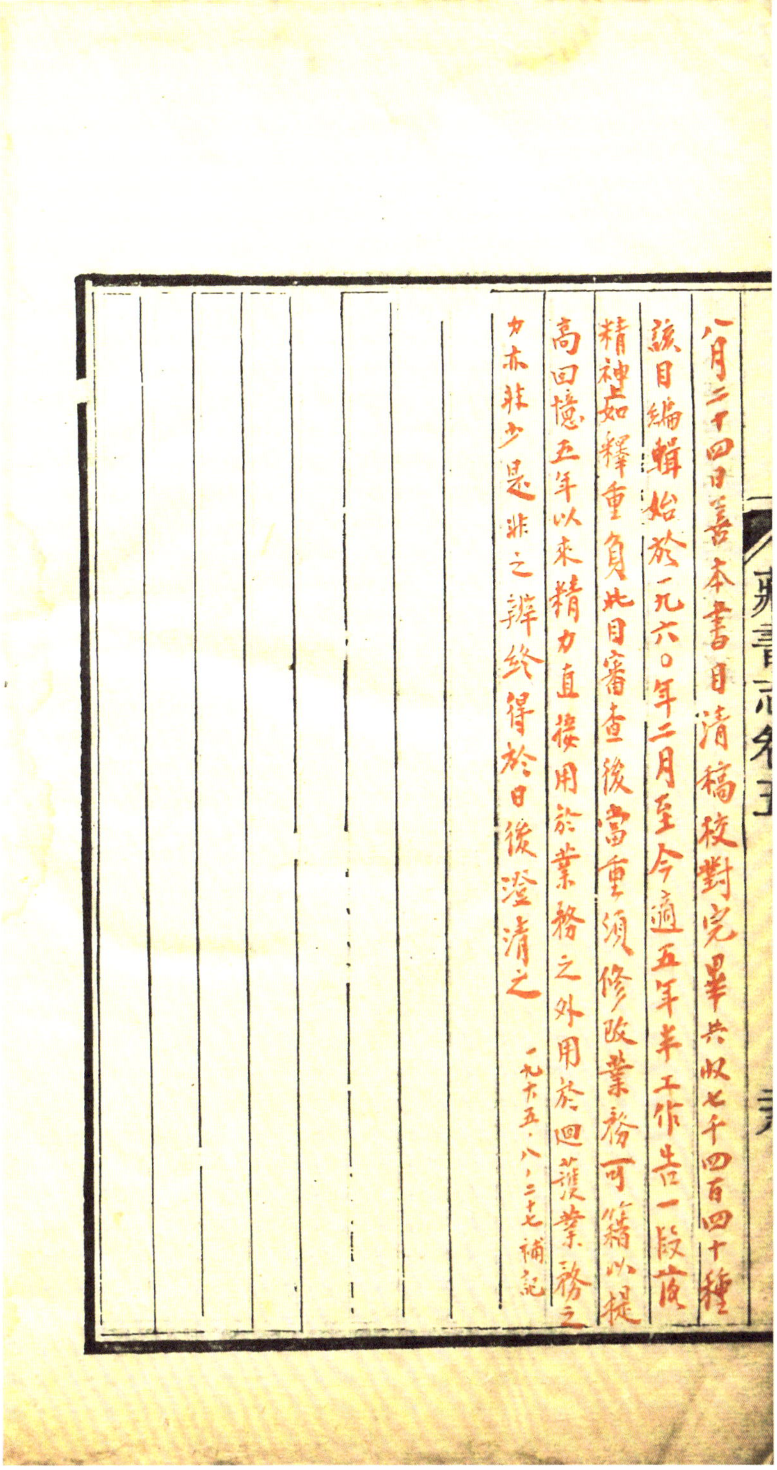
八月二十四日善本書目清稿校對完畢共收七千四百四十種
該目編輯始於一九六〇年二月至今適五年半工作告一段落
精神如釋重負此目審查後當重須修改業務可藉以提
高回憶五年以來精力直接用於業務之外用於迴護業務之
力亦非少是非之辨終得於日後澄清之
一九六五·八·二十七補記

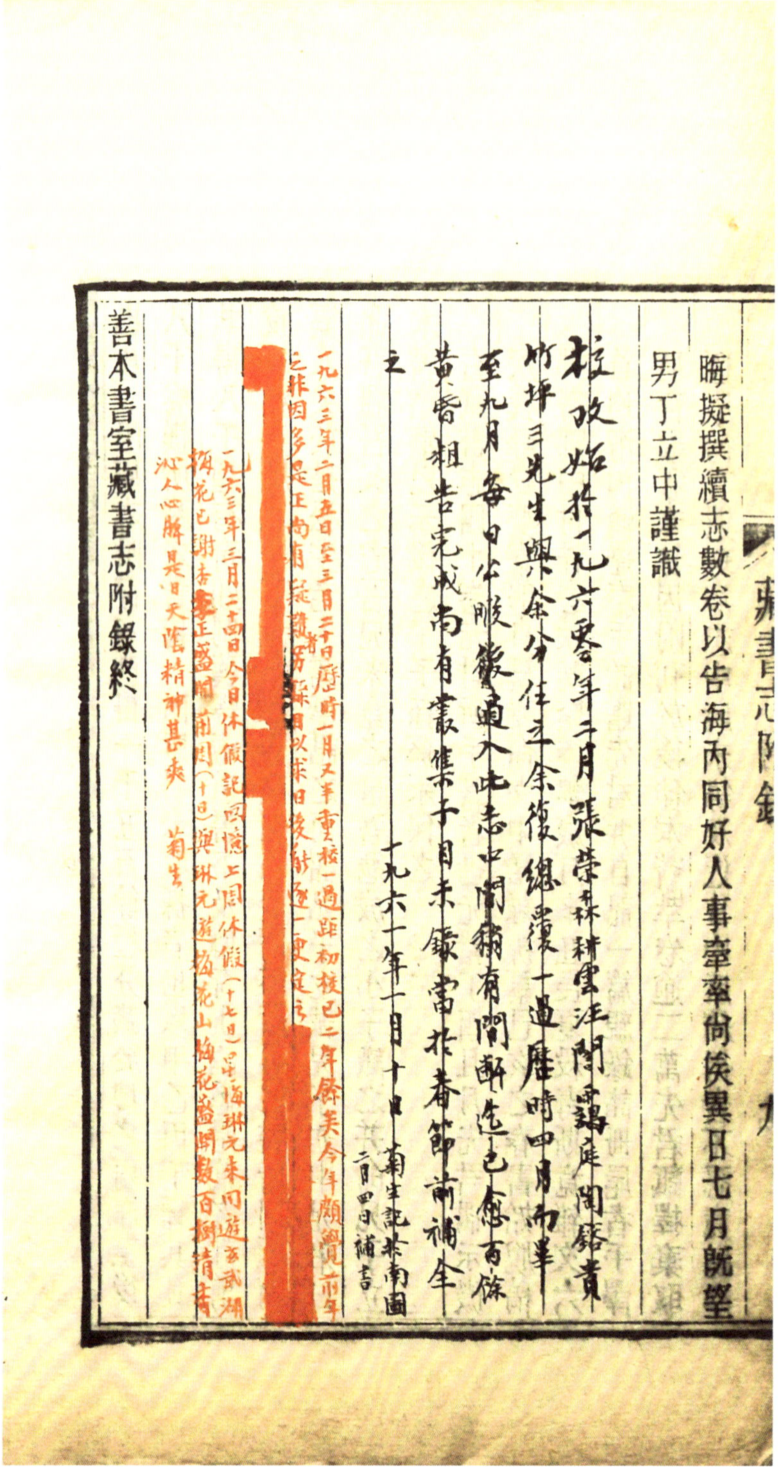

晦擬撰續志數卷以告海內同好人事牽率尚俟異日七月既望

男丁立中謹識

校改始於一九六零年二月張榮林耕雲汪閶鶴庭閻錫貴

竹坪三先生與余分任之余復總覆一過歷時四月而畢

至九月每日公暇鑽通入此志中間稍有闕漏迄已愈百條

黃昏相告完成尚有叢集十目未錄當於春節前補全

之

一九六一年一月十日 菊生記於南圖

二月四日補書

一九六三年二月五日至三月二十日歷時一月又半重校一過距初校已二年餘矣今年頗覺前年

之非因多是正尚有疑難者另錄目以求日後解決一更定之

一九六三年三月二十四日今日休假記回憶上周休假(十七日)早偕琳元來同遊玄武湖

梅花已謝去年今正盛開前周(十日)與琳元遊梅花山梅花盛開數百樹清香

沁人心脾是日天陰精神甚爽 菊生

善本書室藏書志附録終

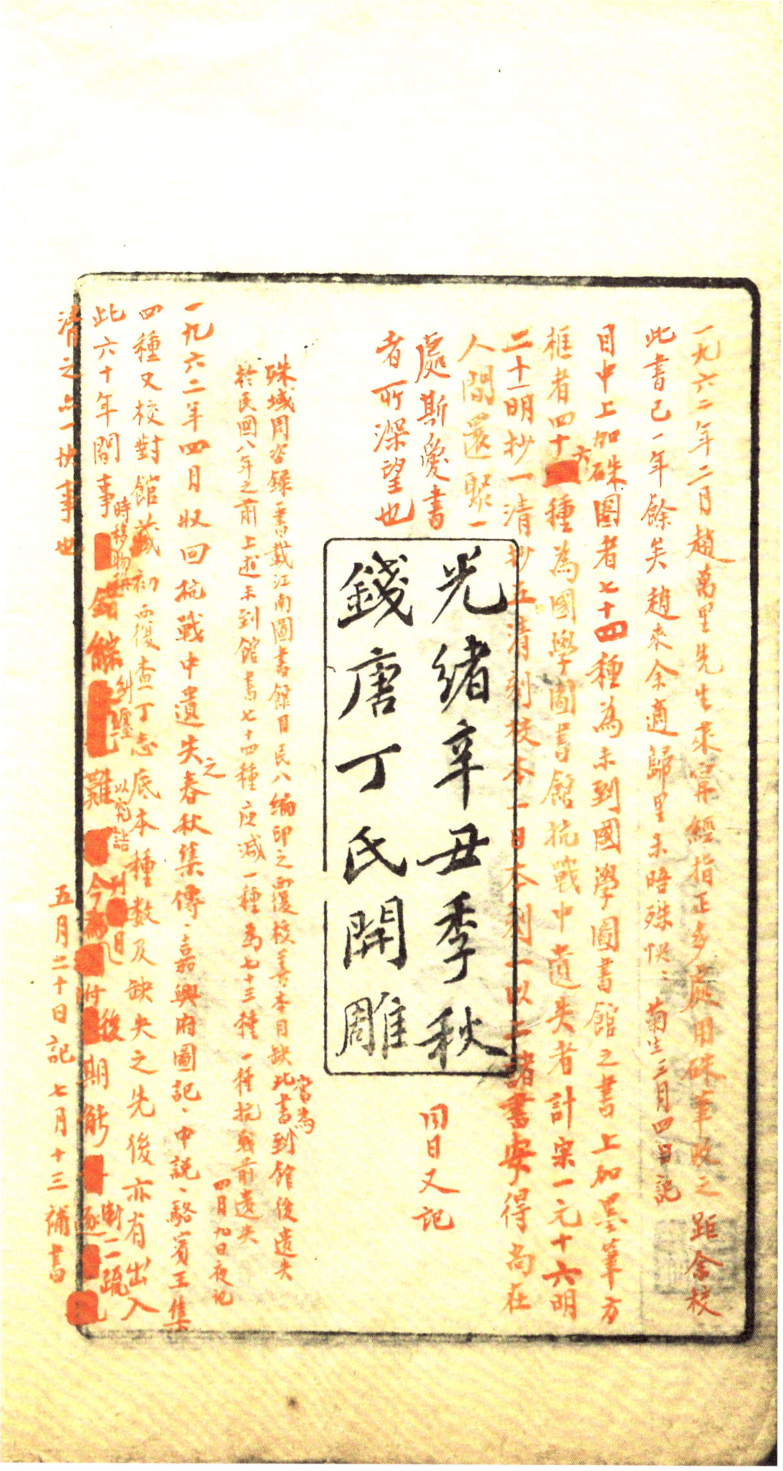

光緒辛丑季秋
錢唐丁氏開雕
一九六二年二月趙萬里先生來館經指正乃應用硃筆改之 距余校
此書已一年餘矣 趙來余適歸里未晤殊怏怏 菊生三月四日記
目中上加硃圈者七十四種為未到國學圖書館之書 上加墨筆方
框者四十六種為國學圖書館抗戰中遺失者 計宋一元十六明
二十一明抄一清抄五清刻校本二日本刻一 以上諸書安得尚在
人間還聚一
處斯愛書
者所深望也
同日又記
一九六二年四月收回抗戰中遺失之春秋集傳、嘉興府圖記、中說、駱賓王集
四種 又校對館藏初西復查丁志底本種數及缺失之先後亦有出入
此六十年間事 [illegible]
清之[?]一快事也
五月二十日記 七月十三補書

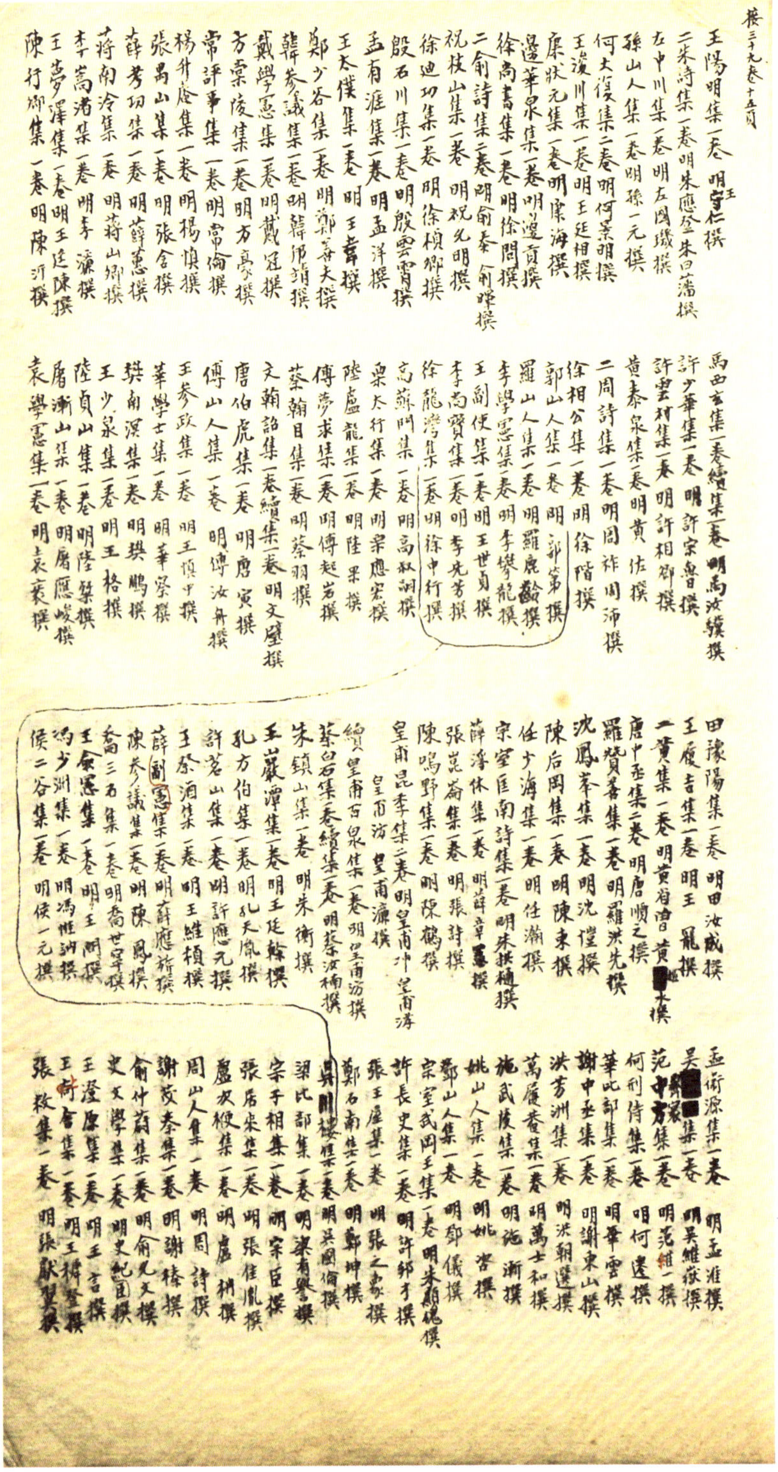
接三十九卷十五頁

王陽明集一卷 明王守仁撰
二朱詩集一卷 明朱應登朱曰藩撰
左中川集一卷 明左國璣撰
孫山人集一卷 明孫一元撰
何大復集二卷 明何景明撰
王浚川集一卷 明王廷相撰
康狀元集一卷 明康海撰
邊華泉集一卷 明邊貢撰
徐尚書集一卷 明徐問撰
二俞詩集二卷 明俞泰 俞嘩撰
祝枝山集一卷 明祝允明撰
徐迪功集一卷 明徐禎卿撰
殷石川集一卷 明殷雲霄撰
孟有涯集一卷 明孟洋撰
王太僕集一卷 明王韋撰
鄭少谷集一卷 明鄭善夫撰
韓參議集一卷 明韓邦靖撰
戴學憲集一卷 明戴冠撰
方棠陵集一卷 明方豪撰
常評事集一卷 明常倫撰
楊升庵集一卷 明楊慎撰
張禺山集一卷 明張含撰
薛考功集一卷 明薛蕙撰
蔣南泠集一卷 明蔣山卿撰
李嵩渚集一卷 明李濂撰
王夢澤集一卷 明王廷陳撰
陳行御集一卷 明陳沂撰

馬西玄集一卷續集一卷 明馬汝驥撰
許少華集一卷 明許宗魯撰
許雲村集一卷 明許相卿撰
黃泰泉集一卷 明黃佐撰
二周詩集一卷 明周祚 周沛撰
徐相公集一卷 明徐階撰
郭山人集一卷 明郭第撰
羅山人集一卷 明羅鹿齡撰
李學憲集一卷 明李攀龍撰
王副使集一卷 明王世貞撰
李尚寶集一卷 明李先芳撰
徐龍灣集一卷 明徐中行撰
高蘇門集一卷 明高叔嗣撰
梁太行集一卷 明梁應宏撰
陸盧龍集一卷 明陸采撰
傅夢求集一卷 明傅起岩撰
蔡翰目集一卷 明蔡羽撰
文翰詔集一卷續集一卷 明文壁撰
唐伯虎集一卷 明唐寅撰
傅山人集一卷 明傅汝舟撰
王參政集一卷 明王慎中撰
華學士集一卷 明華察撰
樊南溟集一卷 明樊鵬撰
王少泉集一卷 明王格撰
陸貞山集一卷 明陸粲撰
屠漸山集一卷 明屠應埈撰
袁學憲集一卷 明袁袠撰

田豫陽集一卷 明田汝成撰
王履吉集一卷 明王寵撰
二黃集一卷 明黃省曾 黃[redacted]撰
唐中丞集二卷 明唐順之撰
羅贊善集一卷 明羅洪先撰
沈鳳峯集一卷 明沈愷撰
陳后岡集一卷 明陳束撰
任少海集一卷 明任瀚撰
宗室匡南詩集一卷 明朱拱樋撰
薛滄休集一卷 明薛章憲撰
張崑崙集一卷 明張詩撰
陳鳴野集一卷 明陳鶴撰
皇甫昆季集二卷 明皇甫沖 皇甫涍 皇甫汸 皇甫濂撰
續皇甫百泉集一卷 明皇甫汸撰
蔡白石集一卷續集一卷 明蔡汝楠撰
朱鎮山集一卷 明朱衡撰
王巖潭集一卷 明王廷幹撰
孔方伯集一卷 明孔天胤撰
許茗山集一卷 明許應元撰
王奈酒集一卷 明王維楨撰
薛副憲集一卷 明薛應旂撰
陳參議集一卷 明陳鳳撰
喬三石集一卷 明喬世寧撰
王僉憲集一卷 明王問撰
馮少洲集一卷 明馮惟訥撰
侯二谷集一卷 明侯一元撰

孟衛源集一卷 明孟淮撰
吳[redacted]集一卷 明吳維嶽撰
范中方集一卷 明范維一撰
何刑侍集一卷 明何遷撰
華比部集一卷 明華雲撰
謝中丞集一卷 明謝東山撰
洪芳洲集一卷 明洪朝選撰
萬履菴集一卷 明萬士和撰
施武陵集一卷 明施漸撰
姚山人集一卷 明姚咨撰
鄧山人集一卷 明鄧儀撰
宗室武岡王集一卷 明朱顯槐撰
許長史集一卷 明許邦才撰
張王屋集一卷 明張之象撰
鄭石南集一卷 明鄭坤撰
吳川樓集一卷 明吳國倫撰
梁比部集一卷 明梁有譽撰
宗子相集一卷 明宗臣撰
張居來集一卷 明張佳胤撰
盧次楩集一卷 明盧柟撰
周山人集一卷 明周詩撰
謝茂秦集一卷 明謝榛撰
俞仲蔚集一卷 明俞允文撰
史文學集一卷 明史紀臣撰
王澄原集一卷 明王言撰
王衍會集一卷 明王稚登撰
張救集一卷 明張獻翼撰

結　語

先秦無私學，則私家無藏書。自孔子出，私學漸興，私家藏書起，《莊子》云："惠施多方，其書五車。"然迄於明，私家所藏鮮能與公藏比肩。惜彼時所謂公藏，多聚於朝廷，雖曰公藏，不啻爲皇家私有。降及有清，私家藏書勃興，百宋一廛、千元十駕，争夸其富，幾與天禄石渠相埒，至清季而有瞿、陸、楊、丁四大家。古來私家藏書之盛，未有過之者，而敗亦由此。自丁氏八千卷樓書遷於金陵，遂啓後世私藏歸公之濫觴。此古今家國書運嬗變之數端。迨今日，舉世善本多萃於公，而溯其源則端賴私家藏書之力。若今南圖之爲南圖，其重在八千卷樓藏書。我輩職司，仰前人遺澤，當寶愛之，並爲公衆享。

附　録

丁氏世系表

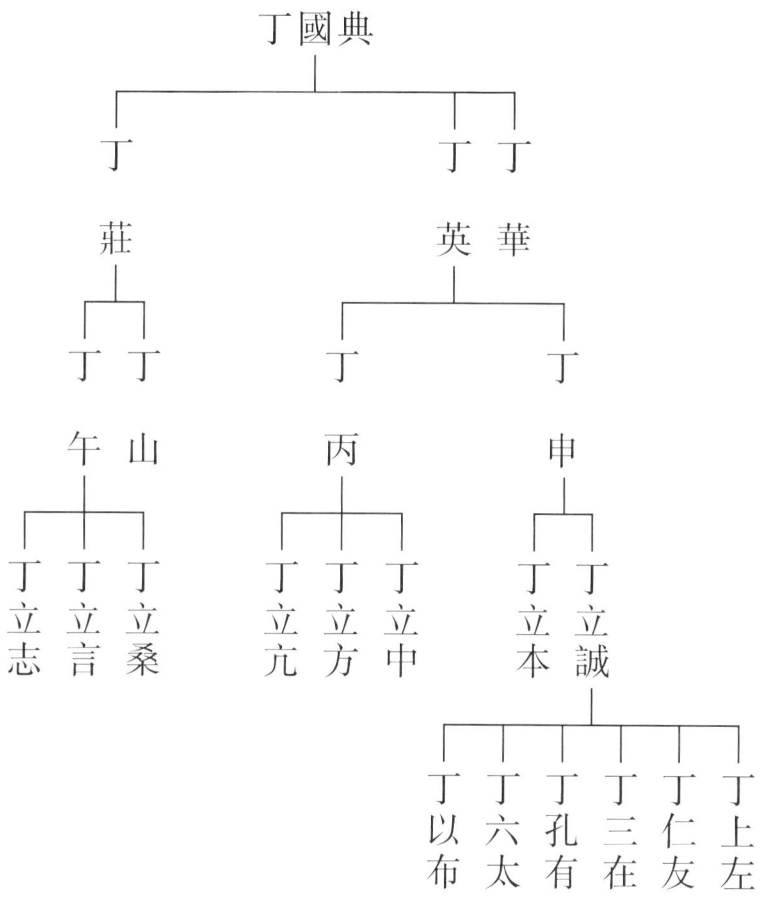
丁國典
丁莊
丁英
丁華
丁午
丁山
丁丙
丁申
丁立志
丁立言
丁立桑
丁立亢
丁立方
丁立中
丁立本
丁立誠
丁以布
丁六太
丁孔有
丁三在
丁仁友
丁上左

丁氏家族主要成員簡歷表

姓名	字號	生年	卒年	享年	科名	仕宦	備注
丁國典	掌六	乾隆三十五年五月初一日亥時生	道光五年六月初八日酉時卒	五十六歲	國學生	候選布政司理問	
丁英	洛耆、篆淇	嘉慶九年六月十二日申時生	咸豐五年九月二十二日辰時卒	五十二歲	貢生	候選府同知，道銜	
丁莊	蒞堂、蝶身	嘉慶十四年十一月十三日丑時生	咸豐五年七月二十一日申時卒	四十七歲		江蘇即補典史，歷署蘇州府知事、吴江同里司巡檢	
丁午（原名正）	頤生、奚生	咸豐二年七月十五日辰時生	光緒六年七月十六日巳時卒	二十九歲	增生		
丁申（原名壬）	竹舟、禮林	道光九年十月二十六日午時生	光緒十三年十月初十日亥時卒	五十九歲	庠生	五品銜候選主事，特賞四品頂戴	
丁丙	嘉魚、松生、松存	道光十二年七月二十日卯時生	光緒二十五年三月初九戌時卒	六十八歲	庠生	江蘇補用知縣，同知銜	
丁立誠	修甫、慕甫	道光三十年六月初五日寅時生	宣統三年卒	六十二歲	光緒乙亥恩科舉人	内閣中書、員外郎銜	
丁立本	道甫	同治二年八月十二日午時生	光緒三十一年卒	四十二歲	庠生	光禄寺署丞	
丁立中（原名立誠）	和甫、慕陸、禾廬	同治五年十二月二十二日巳時生	1920年卒	五十五歲	光緒辛卯科舉人		

姓名	字號	生年	卒年	享年	科名	仕宦	備注
丁立桑	棪甫	同治十一年十一月二十五日卯時生	光緒二十九年卒	三十二歲	庠生		
丁立言	昌甫	同治十三年九月二十六日卯時生	1924 年卒	五十一歲	庠生		
丁立志	張甫	光緒五年正月初九日未時生	光緒二十一年二月十一日寅時卒	十七歲	國學生		
丁上左	宜之、竹孫、白丁	光緒四年五月初三日戌時生	1929 年卒	五十二歲	貢生		南社社員
丁仁（原名仁友）	輔之（1924 年後以字行）、子修、鶴廬、簠盦	光緒五年六月二十七日亥時生	1949 年卒	七十一歲	庠生		西泠印社創始人
丁三在	善之、不識	光緒六年七月二十六日寅時生	1918 年卒	三十九歲	貢生		南社社員
丁以布	宣之、展庵	光緒十七年二月二十七日巳時生					南社社員

（引自卞孝萱《丁氏八千卷樓興廢考——〈丁氏家譜〉資料的發掘利用》）

論　文

南京圖書館藏四庫底本丁丙手書題跋考述

江慶柏

目前所見南京圖書館藏三十三部四庫底本中，有三十一部出自杭州丁丙八千卷樓，其中二十八部圖書卷首粘貼有丁丙的手書題跋。四庫底本上没有粘貼丁丙手書題跋的有三部書，在《善本書室藏書志》中有這三部書的題跋。宋舒璘撰《舒文靖集》題跋略云："舊鈔本。卷首有'翰林院印'，中有校簽鉤勒。集中書、志、墓誌、記録爲上卷，劄子與啓爲下卷。著録四庫，或當時之底本耳。"宋陳杰撰《自堂存稿》題跋略云："舊鈔本。朱修伯藏書。此爲四庫館底本，前鈐'翰林院印'。中有《冬至攝獻於郊》五律詩，上有簽云：'按陳杰官止郡守，不應有冬郊攝獻之事，詳詩意，蓋投贈攝亞獻者。原本詩題當有脱誤。'觀此可以見館臣校勘之精審也。"宋吴沆《環溪詩話》題跋略云："舊鈔本。塘棲朱氏藏書。此爲四庫館底本，有'翰林院印'，塘棲朱伯修大理轉貽也。"丁丙題跋記三部書都有"翰林院印"，《自堂存稿》題跋還記下了館臣的批語，可見都是四庫底本。宋陳杰撰《自堂存稿》卷末還有丁丙手書題記道："光緒三年五月二十日，從朱子清借此帙。子清病卷有損汙，屬別鈔歸彼。因以此藏之八千卷樓。時梅雨不作，蒸熱無殊伏暑。分龍甘澤忽沛，芳田可播種。江南蝗災，亦可稍息矣。丁丙記。"並鈐有"丁氏八千卷樓臧書記"印章。題記對這部書入藏丁丙藏書樓的原因説得很清楚，可見也是四庫底本。丁丙手書題跋後來又收入《善本書室藏書志》，有光緒二十七年（1901）丁氏刻本。丁丙手書題跋與刊本題跋文字上有一些差異。以下將其基本情況作一初步分析。

（一）丁丙手書題跋的基本内容

1. 題跋著録圖書版本及與四庫館的關係

丁丙手書題跋通常在書名下著録本書的版本，如《桂海虞衡志》《芳谷文集》《觀林詩話》著録"明鈔本"，《張狀元孟子傳》《律吕闡微》著録"寫本"，《重廣陳用之真本入經論語全解義》《四書經疑貫通》著録“舊鈔本”等。

因爲這批圖書都和《四庫全書》相關，且多爲底本，所以題跋往往特别注明這一點。如《王魏公集》《三餘集》《藏海居士集》《藏海詩話》《環溪詩話》都注明是“館輯草底本”。《伯牙琴》《心泉學詩稿》《藍山集》《藍澗集》《梅花百詠》都注明是“館底本”。《弁山小隱吟録》注明是“舊館鈔底本”，《用易詳解》注明是“館寫底本”等。有的還把版本與四庫的關係結合起來説，如《補刊全室外集》著録爲“明永樂刊、四庫館底本”，《吴文肅公摘稿》著録爲“明萬曆刊、館底本”。

乾隆帝多次説過，各地徵集到四庫館的圖書，在使用後要“將原書迅速發還”（《纂修四庫全書檔案》四五），“今進到之書，於纂輯後，仍須發還本家”（《纂修四庫全書檔案》一七一），這在丁丙題跋中也有記載。如《周易洗心》記作“四庫發還本”，《孫明復先生小集》記作“翰林館發還紀氏鈔本”，《山窗餘稿》記作“舊鈔館退本”，《桂海虞衡志》記作“當爲四庫發還兩江采進之本”。《鄱陽劉彦昺詩集》記作“曾經四庫館鈎勒塗改而發還也”，《經義模範》記作“有‘翰林院印’，當是四庫館發還之書”。再如《春秋平義》記道：“是帙即其手稿，經館臣校正發謄，上鈐翰林院印，厥後發還本省者也。”《商文毅公疏稿略》記道：“卷首加翰林院印，又有館臣批抹之筆，殆即天一閣進呈發還之本也。”

題跋還在書名下著録本書的收藏情況。如古潭州袁卧雪廬藏書、唐棲朱氏藏書等。

通過書名下的這些記載，可以使我們初步了解這部書的版本情況及其流傳過程。

2. 題跋介紹圖書的内容，説明圖書的收藏經過及與四庫館的關係

介紹本書的基本内容，並作出自己的評價，這是丁丙題跋的重點。如范成大《桂海虞衡志》題跋云：“前有淳熙二年吴郡范成大至能自序。志凡十三篇，曰巖洞，曰金石，曰香，曰酒，曰器，曰禽，曰獸，曰蟲魚，曰花，曰果，曰草木，曰雜志，曰志蠻。每篇各有小序。蓋乾道二年，成大由中書舍人出知静江府。淳熙二年，除敷文閣待制、四川制置使。自廣右入蜀之時，道中追憶之作也。”再如任啓運《周易洗心》題跋云：“是編大旨，謂讀易者當先觀圖象，故首卷備列諸圖。自序謂論語之五十學易，即指河圖之五十。立論殊爲新奇。然其詮釋經義，則多發前人所未發。大抵觀象玩辭，時闡精理，不盡從圖書生解。”對本書内容作了概括的介紹。黄淮《省愆集》題跋也説：“《省愆集》乃繫獄時所作，中有‘寶劍薶豐城，斕斑土花碧’，又‘十年頓足圜扉間，時向長頭看柳色’，可謂不失風人之旨矣。有自序，以志處困之大略。”可以明瞭本書的重要特點以及作者詩歌的風格，并作了高度評价。

題跋還説明圖書的收藏經過及與四庫館的關係。這一部分内容在書名下已經有著録，不過比較簡單，在題跋裏可以説得具體一些。如任啓運《周易洗心》題跋云："此本疑是原稿經館臣校改，即爲四庫底本，故卷前有翰林院印，又有北平黄氏萬卷樓圖書印。"

丁丙的這些題跋可以糾正四庫提要的疏失。如元黄玠《弁山小隱吟録》，文淵閣《四庫全書》卷一爲古體五言，卷二爲七言歌行雜體，故《文淵閣提要》云："其詩不爲近體。高者有元結遺意，次者近乎白居易。"《四庫全書總目》云："其詩不爲近體，視宋末江湖諸人惟從事五七言律者，志趣殊高。中多勸戒之詞，其上者有元結遺意，次者亦近乎白居易。"對其詩評價很高。之所以做出這個評價，理由在於其衹作五古、七古，"不爲近體"。丁丙題跋則説："詩僅五古七古而止，似非全帙。《玉山名勝集》載玠七律十餘首，《吴興藝文志》載五律一首，七律四首，七絶六首。尚可補輯一二也。"如《玉山名勝集》卷六《浣花館題句》，四明黄玠伯成詩云："錦官城外浣花溪，萬里東流無盡時。出郭水青魚可數，緣谿路曲馬難騎。春星一夕草堂飲，夜雨幾年茅屋詩。阿段前扶阿稽後，少陵野老鬢如絲。"這就否定了黄玠"不爲近體"的説法，實際上也就否定了四庫提要的説法，其對黄玠詩作的評價也就完全不一樣了。

3. 丁丙題跋存在的問題

丁丙題跋也有一些並不準確，多少存在一些問題。

元黄玠《弁山小隱吟録》，手書題跋云"上有'翰林院典籍廳關防'"。"典籍廳"，印文原作"典簎廳"，雖其義相同，但其文有别，丁丙手書題跋未能辨識。刊本題跋未能注意，亦作"典籍廳"。

再如元甘復撰《山窗餘稿》題跋最後一段，手書題跋作："此本先有半查之印、秋冷先知，殆出自馬氏小玲瓏館所藏。鮑廷博得之，彙進四庫館，故鈐翰林院印記，著録後發還鮑氏者也。"刊本題跋與此基本相同，僅是著録書上印章少"秋冷先知"一枚。這一段話，前半部分説明此書原來的藏家，後半部分説明此書的流傳情况。丁丙謂此書原爲馬氏小玲瓏館所藏，甚是。但説"鮑廷博得之，彙進四庫館，故鈐翰林院印記，著録後發還鮑氏者也"，則有誤。按照丁丙的説法，《山窗餘稿》一書先由馬氏小玲瓏館收藏，後被鮑廷博得到，進呈到四庫館。鈐蓋"翰林院"印章後，再發還鮑氏家。這個説法是完全錯誤的。丁丙得到的這部《山窗餘稿》，就是揚州馬裕家的藏書。

丁丙之所以這麽説，可能是有兩個原因。一是因爲《四庫全書總目》著録此書來源是浙江鮑士恭家藏本，丁丙遂認爲此書與鮑廷博有關。其次可能是丁丙不知道當時《山窗餘稿》進到四庫館的有兩部。《四庫采進書目》著録此書分别見《兩淮商人馬裕家呈送書目》《浙江第四次鮑士恭呈送書目》[1]，這説明兩淮鹽政、鮑廷博子鮑士恭，同時向四庫館進呈了這部書。丁丙所見此書上有馬曰璐（號半查）藏書印，無鮑廷博藏書印，説明這部書是馬家的，與鮑廷博完全没有關係。丁丙這裏將四庫館進呈書的關係搞錯了。

今見此書，頁面非常整潔，没有批語，但有改字。如《蠨蛸説》“天生物必有以飼之者”，“飼”字左邊的“食”字旁即是描改過的。原作何字，因已覆蓋，看不清楚。《徐氏茅屋詩序》“以干在上者”，“干”字原作“平”，後將“平”字圈去，在旁邊寫一“干”字。《讀東坡文》“若眉山蘇公軾”，原書作“若眉公山蘇公軾”，書上圈去“公”字。這類改動的文字很多，説明此書亦曾被用作底本。

丁丙題跋還有辨識錯誤的問題。如《春秋平義》題跋云：“有‘雙溪遺老’‘俞汝言印’‘石吉氏’三印。”“石吉”，爲“右吉”之誤。“右”“石”形近，丁丙誤識。但也有可能是受了《四庫全書總目》的影響。《總目》著録俞汝言《春秋四傳糾正》作者小傳云“字石吉”。查書上印章，正作“右吉”。此可以糾正丁丙題跋的訛誤。查刊本題跋及今整理本[2]，均作“石吉”，是一直未能發現這個問題。

（二）丁丙手書題跋與刊本題跋的比較

丁丙的這批手書題跋後來收入了光緒刻本《善本書室藏書志》。《藏書志》采用了手書題跋的基本内容，同時根據體例又作了一些改動。下以《孫明復小集》爲例，對手書題跋與刊本題跋作一比較。

手書題跋：

孫明復小集一卷（翰林館發還紀氏鈔本）

謹按：《四庫全書總目》：《孫明復小集》一卷，兵部侍郎紀昀家藏本。宋孫復撰。《文獻通考》載孫復《睢陽子集》十卷，《宋史藝文志》亦同。此本出自泰安趙國麟家，僅文十九篇，詩三篇。蓋從《宋文鑑》《宋文選》諸書鈔撮而成，十不存一。然復集久佚，得此猶見其梗概云云。此鈔本有紀昀、曉嵐兩小印，卷端鈐翰林院印。當爲侍郎當日進呈本，經館臣録出，發還本家之書也。近有朱印學勤、修伯兩印。

① 吴慰祖：《四庫采進書目》，商務印書館，1960年，第68—96頁。
② （清）丁丙：《善本書室藏書志》，浙江古籍出版社，2016年，第151頁。

刊本題跋：

孫明復小集一卷（紀氏鈔本）

謹按：《四庫全書總目》：《孫明復小集》一卷，兵部侍郎紀昀家藏本。宋孫復撰。《文獻通考》載孫復《睢陽子集》十卷，《宋史藝文志》亦同。此本出自泰安趙國麟家，僅文十九篇，詩三篇。蓋從《宋文鑑》《宋文選》諸書鈔撮而成，十不存一。然復集久佚，得此猶見其梗概云云。此鈔本有紀昀、曉嵐兩小印，卷端鈐翰林院印。當爲文達當日進呈本，經館臣録出，發還本家之書也。昀字曉嵐，獻縣人。乾隆十九年進士。官至禮部尚書，謚文達。與陸公錫熊奉敕纂修《四庫全書》，撰爲提要，進呈御覽，爲後學津逮，士林以爲榮。

可見手書題跋與刊本題跋兩者基本内容相同，但又有一些差異。下面對此作一分析。

1. 刊本題跋對手書題跋有增補

《周易洗心》一書，原是黄叔琳藏書，刊本題跋在提要最後增加了黄叔琳的小傳："萬卷樓者，大興黄崑圃侍郎藏書之所也。侍郎名叔琳，康熙辛未第三人及第，官至浙江巡撫，落職，起復詹事，加侍郎銜。乾隆辛未，重赴瓊林。"

2. 刊本題跋對手書題跋作了改動

《用易詳解》手書題跋書名下注云："館寫底本。"刊本題跋改作"舊鈔本"。手書題跋非常清楚地顯示了這部書的特殊來源，即是出自四庫全書館的鈔本。刊本題跋作"舊鈔本"，雖也可能是出於著録統一的緣故，但含義極寬泛，不如手書題跋指向明白。

《周易洗心》手書題跋書名下注云："四庫發還本，北平黄氏藏書。"刊本題跋改作"舊鈔本，北平黄氏藏書"。宋黄彦平撰《三餘集》，手書題跋書名下注云"館輯草底本、唐棲朱氏藏書"，刊本題跋改作"舊鈔本、唐棲朱氏藏書"。元甘復撰《山窗餘稿》，手書題跋書名下注云"舊鈔館退本"，刊本題跋改作"舊鈔本"。可見刊本題跋對手書題跋的改動是有意識的，有整體的考慮。刊本題跋對版本作了統一，顯得更爲整齊，但也由此顯得不如手書題跋具體明確。

上面列舉了《孫明復小集》的提要。這篇提要手書題跋與刊本題跋有兩處差異。一處是手書題跋稱此書"當爲侍郎當日進呈本"，刊本題跋將"侍郎"改作"文達"。前者用的是紀昀進呈此書時的職銜，並且《四庫全書總目》著録也是作"兵部侍郎紀昀家藏本"。後者用了紀昀的謚號，更顯尊重。另一處差異是刊本題跋著録了紀昀的小傳，手書題跋没有紀昀傳，但著録了書上的兩方朱學勤的藏書印章。

鄧牧《伯牙琴》丁丙手書題跋和刊本題跋差别衹在最後一句。手書題跋云："此爲館中脚本，有翰林院印。”“脚本”，刊本題跋改作“底本”。此處“脚本”“底本”没有區别，刊本題跋可能考慮到“底本”是個更規範的名詞，而且丁丙其他提要也都作“底本”，所以作了改動。手書題跋用“脚本”具有一定的隨意性。宋蒲壽宬《心泉學詩稿》題跋、明藍仁撰《藍山集》題跋、宋吴沆《環溪詩話》題跋，手書題跋分别作“此亦當日館中脚本”，“乃當日館中所搜永樂大典之脚本”，“此爲四庫館脚本”，所説“脚本”，刊本題跋均改作了“底本”。

值得注意的是宋吴可《藏海詩話》題跋，手書題跋云：“此四庫館輯永樂大典之脚本也。有翰林院印。”“脚本”兩字本寫作“底本”，後圈去“底”字，在旁邊補寫一個“脚”字。未知丁丙的意思。

也有些改動純屬文字上的調整，如宋吴可《藏海詩話》手書題跋云：“詩爲蘇公軾、劉公安世所賞。”刊本題跋删去兩個“公”字，顯得簡潔。

3. 刊本題跋對手書題跋作了補充或糾正

如明商輅《商文毅公疏稿略》，丁丙手書題跋云：“正統進士第一。”刊本題跋根據《四庫全書總目》，改作“正統乙丑進士第一”。商輅是正統十年狀元，刊本題跋加上年份顯得更爲清楚。

也有些改動，刊本題跋顯得較爲合理。明藍仁撰《藍山集》六卷，丁丙手書題跋云：“此乃當日館中所搜《永樂大典》之脚本，有翰林院紫花印。”藍仁弟藍智撰《藍澗集》，丁丙手書題跋云：“館臣從大典中輯出之，與《藍山集》同爲六卷。此即輯時底本，有紫花翰林院印。”兩處“紫花”，刊本題跋都删去了，徑作“有翰林院印”。紫花印，即紫印，清代公文用紫色印泥蓋的印。按照清朝文書制度，翰林院等可用紫印。但《藍山集》《藍澗集》鈐蓋之“翰林院印”，確實是紅印而非紫印。南圖藏其他四庫底本鈐印，也都是紅色而非紫色。從底本上可以看到，那兩個印章顔色蓋得非常淺，再加年久褪色，丁丙可能誤認爲是紫花色了。刊本《善本書室藏書志》删去“紫花”二字，更爲準確。不過在丁丙這部《藏書志》中，也還有“紫印”的記載，卷三十宋陳棣撰《蒙隱集》二卷題跋云：“首鈐翰林院紫印，乃館中初輯永樂大典草底也。”恐也是丁丙誤記。

4. 手書題跋準確而刊本題跋有誤

丁丙手書題跋與刊本題跋存在一些差異，有的手書題跋可以訂正刊本題跋的訛誤。如宋李杞撰《用易詳解》即是一例。

此書手書題跋書名題作“用易詳解”，係從《永樂大典》輯出之書。丁丙撰題跋引作者自序云："文中子曰：《易》聖人之動也。於是乎用之以乘時矣。夫時變之來无窮，而《易》之理亦與之无窮。善用之吉，不善用之則悔吝。古之聖人所以周流變化，而前民之用者皆用《易》之妙也。故以'用易'名編。"將此書命名的意思說得非常清楚，突出了書名"用"字的意思。題跋而且特别指出："焦氏《經籍志》作《周易詳解》者，誤也。"然在刊本題跋中，書名却寫作了"周易詳解"。此或因"用易"作爲書名極爲少見，"用""周"兩字字形又極爲接近，且不及細看題跋之文的緣故，故將書名誤刻作了"周易詳解"。

考朱彝尊《經義考》已作《周易詳解》，但《四庫全書》書前提要及《四庫全書總目》都已指出這是朱彝尊"蓋未見原書故傳聞訛異"。然今整理本《善本書室藏書志》依然作《周易詳解》，未出校記[1]。《點校補正經義考》書名也作《謙齋周易詳解》未予改正，而且爲了和書名一致，還將引用的《四庫全書總目》"故取文中子之言，以'用易'名編"一句，改成了"故取文中子之言，以'周易'名編"[2]。

再以宋吴可撰《藏海居士集》爲例。這篇題跋不長，爲了便於比較，先將兩篇題跋列舉如下。

手書題跋云："此館臣采輯《永樂大典》之草底，有翰林院印。點抹筆迹，猶儼然也。據提要云：可當宣和末年官汴京，復乞閒以去。嘗居洪州，轉徙楚豫之間。集與王安中、趙令畤、米友仁諸人酬答。"

刊本題跋云："此館臣采輯《永樂大典》之草底，有翰林院。點抹筆迹猶儼然也。據提要云：可當宣和末年官汴京，復乞閒以去。嘗居洪州，轉徙楚豫之間。集中有與王安石、趙令畤、米友仁諸人酬答詩。"

這裏就有幾個差異。手書題跋云"有翰林院印"，此指書上蓋有"翰林院印"滿漢大方印。刊本題跋作"有翰林院"。丁丙的類似手書題跋，均作"翰林院印"，没有作"翰林院"的，且"翰林院"於此也無法說通。此或是刊本題跋有闕文。

手書題跋云："集與王安中、趙令畤、米友仁諸人酬答。"刊本題跋作"集中有與王安石、趙令畤、米友仁諸人酬答詩"。從語言表達的角度看，刊本題跋的説法更通達。但刊本題跋稱與"王安石"酬答則誤。手書題跋作"王安中"是準確的。《藏海居士集》中有《廬山香林訪趙德麟》《寄米元暉》諸詩，即其與趙令畤（字德麟）、米友仁（字元暉）酬答交往之證。集中又有《故人來自春陵出示初寮翰墨感時懷舊輒爲長句》一詩，《初寮集》

① 《善本書室藏書志》，第19頁。

② 許維萍等：《點校補正經義考》第2册，臺灣"中央研究院"中國文哲研究所籌備處印行，1997年，第58—59頁。

爲王安中文集，也收入《四庫全書》。此即與王安中酬答之證。王安中(1075—1134)、趙令畤（1061—1134）、米友仁（1074—1153）均生活在南渡前後。作者《故人來自春陵出示初寮翰墨感時懷舊輒爲長句》云："女真南來郡國破，二聖北狩天步艱。"寫的正是這一時期的形勢。若王安石，其去世尚在"二聖北狩"之前，作者吴可不可能寫出如此詩句，自然也不可能與王安石有酬答。《四庫全書總目》也説"集中所與酬答者如王安中、趙令畤、米友仁諸人，亦多南北宋間文士"。是丁丙手書題跋不誤，刊本題跋迻録刊刻時産生了錯誤。

以上兩例，手書題跋均可訂刊本題跋之誤。但因見到丁丙手書題跋的人不多，所以對刊本題跋的訛誤，也未有人注意。最新整理本前一句標點作："有翰林院點抹，筆迹猶儼然也。"後一句依然作"王安石"。前一句點破了句子，後一句沿襲了原刊本題跋的訛誤[1]。

再如明吴儼撰《吴文肅公摘稿》，其書版本，手書題跋作明萬曆刊本，刊本題跋作明鈔本。按其書今在，確實是刻本，不過是手書上板，刊本題跋遂誤認昨是鈔本。此書卷首有萬曆十二年甲申萬士和序，手書題跋作萬曆刊本是準確的，《善本書室藏書志》題跋迻録時有誤。實際上丁丙題跋也説得很清楚："集始於萬曆甲申年，其孫士遇刊版，王升、莊煦及其仲孫達可編存，故稱'摘稿'。"即謂萬曆甲申其孫士遇刊版。

元馮子振等撰《梅花百詠》的情形也是如此。題跋云："此本爲雲居僧房所刊，乾隆中進之四庫館。"刊本題跋書名下著録版本則作"明鈔本"，誤。此爲刻本，卷末有乾隆三十七年壬辰釋實懿識語，卷端則署"雲巢實懿重梓"。

也有些差異可能是刊本題跋未能理解手書題跋的意思而被有意無意忽略了。如元黄玠《弁山小隱吟録》，手書題跋云："惟詩僅五古七古而止，似非全帙。《玉山名勝集》載玠七律十餘首，《吴興藝文志》載五律一首，七律四首，七絶六首。尚可補輯三也。"刊本題跋最後作"尚可補輯也"，佚去一"三"字。此"三"字似不可少。意謂其集今存僅有五古、七古，但在《玉山名勝集》《吴興藝文志》中尚有七律、五律、七絶這三類詩，可以補輯，所以説"尚可補輯三也"。刊本題跋不明其意，遂將"三"字删去。雖然於文無礙，但也略有差異。

再如元馮子振（字海粟）等撰《梅花百詠》，手書題跋云：釋明本"與趙子昂友善，偶偕訪海粟。"刊本題跋作"與趙子昂友善，偕訪海粟"，無"偶"字。題跋此語實來自《四庫全書總目》。《總目》云：釋明本"與趙孟頫友善。子振方以文章名一世，意頗輕之。偶

① 《善本書室藏書志》，第1171頁。

孟頫偕明本訪子振，子振出示梅花百韻詩。”此即“偶”字之意。就文意看，手書題跋、刊本題跋兩者無多大差别，但手書題跋更合《總目》原意。

刊本題跋也有些文字錯誤，手書題跋不誤，是刊本題跋迻録或刊刻時形成的。如《吴文肅公摘稿》，手書題跋作者小傳云：“成化丁未進士。選庶吉士，除編修，歷官侍講學士。”刊本題跋省作“成化丁未進士。歷官待講學士”，並將“侍講學士”誤作“待講學士”。又這一篇手書題跋中兩處説到“莊㫤”其人，刊本題跋一作莊㫤，一作章㫤。作章㫤者有誤。

再如元馮子振等撰《梅花百詠》，手書題跋云：“子振，字海粟，攸州人。”海粟，刊本題跋誤作“梅粟”。按，提要下文多次稱“訪海粟”“海粟驚服”“海粟原倡已不可考矣”，是手書題跋此處作“海粟”不誤，刊本題跋有誤。

關於丁丙《善本書室藏書志》手書題跋與刊本題跋的關係，很可以作進一步的研究，兹就與四庫底本有關的幾種縷述如上，以供參考。

（作者爲南京師范大學文學院研究員）

杭州丁氏刻書中的外地刻本考述

陳東輝

杭州丁氏八千卷樓與江蘇常熟瞿氏鐵琴銅劍樓、山東聊城楊氏海源閣、浙江歸安（今湖州）陸氏皕宋樓並稱晚清四大藏書樓。八千卷樓始於清中葉的丁國典（1770—1825）築樓藏書，經由丁國典之子丁英（1804—1855）傳至丁英之子丁申、丁丙兄弟，再傳至丁申之子丁立誠、丁丙之子丁立中，共歷四代。光緒三十三年（1907），八千卷樓藏書售歸江南圖書館（南京圖書館前身之一），後由南京圖書館辟專庫庋藏，完好保存至今。

杭州丁氏除了藏書之外，還刊刻了大量書籍，堪稱晚清浙江乃至海内刻書之巨擘。張崟曾謂丁申、丁丙"刊書之多，尤爲足稱；彙而觀之，踰皕數十種；求諸並世，殆罕與匹"[①]。陳訓慈贊曰："論浙江刻書之業者，殆無不知嘉惠堂丁氏，不僅晚清以來推巨擘也。"[②]八千卷樓共歷四代，而杭州丁氏的刻書活動，主要集中在第三代丁申、丁丙兄弟和第四代丁立誠、丁立中堂兄弟身上，其中尤以第三代中的丁丙爲最著。

目前已知杭州丁氏最早刊刻書籍是在咸豐四年（1854）。《先考松生府君年譜》咸豐四年"閏七月，刊先繼妣《翠螺閣詩詞稿》"[③]。而大規模刊刻書籍是在十年後的同治二年（1863）。自同治二年刊刻《童蒙訓》《温氏母訓》，至光緒二十六年（1900）刊刻《青溪漫稿》等書，丁氏在三十八年間共編刻《當歸草堂叢書》《西泠五布衣遺著》《當歸草堂醫學叢書》《西泠詞萃》《武林掌故叢編》和《武林往哲遺著》六部叢書。六部叢書收録書籍302種，共計1198卷，數量巨大，時間跨度長久。除同治六年（1867）、八年（1869）、十二年（1873）未刊刻書籍外，刻書活動一直没有間斷。[④]丁氏除刊刻叢書外，還刊刻了不

① 子越（張崟筆名）：《二丁先生刊書表》，《浙江省立圖書館月刊》第1卷第7、8期合刊《丁松生先生紀念號》（1932年10月），第101頁。

② 陳訓慈：《丁松生先生與浙江文獻》，載浙江圖書館編：《陳訓慈百年誕辰紀念文集》，北京圖書館出版社，2006年，第374頁。

③ （清）丁立中編：《先考松生府君年譜》，載《晚清名儒年譜》第10册，北京圖書館出版社，2006年，第411頁。《先考松生府君年譜》，後文簡稱《年譜》。爲求簡約，文中《武林掌故叢編》《武林往哲遺著》和《武林往哲遺著後編》亦或用簡稱《叢編》《遺著》和《遺著後編》。

④ 參見石祥：《杭州丁氏八千卷樓書事新考》，上海古籍出版社，2011年，第252—253頁。

少單行本書籍，如《國朝杭郡詩輯》三十三卷、《國朝杭郡詩續輯》四十六卷、《國朝杭郡詩三輯》一百卷，另有《西溪梵隱志》四卷、《清儀閣題跋》不分卷、《樂善録》十卷、《宜堂類編》二十五卷、《善本書室藏書志》四十卷等。

筆者注意到，以丁丙爲代表的杭州丁氏所刊刻的書籍中，有不少並非刻版於杭州，而是刻版於杭州以外的其他地區。石祥的《杭州丁氏八千卷樓書事新考》[①]之相關部分對這一問題已經有所涉及，不過該書重點並不在此。有鑒於此，下文對這些外地刻本逐一進行考述。

一、丁氏所刻叢書和單行本中的外地刻本

（一）《當歸草堂叢書》中的淮上刻本

《當歸草堂叢書》收録著述八種十六卷，刊刻於同治二年至五年（1863—1866），主要由其好友高均儒（字伯平）協助編刻而成。除《切近編》無明確證據可證明係高均儒校刊外，其餘七種均出自高均儒之手。咸豐十一年（1861）十一月，太平軍占領杭州，丁丙出險避居，同治二年（1863），移家滬上，同治三年（1864）三月丁丙聞杭州克復始歸杭。高均儒原籍福建閩縣，占籍秀水。咸豐十一年春流離至杭州，曾寓居丁家，杭州城破之後，流徙逃亡，直至同治二年方在淮上[②]安居下來，同治四年（1865）冬返杭。高均儒居淮上期間爲丁丙校勘並代刊書籍。此叢書中的《張楊園先生年譜》《程氏家塾讀書分年日程》和《忱行録》，我們均能找到確切的證據表明是刻版於淮上。

《張楊園先生年譜》內封署“同治三年四月 / 錢塘丁氏重刊”，末有同治四年高均儒跋。《年譜》同治三年“四月刊《張楊園先生年譜》”，小字注：“高伯平丈爲府君刻於淮上。”[③]《程氏家塾讀書分年日程》內封署“同治五年錢 / 塘丁氏重刊”，書末有高均儒跋：“去秋屬工寫成《讀書分年日程》樣本，十一月來杭州始付版。”末署“同治五年二月初九日高均儒書於杭州東城講舍之鄭齋”。《年譜》同治四年“十一月刊《程端禮讀書分年日程》”，小字注：“去秋高伯平先生爲府君校定，屬淮上梓工寫成校本，及來杭州始付梓。”[④]可見

① 參見石祥的《杭州丁氏八千卷樓書事新考》，上海古籍出版社，2011年。

② 淮上即江蘇淮安，明清爲府，治所在山陽縣。

③ （清）丁立中編：《先考松生府君年譜》，載《晚清名儒年譜》第10册，第443頁。

④ 同上，第456頁。

該書是在淮上刻版的。[1]

《忱行録》内封署“同治五年 / 四月刊成”。《年譜》同治五年三月“刊《忱行録》”，小字注：“府君得舊稿本乞高伯平先生刊於淮上。”[2]刻成《張楊園先生年譜》時，高均儒居淮上；刻《程氏家塾讀書分年日程》時，高均儒正當返杭之際；而刻成《忱行録》時，高均儒已居杭。而《童蒙訓》《温氏母訓》《松陽鈔存》和《慎言集訓》，都是高均儒代爲刊刻，刊刻時間均在高均儒居淮上期間，當是刻版於淮上。

《童蒙訓》内封署“同治二年十月 / 錢塘丁氏重刊”，同治四年高均儒跋：“見厚子所謄文瀾閣本《吕氏童蒙訓》，始讀心懔而未即潛心重謄。……二年春丁松生丙自上海寄來是訓大字本暨黄蕘圃校本《武林舊事》，屬爲重刊。”

《温氏母訓》内封署“同治二年十月 / 錢塘丁氏重刊”，末有高均儒跋“松生五月十九日撰此跋，二十日即以録副之本寄均儒”，末署“同治四年六月二十五日高均儒識於淮上秋水蒹葭之館”。丁丙跋撰於同治二年，在高均儒跋前。

《松陽鈔存》内封署“同治三年十月 / 錢塘丁氏重刊”，末有同治四年丁申跋“往歲十一月高君伯平自淮上寄陸清獻公《松陽鈔存》楊氏開基原校，今刊列當歸草堂，新刷本附書曰：‘是書流傳極少……今春海鹽張銘齋鼎來淮，携有嘉慶二十五年清獻族曾從孫光宗重刊申憲本以貽均儒，亟命工依草堂書格寫以付版，足與前刻吕氏《童蒙訓》並傳。’”

《慎言集訓》内封署“同治四年正月 / 錢塘丁氏重刊”，書末有同治四年五月丁申跋，言《慎言集訓》“亦前年四月周匯西所收殘帙中檢出以寄高君伯平校刊者”。

（二）《當歸草堂醫學叢書》中的鄞縣刻本

《當歸草堂醫學叢書》係丁丙擇宋元明舊板或鈔本醫書輯刊而成。所收宋元明醫書《顱顖經》《傳信適用方》《衛濟寶書》《太醫局諸科程文》《産育寶慶集方》《濟生方》《産寶諸方》《急救仙方》《瑞竹堂經驗方》《痎瘧論疏》《銅人針灸經》《西方子明堂灸經》十二種，共計五十八卷，其中前十種稱爲“初編”，刊刻於光緒四年（1878）；末兩種

---

① 據高均儒跋，《程氏家塾讀書分年日程》寫成樣本是在同治四年（1865）秋天，而《年譜》小字注依從高均儒跋用“去秋”，則寫成樣本似在同治三年（1864）。

② 《先考松生府君年譜》，第450頁。

係補刻，分别刊行於光緒九年（1883）、光緒十年（1884）。補刻的兩種子目書，均刻版於鄞縣。

《銅人針灸經》七卷附校勘記一卷，内封牌記署“光緒九年十月錢塘丁氏據山西平陽府本重校刊”，各卷卷末署“錢塘丁（申/丙）校刊”，校勘記末葉之末署“鄞縣蔣瑞堂刻字”。書末有光緒九年慈溪馮一梅跋：“錢塘竹舟松生兩丁君刻《當歸草堂醫學叢書》，采四庫已著録者而及此書，梅與襄校勘之役。”

《西方子明堂灸經》八卷附校勘記一卷，内封牌記署“光緒十年三月錢塘丁氏據山西平陽府本重校刊”，目録末和各卷卷末署“錢塘丁（申/丙）校刊”，校勘記末葉末署“鄞縣蔣瑞堂刻字”。書末有光緒十年慈溪馮一梅跋：“錢塘竹舟松生兩丁君校刊四庫著録各醫書，以此書與七卷本《銅人經》並刻。……梅與襄校勘。”

（三）《西泠五布衣遺著》中的福州刻本

《西泠五布衣遺著》收録清代杭州西泠隱逸之士吴穎芳、丁敬、金農、魏之琇和奚岡等五人著述十四種，共計三十二卷。[①]該叢書始於同治七年（1868）刊刻《冬心先生集》，同治十二年（1873）刻成五種十七卷，五人著述面貌粗具。至光緒年間，又增刻拾遺續補等九種十五卷，至光緒九年《冬心先生續集》刊竣，全書刊刻工作始告完成。

筆者檢核丁丙刻《西泠五布衣遺著》，有十種書明確刻於福州，分别是《臨江鄉人詩》（内封牌記署“同治辛未（十年）[②]錢塘丁氏重刊”，卷四末鎸“同治辛未福州吴玉田刻”）、《臨江鄉人集拾遺》（内封牌記署“光緒六年八月刊於福州”，卷末鎸“三山[③]吴玉田鎸字”）、《硯林詩集》（内封牌記署“同治十年錢塘丁氏正修堂重刊”，卷首何琪序末鎸“三山吴玉田雕”）、《硯林集拾遺》（内封牌記署“光緒六年八月刊於福州”）、《硯林印款》（内封牌記署“光緒六年八月刊於福州”）、《冬心先生集》（内封牌記署“同治戊辰（七年）錢塘丁氏重刊”，文蔚題冬心先生小像末有“福州吴玉田鎸”）、《冬心先生續集》（書末鎸“三山吴玉田鎸”）、《冬心集拾遺》（内封牌記署“光緒六年八月刊於福州”，

① 種數和卷數據刻本之首《西泠五布衣遺著總目》統計，其中《硯林集拾遺》一卷附《三丁詩文拾遺》一卷，計爲一種兩卷。
② 括弧内的文字係筆者所加，下同。
③ 福州别名三山，因城内有烏山、於山、屏山三座山而得名。

卷末鐫“福州吴玉田鐫”）、《冬心先生雜著》（目録末魏錫曾識語末鐫“福州吴玉田鐫”）和《冬心先生隨筆》（卷末光緒四年魏錫曾跋：“爲當歸草堂付閩工吴玉柱[1]繕刊”）。

《年譜》亦提及《西泠五布衣遺著》中的部分書籍刊刻於福州一事。光緒六年：“八月，輯《臨江集拾遺》《硯林集拾遺》《硯林印款》《冬心先生集拾遺》成。魏稼孫丈爲府君刊於福州。”小字注：“魏稼孫姻丈好金石，與二先生尤深夙契，索稿去，付三山梓人吴玉田鐫諸版。”[2]

（四）《武林掌故叢編》中的外地刻本

《武林掌故叢編》二十六集，收録宋元以來有關杭州的著述一百九十種。該叢書有二十種書籍明確刊刻於紹興、寧波、福州、廣東、湖北、揚州、江西等地。刊刻於紹興的有第四集《客越志略》（内封署“錢唐丁氏 / 八千卷樓 / 刊於越中[3]”）、第五集董嗣杲撰《西湖百詠》（内封署“光緒七 / 年夏六 / 月錢塘 / 丁氏刊 / 於於越[4]”）、第十五集《西泠懷古集》（内封署“癸未［光緒九年］冬仲 / 刊於越中”）和第十九集《錢塘懷古詩》（内封署“錢唐丁氏八千 / 卷樓刊於越中”）等四種；刊刻於寧波的有第十九集《瓊英小録》（内封署“光緒乙未（二十一年）/ 孟夏之月 / 錢唐丁氏 / 刊於四明[5]”）、第二十集《西湖游覽志》和《西湖游覽志餘》（内封署“光緒廿二年丙申四月 / 錢塘丁氏嘉惠堂重刊”；丁丙《重刻西湖游覽志跋》：“羅君矩臣、孫君康侯屢加慫恿，願事校讎，因聚諸刻擇善而從，計《游覽志》二十四卷……《志餘》二十六卷……孫補三孝廉秉鐸寧波郡學，剞劂之工盛於武林，因乞董梓，十月工竣。……有奇圖繪字細以西法照之，湖山風景不殊。”《年譜》光緒二十二年“六月刊《西湖游覽志》”，小字注：“孫補三孝廉秉鐸寧波郡學，剞劂之工盛於武林，因乞董梓，十月工竣，用錢四百三十緡有奇”[6]）、第二十一集《昭忠録》（《年譜》光緒二十一年“十一月得明周璟《昭忠録》重刊於甬”，小字注：“屬孫補三同年重刊於甬”[7]）、

① 吴玉柱乃吴玉田之弟。
② 《先考松生府君年譜》，第517頁。
③ 越中，即浙江紹興。紹興曾是古代越國的都城，故紹興亦稱越州、越城、越中。
④ 於越，指浙江紹興。於越爲古國名，又稱越國，其核心在紹興會稽山，故或稱紹興爲於越。
⑤ 四明，浙江寧波的别稱，以境内有四明山而得名。
⑥ 《先考松生府君年譜》，第615頁。
⑦ 同上，第611—612頁。

第二十三集《于公祠墓録》（内封署“光緒庚子［二十六年］/ 季春之月 / 泉唐丁氏 / 刊於甬東[1]”）等四種；刊刻於福州的有第一集《廣福廟志》（書末署“福州吴玉田鎸”）、第八集柴杰撰《西湖百詠》（書末鎸“福州吴玉田鎸”）、第十九集《廣陵曲江復對》（内封署“光緒乙未［二十一年］/ 季夏之月 / 錢塘丁氏 / 刊於福州”；《年譜》光緒二十一年“六月刊《廣陵曲江復對》及《錢塘百詠》於福州”[2]）、第二十一集《錢塘百詠》（《年譜》光緒二十一年“六月刊《廣陵曲江復對》及《錢塘百詠》於福州”[3]）、第二十二集《西湖遺事詩》（内封第一面署“光緒乙未［二十一年］孟夏 / 西湖遺事詩 / 杭郡江尊題”，第二面署“錢塘丁氏 / 刊於福州”）等五種；刊刻於廣東的有第十二集《雪莊西湖漁唱》（許道基跋末署“羊城西湖街富文齋承刊”）、第 十六集《［萬曆］錢塘縣志》（《年譜》光緒十九年“五月刊《［萬曆］錢塘縣志》於粤東[4]”下小字注：“府君購得刊本，時鮑叔衡别駕需次粤東，因繼《仁和志》並付刊行”[5]）等兩種；刊刻於湖北的有第二十四集《淳祐臨安志輯逸》（内封署“光緒庚子［二十六年］春三 / 月錢塘嘉惠堂 / 丁氏刊於楚北[6]”）、第二十五集《東城記餘》（内封署“錢唐丁氏 / 刊於武昌”）等兩種；刊刻於揚州的有第九集《南宋院畫録》（内封署“光緒十年錢唐 / 丁氏竹書堂刊 / 於邗上[7]”，《年譜》光緒十年十一月“刻《南宋院畫録》於邗上”[8]）；刊刻於江西的有第十九集《吴越備史》（《年譜》光緒二十一年十一月“刊《吴越備史》於江右[9]”，小字注：“時何勉亭内兄敬釗宦游江右，府君屬其校刊”[10]）。

（五）《武林往哲遺著》中的外地刻本

《武林往哲遺著》收録杭州地區自唐代至明代先賢著述六十二種，分前後兩編，前編

① 甬東，即寧波。
② 《先考松生府君年譜》，第 610 頁。
③ 同上。
④ 粤東，古代廣東别稱。
⑤ 《先考松生府君年譜》，第 592 頁。
⑥ 楚北，湖北别稱。
⑦ 邗上，揚州别稱。
⑧ 《先考松生府君年譜》，第 542 頁。
⑨ 江右，江西别稱。
⑩ 《先考松生府君年譜》，第 613 頁。

五十二種[①]，後編十種。該叢書有不少書刻於寧波、紹興、江西、南京、湖北等地方。《武林往哲遺著》目録後光緒丁酉［二十三年］丁丙識語："適餘杭孫補山秉鐸寧波，工多而值廉，天一閣本且得假録。羅榘臣旋自京邸，學博而校勤，遺文逸事，兼能補綴。若江寧、若江右剞劂皆盛於吾杭，又煩翁鐵梅、何勉亭兩君助益之，起李唐，終勝國，凡成五十種，名《武林往哲遺著》。"江寧爲南京舊稱，江右乃江西别稱。前編明確刻於外地的有十一種書，其中刻於寧波的有《錢塘韋先生文集》（内封署"光緒丙申年［二十二年］八月/丁氏嘉惠堂以/瓶華垒吴氏影/寫宋乾道四年/刊本重雕於四明"）、《竹素山房集》（内封署"光緒乙未［二十一年］/孟夏之月/錢唐丁氏/刊於四明"）、《節庵集》（内封署"光緒甲午［二十年］冬/月刊於四明"；《年譜》光緒二十年十月"刊《節庵集》"，小字注："府君以重鈔本刊於四明"[②]）、《西軒效唐集録》（内封署"光緒乙未［二十一年］/仲夏之月/錢唐丁氏/刊於四明"）、《奚囊蠹餘》（《年譜》光緒二十一年七月，刊"明張瀚《奚囊蠹餘》"，小字注："府君屬孫補三廣文校刊於四明"[③]）等五種；刻於紹興的有《山村遺集》（内封署"光緒乙未［二十一年］錢塘/丁氏刊於越中"，《年譜》光緒二十一年"八月刊《山村先生遺集》於越中"[④]）、《無類生詩選》（内封署"光緒乙未［二十一年］/仲夏之月/錢唐丁氏/刊於越中"）等二種；刻於江西的有《弘藝録》（内封署"光緒甲午［二十年］三/月錢塘丁氏/重刊於江右"，《年譜》光緒二十年"四月刊《弘藝録》"，小字注："府君乞何勉亭刊於江右"[⑤]）、《田叔禾小集》（《年譜》光緒二十三年三月"刊《田叔禾集》"，小字注："府君乞何勉亭重刊於江右"[⑥]）等二種；刻於南京的有《松雨軒集》（内封署"光緒甲午［二十年］秋日錢唐丁/氏嘉惠堂刊於金陵"，《年譜》光緒二十年"七月刊《松雨軒詩集》"，小字注："府君乞翁鐵梅大令重刊於金陵"[⑦]）等一種；刻於湖北的有《江月松風集》（《年譜》光緒十五年"九月刊《江月松風集》"，小字注："此書世無刊本，府君以舊鈔本付梓。又從他本采輯詩文爲補遺、文録各一卷，

① 前編收書種數，各家統計不一。現據《目録》後丁丙識語"起李唐終勝國，凡成五十種，名《武林往哲遺著》，而以有明杭學校官二家附焉"，統計爲五十二種。

② 《先考松生府君年譜》，第603頁。

③ 同上，第610頁。

④ 同上，第610頁。

⑤ 同上，第600頁。

⑥ 同上，第622頁。

⑦ 同上，第601頁。

而以諸家詩畫題跋爲附録，刊於湖北"[1]）等一種。

後編十種，全部刊刻於外地，其中刻於江西南昌的有三種，刻於南京的有二種，刻於寧波的有五種。《武林往哲遺著後編總目》之後有丁立中識語："爰乞翁鐵梅、孫補三、何勉亭三君分爲校梓，刻於江西者三，江寧者二，寧波者五。"刻於江西的三種是《參寥集》（内封署"光緒己亥［二十五年］錢唐/丁氏刊於南昌"）、《石門文字禪》（内封署"光緒己亥［二十五年］十有一月/錢塘丁氏刊於南昌"[2]）和《牧潛集》（内封署"光緒己亥［二十五年］十月錢/塘丁氏刊於南昌"[3]，《年譜》光緒二十四年"八月刊宋僧惠洪《石門文字禪》、元釋圓至《牧潛集》"，於《石門文字禪》，小字注："府君既刊鄉先哲遺著，並及方外。適何勉亭兄作令高安，爲筠州屬邑，因乞其付刊焉。"於《牧潛集》，小字注："與《石門文字禪》並刊於江右"[4]）。刻於南京的兩種是《倪文僖公集》和《清溪漫稿》（《年譜》光緒二十四年十月"刊《倪文僖集》《清溪漫稿》於金陵"，小字注："府君乞翁鐵梅大令刊於上元[5]"[6]）。《遺著後編》的江西和南京刻本均有牌記或《年譜》記載，則所餘五種寧波刻本是《韓忠獻公遺事》《汴都賦》《太上感應靈篇圖説》《少保于公奏議》和《于肅愍公集》。

（六）單行本中的外地刻本

《國朝杭郡詩輯》（吴顥輯、吴振棫重編，清同治十三年刻本）和《國朝杭郡詩續輯》（吴振棫編，清光緒二年刻本）刻於廣州。《國朝杭郡詩輯》内封署"吴氏原刻毁於咸/豐辛酉之兵越十/三年同治甲戌［十三年］同/里丁氏重校刊行"，書末鐫"粤東省城西湖街/富文齋承接刊印"；《年譜》同治十三年"四月重刊《杭郡詩輯》於粤東"，小字注："因乞汪子養丈重爲校刊於粤東。"[7]《國朝杭郡詩續輯》内封署"錢唐吴氏原刻本/光緒丙子［二年］閏五月/同里丁氏重校刊"，《年譜》光緒二年"閏五月重刻《杭郡詩續輯》於粤東"，小字注：

---

① 《先考松生府君年譜》，第566頁。
② 《年譜》將其繫於光緒二十四年八月。
③ 《年譜》將其繫於光緒二十四年八月。
④ 《先考松生府君年譜》，第637頁。
⑤ 上元，今南京。
⑥ 《先考松生府君年譜》，第639頁。
⑦ 同上，第490頁。

"府君乞汪子養丈重校勘此書。"[①]

《善本書室藏書志》(丁丙輯，清光緒二十五至二十七年刻本)刻於湖北。書末丁立中跋："己亥［光緒二十五年］之春，書始脱稿，郵寄鄂中付梓，卷帙既繁，遂綿歲月，辛丑［光緒二十七年］長夏，殺青斯竟。"

《樂善録》(丁丙撰，清光緒二十七年刻本)刻於寧波。書末丁立中壬寅(光緒二十八年)跋："光緒辛丑［二十七年］涂月，先大夫所纂《樂善録》刊成於甬上。"

二、外地刻本中的代刊之人及刊刻地點

爲丁氏代刊書籍的有高均儒、孫樹義、魏錫曾、何敬釗、翁長森、汪曾本、鮑廷爵等人，刊刻地點有淮上、寧波、福州、江西、南京、廣東、紹興、湖北、揚州等。其中高均儒代刊於淮上，孫樹義代刊於寧波，魏錫曾代刊於福州，何敬釗代刊於江西，翁長森代刊於南京，汪曾本和鮑廷爵代刊於廣東。

高均儒(1811—1869)，字伯平，原籍福建閩縣，占籍秀水(今嘉興)。生平治經，以識字爲先，究心許鄭之學，又篤守程朱之學。晚主杭州東城講舍，以實學課士。不喜著書而擅長校書，曾任浙江書局總校，而海源閣楊以增和八千卷樓丁丙，均曾延請其助勘、校刻書籍。《當歸草堂叢書》中至少有七種書籍是高均儒居淮上期間爲丁丙校勘並代刊的。根據目前掌握的資料，高均儒是最早幫助丁丙在外地刊刻書籍的人士。

孫樹義(生卒年不詳)，字補三，又字補山，浙江餘杭人。光緒十七年(1891)舉人，與丁立中有鄉試同年之誼，曾任寧波府學教諭。孫樹義在任寧波府學教諭時，爲丁丙代刊書籍多種，主要是《武林往哲遺著》及《後編》和《武林掌故叢編》中的書籍。丁丙刻書中的寧波刻本至少有十八種，明確由孫樹義代刊的至少有九種，其中《武林往哲遺著》一種、《遺著後編》五種、《武林掌故叢編》三種。孫樹義是幫助丁丙在外地刊刻書籍最多的人士。

刊刻《武林往哲遺著》時，"孫補山秉鐸寧波，工多而值廉，天一閣本且得假録"，於是丁丙委托孫樹義在寧波刊刻相關書籍。《年譜》明確記載了《奚囊蠹餘》是孫樹義在

① 《先考松生府君年譜》，第497頁。

寧波校刊的。《武林往哲遺著》中的寧波刻本另有《節庵集》《竹素山房集》《西軒效唐集録》和《錢塘韋先生文集》，應該也是孫樹義代刊的。《亶爰子詩集》，《年譜》光緒二十二年四月有小字注："是書孫補三同年録范氏天一閣藏本付梓。"當亦由孫氏在寧波代刊。

《遺著後編》丁立中識語稱："爰乞翁鐵梅、孫補三、何勉亭三君分爲校梓，刻於江西者三，江寧者二，寧波者五。"可知《後編》十種，由孫樹義在寧波代刊占到一半。《遺著後編》子目牌記明確記載刊刻於江西的有三種，《年譜》中記載刊刻於江寧的兩種，則由孫樹義代刊於寧波的是《韓忠獻公遺事》《汴都賦》《太上感應靈篇圖説》《少保于公奏議》《于肅湣公集》。

根據《年譜》或序跋文字的記載，《武林掌故叢編》中的《昭忠録》《西湖游覽志》《西湖游覽志餘》也明確是由孫樹義代刊於寧波的。

《當歸草堂醫學叢書》中的《銅人針灸經》和《西方子明堂灸經》兩種署有"鄞縣蔣瑞堂刻字"，也是寧波刻本。兩書係慈溪馮一梅襄助校勘，或許也即馮一梅代爲在寧波刊刻。

馮一梅（1849—1907），字夢香，浙江慈溪人。光緒二年（1876）舉人。早年僑居杭州，入詁經精舍，從俞樾學，後由巡撫楊昌浚聘爲浙江官書局總校。曾先後主講浙江各地書院，講學不立門户，以實踐爲歸，又喜研究老莊、醫學、算術。

此外，其他的寧波刻本尚有《叢編》中的《瓊英小録》《于公祠墓録》和單行本《樂善録》。

魏錫曾（1828—1881），字稼孫，浙江仁和（今杭州）人。專攻金石篆刻之學。咸豐十一年（1861），太平軍攻克杭州，魏錫曾舉家寓居黄岩，黄岩亦遭太平軍進攻，復由黄岩入閩依倚岳父張燮榮，同治五年（1866）任福建鹽官，官事之餘，醉心金石碑版，光緒七年（1881）卒於官。

丁氏的福州刻本至少有十五種，其中明確爲魏錫曾代刊的書籍至少有六種，均爲收入《西泠五布衣遺著》者，分别是：《冬心先生雜著》《冬心先生隨筆》《冬心先生集拾遺》《臨江鄉人集拾遺》《硯林集拾遺》《硯林印款》。其餘九種福州刻本分别是《西泠五布衣遺著》中的《冬心先生集》《臨江鄉人詩》《硯林詩集》《冬心先生續集》和《叢編》中的《廣陵曲江復對》《錢塘百詠》《西湖遺事詩》《廣福廟志》《西湖百詠》（柴杰撰）。這十五種福州刻本，除《廣陵曲江復對》《錢塘百詠》《西湖遺事詩》三種没有明確的刻工信息，《冬心先生隨筆》由福州刻工吴玉田之弟吴玉桂刊刻外，其餘均由吴玉田刊刻。吴玉田刻坊設在福州南後街宫巷口，爲清末福建最著名的刻書坊。《福建古代刻書》中有詳細介紹。[①]

何敬釗（1854—？），字勉亭，爲丁立中内兄，浙江錢塘人。同治十一年（1872）舉人，光緒十六年（1890）庚寅恩科進士，欽點即用知縣，簽分江西，歷署德化、高安等縣。何敬釗任官江西期間，爲丁氏代刊書籍六種，分别是《武林掌故叢編》中的《吴越備史》和《武林往哲遺著》中的《弘藝録》《田叔禾小集》及《遺著後編》中的《參寥集》《石門文字禪》《牧濳集》。

翁長森（1857—1914），字鐵梅，江蘇江寧（今南京）人。諸生，歷任安吉、雲和知縣，官至知府，江浙鹽運使。少劬於學，儲書極富，尤留意鄉邦掌故，輯有《金陵叢書》《石城七子詩鈔》。還刊印有《農業彙要》。翁長森曾助丁氏刊書。《遺著》目録後丁丙識語："若江寧、若江右剞劂皆盛於吾杭，又煩翁鐵梅、何勉亭兩君助益之。"《遺著後編》丁立中識語稱："爰乞翁鐵梅、孫補三、何勉亭三君分爲校梓，刻於江西者三、江寧者二、寧波者五。"丁氏的南京刻本共計三種，分别是《武林往哲遺著》中的《松雨軒集》和《武林往哲遺著後編》中的《倪文僖公集》《清溪漫稿》，均係翁長森代爲刊刻。

汪曾本（1832—1882），字子養，號養雲，又號鈍庵，浙江仁和（今杭州）人。汪曾本係杭州振綺堂汪氏後人，汪適孫之子，汪康年之父，咸豐元年（1851）舉人，同治二年（1863）納資爲鹽課司大使，指分廣東候補，自此宦居廣東。丁氏的廣東刻本有四種，汪曾本代刊了其中的《國朝杭郡詩輯》和《國朝杭郡詩續輯》。

鮑廷爵（生卒年不詳），字叔衡，號奂甫，祖籍安徽歙縣，江蘇常熟人。自稱與長塘鮑廷博爲同族，其父鮑振芳（一作振方）喜藏書，有後知不足齋藏書樓。鮑廷爵踵繼先人，喜藏古書，又嗜刻書。所刻《後知不足齋叢書》，校刊精審。鮑廷爵曾幫助丁氏在廣東刊刻《叢編》中的《［萬曆］錢塘縣志》。

《叢編》中的《雪莊西湖漁唱》也是刊刻於廣東。四種廣東刻本中，《國朝杭郡詩輯》和《雪莊西湖漁唱》爲廣州西湖街富文齋承刊。

丁氏的紹興刻本有六種，即《叢編》中的《客越志略》《西湖百詠》（董嗣杲撰）、《西

① 參見謝水順、李珽：《福建古代刻書》，福建人民出版社，1997年，第493—496頁。

泠懷古集》《錢塘懷古詩》和《遺著》中的《山村遺集》《無類生詩選》；湖北刻本有四種，即《叢編》中的《淳祐臨安志輯逸》《東城記餘》和《遺著》中的《江月松風集》以及單行本《善本書室藏書志》；揚州刻本有一種，即《叢編》中的《南宋院畫録》。

三、丁丙刻本刊刻於外地之原因

丁氏編刻書籍規模巨大，單單依靠個人以及家族成員，是不可能完成的，因此丁氏曾先後延請了許多學者協助編刻書籍。協助方式各自不同，或代爲校勘，或代爲刊刻，或出借所需底本，或提出建議。[1]

丁氏刻書中之所以有不少外地刻本，乃因晚清寧波、紹興、福州、南京、揚州、江西、廣東、湖北等地刻書業發達，剞劂之工盛於杭州，工多而值廉。丁丙《重刻西湖游覽志跋》言寧波"剞劂之工盛於武林"，《武林往哲遺著》目録後丁丙識語也説寧波"工多而值廉"，"若江寧、若江右剞劂皆盛於吾杭"。淮上、福州、廣東、紹興、湖北、揚州亦皆是清末刻書業發達之地區，並且這些地區刻書價格也較爲低廉。同時，這些外地刻本多由在刊刻所在地爲官或居住的友朋代爲刊刻。高均儒曾因太平軍占領杭州而流徙淮上，孫樹義"秉鐸寧波"，魏錫曾爲官福建，何敬釗任職江西，汪曾本宦居廣東，鮑廷爵"需次粤東"，於是他們或在淮上，或在寧波、福州、江西、廣東代刊書籍。而翁長森本即南京人，便替丁丙在南京代刻書籍。

四、丁丙外地刻本之價值

上述外地刻本資料集中，其中的跋以及牌記等提供了不少富有價值的信息。例如，《張楊園先生年譜》之末有同治四年（1865）高均儒跋："是譜厚子於道光二十三年冬在杭州刊版，版用白皂樹，每百字寫刻價錢八十，印行多本，厚子携版歸桐城。是本於同治二年春周匯西自杭州難中購至上海，丁竹舟松生伯仲寄淮屬均儒重爲校刊，用梨版，每百字寫刻價錢一百三十，字畫視舊刻未見精整，而價多五分。物力之貴，愈以徵事爲之難，不

[1] 參見石祥：《杭州丁氏八千卷樓書事新考》，上海古籍出版社，2011年，第273頁。

知杭州手民近更何如也。三年四月刻畢。”此跋爲我們研究當時的刻書工價提供了珍貴資料。又如，《當歸草堂醫學叢書》中的《銅人針灸經》和《西方子明堂灸經》的校勘記之末均署有“鄞縣蔣瑞堂刻字”。而對於蔣瑞堂這一刻印了不少書籍的晚清寧波書坊，相關論著極少提到，《清代寧波書坊刻書考》[①]一文没有涉及，《中國古籍版刻辭典》[②]也没有作爲條目收録。

認真、細緻研究上述外地刻本，不但有助於我們進一步深入、系統瞭解丁氏的刻書活動，而且便於我們更加全面、準確地認識當時各地的刻書史。

同時，上述外地刻本對於我們重新思考古籍編目中刊刻地信息的準確著録這一問題也頗有意義。《〈中國古籍總目〉著録規則》第11條規定：“刻本有資料可據者，著録刻年、刻地及刻者姓名。”肖瓏、蘇品紅、劉大軍主編的《國家圖書館古籍元數據規範與著録規則》第一部分中的“核心元素及其修飾詞定義”，關於“出版地”的“定義”是“創制或複製古籍資源的地點”，“注釋”爲“出版者編撰或複製古籍資源的地點”；關於“印刷地”的“定義”是“印刷者使用工具批量製作古籍資源複本的地點”，“注釋”爲“此項説明與出版地不同的印製古籍資源的地點”。[③]不過在各圖書館以及相關書目著録版本時，往往依據牌記等較爲明顯的信息。因此，如果牌記中未標明刊刻地，那麼刊刻地的信息便難以體現。

姚伯岳曾經指出：“過去的各種古籍目録很少著録實際的刻印者，學者引用文獻時也是衹提出版者而不提刻印者，這就造成許多承辦圖書刻印事務的書坊名稱及其業績被埋没。”[④]又指出：“古籍鈔刻地、印刷地的著録問題，歷來是圖書館古籍編目中一個難於處理的環節。”[⑤]國家古籍保護中心於2009年編印的《中華古籍總目編目規則》第18—19頁，也衹强調出版者而忽視了刻印者。

刻印地的信息在《中國古籍總目》這樣具有廣泛影響的權威性古籍目録中得不到準確揭示和反映，無疑會影響到出版史、刻書史、印刷史等對相關區域出版及印刷實際狀況的認知程度。

① 《清代寧波書坊刻書考》，《蘭臺世界》2013年第11期。

② 瞿冕良：《中國古籍版刻辭典》，蘇州大學出版社，2009年增訂本。

③ 肖瓏、蘇品紅、劉大軍主編：《國家圖書館古籍元數據規範與著録規則》，國家圖書館出版社，2014年，第16頁。

④ 姚伯岳：《圖書館古籍編目中廣州刻書的版本著録問題》，載沈乃文主編：《版本目録學研究》第6輯，北京大學出版社2015年，第314頁。

⑤ 同上，第321頁。

令人欣喜的是，已有個别論著關注到這一問題。例如，丁氏的福州刻本至少有十五種，其中明確爲魏錫曾代刊的書籍至少有六種，均係收入《西泠五布衣遺著》者，分别是《冬心先生雜著》《冬心先生隨筆》《冬心先生集拾遺》《臨江鄉人集拾遺》《硯林集拾遺》和《硯林印款》。其餘九種福州刻本分别是《西泠五布衣遺著》中的《冬心先生集》《臨江鄉人詩》《硯林詩集》和《冬心先生續集》，《武林掌故叢編》中的《廣陵曲江復對》《錢塘百詠》《西湖遺事詩》《廣福廟志》和《西湖百詠》（柴杰撰）。以上十五種福州刻本，除了《廣陵曲江復對》《錢塘百詠》《西湖遺事詩》這三種没有明確的刻工信息，《冬心先生隨筆》由福州刻工吴玉田之弟吴玉桂刊刻外，其餘均由吴玉田刊刻。林應麟的《福建書業史——建本發展軌迹考》[1]之第七章第五節《清代福建書業名號及刊書》第465頁注明"吴玉田刻坊刊書108種"，第471頁注明"浙江丁丙刊書福州5種（已統計在吴玉田刻坊）"。這樣的著録是值得提倡的。

在近年進行的古籍普查中，有部分圖書館在著録相關丁氏刻本時，也注意反映刻印地信息。例如：對於《善本書室藏書志》，浙江圖書館藏本之版本著録爲"清光緒二十五年至二十七年錢唐丁立中鄂中刻本"；對於清同治十三年刻本《國朝杭郡詩輯》，温州市圖書館藏本在"刻工附注"項注明，原題"粤東省城西湖街/富文齋承接刊印"；對於清光緒二十七年刻本《樂善録》，杭州圖書館和嘉興市圖書館藏本在"刻工附注"項，均引用丁立中跋中所云"光緒辛丑涂月，先大夫所纂《樂善録》刊成於甬上"。不過遺憾的是，丁氏所刻叢書中的外地刻本情況，大多未能在古籍普查數據中反映。此外，周敏的《〈國朝杭郡詩輯〉系列成書考》一文，注意到了《先考松生府君年譜》中的同治十三年"四月重刊《杭郡詩輯》於粤東"、光緒二年"閏五月重刻《杭郡詩續輯》於粤東"之記載。[2]

筆者認爲，各圖書館以及相關書目著録古籍版本時，當古籍的出版地、實際刻印地不一致時，兩者都要著録，如有必要，還應酌情加以説明。除了關於出版地的出版史、刻書史、印刷史等方面的著作應該收録此類刻本（並注明實際刻印地）之外，涉及實際刻印地相關領域的著作也要收録此類刻本（並注明出版地）。以丁氏刻書中的外地刻本爲例，這些刻本除了應該在《杭州印刷出版史》《浙江出版史研究——元明清時期》《浙江印刷出版史》《浙

① 林應麟：《福建書業史——建本發展軌迹考》，鷺江出版社，2004年。
② 周敏：《〈國朝杭郡詩輯〉系列成書考》，《浙江學刊》2012年第1期，第73頁。

江近代圖書出版史研究》《錢塘江藏書與刻書文化》《浙江省出版志》《浙江歷代版刻書目》之類的著作述及之外，也要在寧波、紹興、福州、南京、揚州、江西、廣東、湖北等地的相關著作中有所反映。遺憾的是，絶大部分關於實際刻印地的相關著作均未提及丁氏刻書中的外地刻本，而有的關於杭州及浙江印刷出版史的著作由於篇幅所限而一筆帶過，對實際刻印地則基本没有提到，著録或論述《武林掌故叢編》《武林往哲遺著》等叢書時，有的籠統稱爲錢塘丁氏嘉惠堂刊本（與《中國叢書綜録》《中國古籍總目》等一致），有的則不提及版本。這是我們今後需要進一步特別關注並深入考察的問題。

（作者爲浙江大學漢語史研究中心教授）

以文獻存記憶
——爲紀念丁丙逝世120周年所作短論

徐雁平

一、“伏處鄉里”與“握兩浙文運之樞”

關於丁丙（1832—1899）及八千卷樓的研究，學界已經有很豐碩的成果。[1]丁丙一生行事，俞樾有評語云：“君有官不赴，伏處鄉里，而惠澤被乎四方，聲名動乎朝野，求之古人，未可多得。”[2]俞樾這一判斷，若從修身、“存文獻”、“籌教養”（服務社會）三方面來考察，當爲如實評説。知人論世，所謂論世，是要知其人身處何時何地，而最能體現丁丙非同常人之處，是咸同之際的挺身而出，就存文獻而言，“君即於灰燼中掇拾，得文瀾遺書，乃奉歸庋之尊經閣，請陸君匊珊繪《書庫抱殘圖》記之。其時文瀾閣毁於兵，未復也。光緒六年巡撫譚公建復文瀾閣，爰有鈔補閣書之議。君悉出其家藏書，集人移寫。又於天一閣、抱經樓、振綺堂、壽松堂諸藏書家按籍徵求。歷七年之久，得三千三百九十六種。求而未得者僅九十餘種”。[3]然有如此作爲的丁丙，終身爲諸生，也就是俞樾所謂的“伏處鄉里”。從這一角度來闡揚丁丙功績的還有孫峻：“從未有身居草莽，境處流離，抱百折不回之志，握兩浙文運之樞，卒使宏願果償，成斯盛業。”[4]科名之低與功業之高，形成鮮明對照，而能超越這一落差，全在丁丙對文獻的熱愛與驚人的毅力。

查檢鄭偉章著《文獻家通考》，聯繫丁丙的出身以及事業，或可將其歸於某一類或層級文獻家的代表。這一類文獻學家，無科名，無爲官經歷，一生經營本地事業，幾乎無功利地致力於文獻的保存與傳播，尤其是在地方文獻的整理方面，盡心盡力。丁丙之外，在其周邊，在浙江其他地區，以及江蘇等地，皆有這樣不求聞達的讀書人。這些讀書人不是孤立地出現，因爲共同的興趣和志向，往往結成群體。就如同丁丙、丁申一樣，他們周邊也有志同道合的

---

① 代表性著述當推石祥《杭州丁氏八千卷樓書事新考》，上海古籍出版社，2011年。

② （清）俞樾：《丁君松生家傳》，見《丁氏宗譜》，周膺、吴晶主編《杭州丁氏家族史料》第1卷，當代中國出版社，2016年，第87頁。

③ 同上。

④ （清）丁立中編：《八千卷樓書目》卷首，國家圖書館出版社，2009年，第3—5頁。

讀書人。若無這様的群體存在，丁丙很可能不能償宏願、成盛業。

同時，丁丙也受一種重視文獻的風氣感召，他的成就，不是突起。“内而秘殿所儲，外而島夷所蓄，力之能至，尠不徵求，歷三十餘年，幾及萬種，而於鄉賢遺著，尤所窮心，因刊《武林往哲遺著》五十種。同里吴退庵學博仲柎制軍有《國朝杭郡詩輯》《續輯》，得三千家，兩丈既重梓，而又三輯之，搜采姓氏，增於兩輯，又編刊《武林掌故叢書》二十六集，半爲罕傳之本。”[①]編《國朝杭郡詩三輯》是接續前二輯而起，《北隅綴録》二卷、《北隅續録》二卷，乃依黄士珣《北隅掌録》而作。丁丙出生杭州城北麒麟街，黄氏《掌録》所録諸迹，丁丙無不親涉，後雖遷居頭髮巷，仍時時憶及。黄氏所録，乃六十餘年前舊景，經道光、咸豐、同治、光緒諸朝，尤其是咸豐十年至十一年兩次戰爭，城北有滄桑之變，丁丙乃就黄氏條目補其缺略，成《北隅綴録》，因時而增者，則成《北隅續録》[②]。在丁丙之後，還有同道孫峻傳承，俞樾云：“（丁丙）又以武林爲南宋故都，城中坊巷之名由來久遠，居其地者口不能言，因創爲《杭城坊巷志》數十卷。編纂粗定，曰：‘吾精力日衰，恐不足了此’。囑其友孫峻（字康侯）者踵成之，至今年春寫定可刻。”[③]這種對文獻事業的敬重，不僅僅是血緣上的關聯，更有志趣的投合。

以上之所以要强調一個“伏處鄉里”的文獻學家群體的存在，以及丁丙作爲這一群體的代表，是有意闡明清代文獻的保存和刊刻，民間尤其是中下層文人有保存傳播之功。討論這一群體的功勞，一方面要重視他們在當時的作用，另外一方面，要看他們對後世文化的影響。由此看丁丙的生前身後，皆可作爲典範。丁丙對文瀾閣以及八千卷藏書的護持，對浙江、江蘇兩大圖書館藏書的貢獻巨大。

以清代家集爲例，南京圖書館藏八千卷樓鈔本《城北倡隨吟》（浙江仁和）、《方氏喬梓詩存稿》（浙江錢塘）、《高氏一家稿》（浙江仁和）、《胡氏群從詩稿》（浙江仁和）、《屠氏昆季詩草》（浙江錢塘）、《汪氏一家稿》（浙江錢塘）、《翟氏詩鈔》（浙江仁和）、《鄒氏一家稿》（浙江錢塘）（見附録1），這些家集，在《八千卷樓書目》卷十九中大多著録，多鈐有“八千卷樓丁氏藏書記”印。《鄒氏一家稿》所用爲“國朝杭郡詩三輯”稿紙。這些鈔本家集對於小傳文字有較多修改，目的在揭示一族之内人物關係；詩作再被選編入“三輯”

① （清）丁立中編：《八千卷樓書目》卷首，第3—5頁。
② （清）丁丙：《北隅綴録》“版本説明”，見《杭州丁氏家族史料》第6卷，第164頁。
③ （清）俞樾：《丁君松生家傳》，第87頁。

時，甄選的過程，在鈔本家集中也以"删"等標記留存。八千卷樓所藏鈔本家集，至少有五方面的意義：其一，可見地方總集是如何編輯成書；其二，展現了家集形成的一種路徑；其三，家集所録與地方總集所有差别；其四，地方總集所録作者中有隱涵"家族"綫索，這些作者並未以群體呈現，主要通過小傳揭示；其五，鈔本家集所録某些作者詩作，或寥寥數首，然在此之外，不可再得，故丁氏以家爲單位的搜求，尤可見保存文獻之功。

《八千卷樓書目》因所收清人著作較多，成爲《清史稿・藝文志》的重要來源之一。查檢章鈺致繆荃孫書信，其中第 31 通有語云："鈺月必入館一二次，志稿采輯雖多，所缺尚不可計數。現所最要訪求者，莫如諸家通行書帳。如前賜丁氏目與江寧圖書館目之類，以得知確有傳本，則據以入志，便可放心"；又第 35 通亦言及丁氏書目與《藝文志》關係："因思近來藏家收本朝著述者，八千卷樓外，即推盛氏目，由丈編定，雖未刊行必有稿本，萬祈檢借，以備纂輯。"[1]則可知《八千卷樓書目》對於清人著述的著録，已成爲國史的一個組成部分。

二、命名，並賦予宅園與地方空間以"靈暈"

丁丙或丁氏家族成員的主要著述，收録在《杭州丁氏家族史料》十卷本中，這些文獻，包括丁丙編刊的大量文獻，有一明顯特徵，那就是以家族、地域爲中心，建立了兩個文獻系列，或者説兩個文獻層級。

以家族爲中心的文獻，最值得注意的是《濟陽家集》與《武林丁氏家集》（見附録 2），前一家集搜集丁丙以前家族成員的作品，后一家集收晚近家族成員作品。家在特定區域生發，家族的敘説，必融入關於地方的敘説，更何况丁丙投入地方公益事業。"城内外古迹，如蘇祠、白祠、錢武肅祠、岳忠武祠、于忠肅祠、林處士祠、宋校尉施全祠、楊侯再興祠、徐巨翁忠節祠、王項二公揚清祠、宋行人朱弁墓、胡公則龍井祠墓、陳忠肅墓、張楊園先生墓、陸清獻公墓、郭孝童墓、孫花翁墓，或言於官，或出己資，一律修葺。又如修交蘆庵，而以高邁庵、奚鐵生、戴文節諸先生名迹置其中。建玉照堂，並爲補種梅花。得元大德年編鐘，而建母音亭。得宋咸平年《貝葉經》文，歸之雲林寺。得錢忠懿王金塗塔，歸之靈隱、昭慶諸寺。一時韻事，杭人尤艷之。"[2]丁丙經由系列善舉，融入杭州衆多名勝古迹。同時，丁氏家族成員還通過文學書寫，進入地方風物系統，如《武林丁氏家集》中有丁立誠《武林市肆吟》一卷、丁立

① 顧廷龍校閲：《藝風堂友朋書劄》，上海古籍出版社，1981 年，第 599—601 頁。據《八千卷樓書目》影印本出版説明提示。
② （清）俞樾：《丁君松生家傳》，第 87 頁。

中《武林新市肆吟》一卷、丁立中《西溪懷古詩》、丁立中《西泠懷古詩》二卷。

丁氏編纂家集，或者家譜的編修，是有意識地綴合梳理家族的文脈與血脈；而在家集的內部，還有一些着意講求的“局部”，如在《濟陽家集》中，收録丁莊《分詠吾家古迹》，有《丁姥塚》《丁橋》《丁瀚之憩館》《丁家山》《丁婆嶺》《丁仙閣》《丁山湖》，[1]《濟陽家集》由丁丙編輯，這一組詩自然寓目，或受此影響，丁丙、丁立誠撰輯《先人老屋記》，宅園可以列出長長的“清單”：

延慶堂、正修堂、梅溪書屋、求志吾廬、九思居、尚友閣、竹書堂、朝陽晚翠之軒、求己齋、當歸草堂、甘泉、小龍泓洞、元聲亭、九峰居、少風波處、雲停、田園、曝書廊、百石齋、濟陽文府、嘉惠堂、蕉石山房、漢晉唐齋、其書滿家、善本書室、八千卷樓後八千卷樓小八千卷樓、留雲賓月館、翠螺閣、芸隱齋、宜堂、汲古井、樹萱堂、師讓庵、水木清華、不如圃、晚菘精舍、慕陶庴、雲塢、方塘、松夢寮、恒春榭。

較先人丁莊所作，《先人老屋記》涵蓋範圍更大，體例亦有變化，每一院亭樓舍，皆有自撰題記，更廣録其他文人撰寫的相關詩文，琳琅滿目。無論從園亭的布局，還是從文字的撰寫與編選，皆見用心編織。如正修堂、尚友閣、翠螺閣三篇題記，文字中有多種關聯：

堂亦向南三楹，其上有樓，左右有廡。府君先乞范丈衣垞書額。咸豐辛亥手爲締構。五十年來，歌斯哭斯，聚族於斯。歷劫不毀，應如何正心修身以承先澤哉。

即九思居之重屋也，余兄弟輯詩於此。海寧許壬伯教諭仁沐嘗過余家，助余搜輯，因題是額，壁懸武林先哲小影凡百十軸，或拓或繪，精采奕奕，焚香静對之時，私淑也不啻親炙焉。

周四方僅一丈，曲折梯登，限於地也。開窗俯視，峰鬟層疊，得其形似。額爲趙次閑先生所書。亡婦淩氏嘗取名其詩詞稿。亂後重加修葺，乞許竹雨（傳霈）重爲篆額，金明齋（鑒）書“畫闌小閣剛容我，花對斜陽自可人”小聯張之。亡婦陸氏又於此養痾，焚香静坐，不與世事。二女恒知繪事，曾作前後二圖以記之。[2]

① 見《杭州丁氏家族史料》第1卷，第195—196頁。
② 同上，第285，293，353頁。

第一則題記用“五十年來，歌斯哭斯，聚族於斯”之語，略有家族史之意，尤其述及作爲根本的“正修”；同時，還論及丁丙父親、范氏及咸豐戰亂。第二則題記關於丁丙、丁申編《國朝杭郡詩三輯》，兼及許仁沐的協助，以及“三輯”所關聯的武林先哲畫像。第三則題記介紹翠螺閣如何得名，及其兩位妻子及二女之事，同時述及爲翠螺閣書額和聯語的趙、許二人。三則關於家宅的簡短文字，包涵家事、世事、地方人群，其中皆有意寫時間流逝。《先人老屋記》不是清單的方式寫所看到的“景觀”，而是呈現情感經驗、地方空間、人事代謝的複合體。他們在描述時，也在創造，這些宅園或場所，或本平常，因爲有藏書、雅集，或有著述等活動，經過丁丙及衆多讀書人時間地理的（chronogeographical）敘寫，[1] 便有特別的靈暈（spiritual aura）。這是一個給空間命名並賦予意義的過程：

> 任何意義都需要在一個特定的“場所”（place）纔能表現出來，而場所的特徵也由這種表現所決定。換句話説，從一開始，人們體會到的意義就來自“存在空間”（existential space），它形成了人類活動的框架。這種存在空間不等同於純粹物理因素所確定的幾何空間，而是由人們體驗到的特性、過程和相互關係所決定。[2]

宅園在被敘寫的過程中，時常收納其他人的文字，如翠螺閣，爲之寫詩填詞者有周玉麒、吴元禧、浦毓慈、齊學裘、鮑靚、宋志沂、趙慶瀾、陸蒨、包蘭瑛、丁丙、凌芷沅，既有閣的主人凌、丁寫在閣中的點滴，又有在凌氏過世後，凌氏閨秀好友陸、包及其他文人過此閣的懷想之作。因爲這種開放性的編選，翠螺閣等進入稍加豐富的文字脈絡中，從私領域進入到較公開的領域。丁丙等對杭州舊迹、宅園如此留意，或是想借此空間保留記憶，或者尋求 “一種根植於某個地方的存在感”[3]。對地方存在感有意無意的追求，還表現在地方敘事中出現家人的影迹，如《北隅綴録》中“國老弄”的介紹：

> 弄以陳素庵相國之遴得名。素庵弟之暹，字次公，號定庵。自海寧遷居郡城梅東高橋。父祖莅官轍所至，多隨侍焉。凡中原人物，奇絶山水，及關外混同、長白，歷歷能言之。事母孝，

① 這個詞語，見 R.J. 約翰斯頓著，蔡運龍、江濤譯：《哲學與人文地理學》，商務印書館，2000 年，第 135 頁。
② 克利斯蒂安·諾伯格－舒爾茨著，李路珂、歐陽恬之譯：《西方建築的意義》，中國建築工業出版社，2005 年，第 228 頁。
③ 《哲學與人文地理學》，第 125 頁。

極愉婉之誠。……其後子姓蕃衍，地以人傳。劫火之餘，雖蕩爲灰燼，而弄名仍不絶人口云。嘉慶初，先祖掌六府君嘗居是弄，慕先世顗公藏書八千卷，有言曰："吾聚書多矣，必有好學者爲吾子孫。"遂作小樓，乞梁山舟學士題額"八千卷樓"。竹舟先兄實生其地。先君子旋遷居麒麟街，故屋遂典於盧抱經學士之後人云。[1]

敘説弄因陳之暹得名及陳氏事迹後，巧妙地將先祖納入脈絡，並延及其弟丁申。《武林藏書録》近似杭州藏書史，丁丙在"吴石倉先生"條目中，寫到晚近的杭州文人群體，順筆將自己帶入。

予在汪氏振綺堂見其手鈔書可數百册，楷法醇古，毫無俗焰，望而知爲有道之士。其他散處於書賈求售者，更不知凡幾。嘗輯《武林耆舊集》，自漢迄明。其稿在吴甌亭處，予借録一過，編定爲二十卷，又嘗手輯《錢塘縣志補》，皆魏志所未備者。黄小松述其臨殁時口占一絶示兒輩云："幾卷殘書幾畝田，祖宗相守已多年。後人窮死休相棄，免教而翁恨九泉。"誦之黯然。予每與何春渚、陳二西談其餘韻，訪其後人，均不甚深知。[2]

俞樾所推揚丁丙的"存文獻""籌教養"，其實蘊涵一思路，就是從家出發，融入社會；這一思路在"存文獻"方面，更爲明晰。丁丙或丁氏其他族人，在這一方面，應該對丁家的"地方感"有追求。所謂地方感，"經常被理解成包含個人或群體及其（本土的或借居的）居住區域（包括他們的住房）之間的感情紐帶"[3]這一追求或踐行，正是丁家超出平常世家之處，因爲他們眼中或所經營的事業、所留存的文字中始終有他人、有地方的存在。在追求"地方感"時，他們在時間的流逝中，敏感地把握到空間，丁丙好像在用手工與文字構築屬於自己的空間區域，形成一個生活世界，有情的空間，是"一切思想模式的一種基本框架"[4]。丁丙通過修復地方舊迹、命名宅園、賦予空間以詩意的方式，並將這一方式保存於文獻，完成了一個特別時代的家族、地方文化記憶的保存。

① （清）丁丙：《北隅綴録》，見《杭州丁氏家族史料》第6卷，第164頁。
② （清）丁丙：《武林藏書録》，見《杭州丁氏家族史料》第6卷，第242頁。
③ 《哲學與人文地理學》，第128頁。
④ 同上。

附録 1　南京圖書館藏八千卷樓鈔本杭州家集

《城北倡隨吟》（浙江仁和）

徐業鈞、吴婉宜撰。南京圖書館藏鈔本。有“曾藏八千卷樓”印。目次：

徐業鈞，收詩 20 首；

《白蘋花館遺詩》，吴婉宜撰，收詩 82 首。

徐業鈞，字鴻冶，一字虹野，仁和人，原籍會稽，道光辛巳順天榜舉人，官山東臨淄知縣。子徐爾麐。集中有《園中牡丹正開予有禾中之行再疊前韻》等詩，《白牡丹再用前韻》《柳枝詞》《采桑女》《燕》《枯樹》《半山》二首、《舟泊艮山門外》《三月十九日至杭州作》《又即事一首》《下第過臨印題壁二首》等詩皆標“删”。

吴婉宜，字荇芳，一字月蕖，吴經世女，適山東臨淄徐業鈞，有《白蘋花館詩稿》。詩集卷首又摘録傳記文字：“月蕖寡言笑，善爲詩詞，年十七，歸徐鴻冶，以貧故終老。遠游吴，代供子職，能得尊章歡，顧善病。鴻冶屢困公車，鬱鬱不得志，月蕖每以爲憾事，常言我恨不爲男子，取功名如拾芥耳。”（標“删”）集中有《次秋農仲伯中秋夜待月寄家嚴原韻》《敬次家嚴菜花原韻》《秋夜贈别西泠仲姊》《夏日寄外》《秋日約諸姊妹賞菊》《忽憶戊寅春隨家慈及仙芝女弟游工部草堂》《自敘詩三十二首》（己卯冬作）。

《方氏喬梓詩存稿》（浙江錢塘）

方鷺、方宗誠撰。南京圖書館藏鈔本，有“八千卷樓丁氏藏書記”印。

方鷺，字雲泉，號塘玉，又號頤庵，錢塘人。收詩 20 首，其中《四月十二日集元慶房賦樹影用樹衣聯句舊韻》《臘月十九日詣孤山蘇祠展祀是日子翰約蓮衣上人同舟而歸有詩見示次韻》《題錢舜舉畫宋藝祖蹴踘圖次魏滋伯韻》《題余秋室學士畫二喬觀兵書圖次魏滋伯韻》等，其中《丙午冬日孟紳集同人潮鳴寺持螯小飲杏樓出示近作次韻》《題兩峰山人孤山梅鶴圖》等 12 首標明删除。

方宗誠，字子維，號碧珊，錢塘人，鷺子，道光己酉拔貢。“碧珊，能讀父書，瘁於學，拔萃後與諸同年結社吴山，互相砥礪。”詩作選録《錢塘懷古》4 首；《壬戌夏爲朱雨樓題陳老蓮右軍换鵝圖》等 3 首標明删除。

《高氏一家稿》（浙江仁和）

一卷。高雲麟編。南京圖書館藏鈔本，有“八千卷樓丁氏藏書記”印。

鈔本中録高鳳臺小傳兩種，其一："高鳳臺，字越垞，山陰人，寄籍仁和，嘉慶丁卯科舉人，官內閣中書，四品銜，候補員外郎。""公少嗜學，書史靡不精究，長於儒先箋疏，旁及子部諸書，著爲文辭，下筆千言立就，宦游京師，士大夫多從問學。因親老棄官歸，……舉書畫舫詩社，大江以南名宿多與焉，著有《書畫舫集》十卷。"其二，有修改筆迹："高鳳臺，字越槎，仁和人，原籍山陰，嘉慶丁卯舉人，內閣中書加員外郎銜，著有《書畫舫詩文集》。""于仁和倉橋後營祠堂內設一詩文社，按月面課，藝成請郡中鄉老評定甲乙，以次給獎，其玉成後進，振拔單寒者，歷有年所，郡中知名之士爭赴焉。詩積成帙，爰有《書畫舫詩課》之刻、《紫荷花榭》之刻。"

高鳳臺詩中有《五雜俎》《仿吳梅村祭酒新翻子夜歌》《又用祭酒原韻四首》《擬林處士湖山小隱二首即用處士逸句二聯足成之》《觀明鄭貴妃書泥金普門品經歌》《何尊師雙蝶戲貓圖》《題武林三詩人集後各一首》（《有正味齋詩集》《蘋羅庵詩集》《壽花堂詩集》）、《秋室先生見示重赴鹿鳴詩即次原韻奉贈》《題篝燈教讀圖爲蔣生沐作》等。標明"删"的詩作共38題，其中《寒士四詠》上標"《乞米》至《煮蕁》諸詩可删"；《舌蓮》上標"以下删至《桑拳》疊韻止"，又有另一筆迹"《蓮》四首可"；《雪彌勒》上標"雪彌勒至玫瑰花詩皆可删"，共删17首；《題夏伊蘭女史吟紅閣集》"此類詩可删"。又有一種筆迹，似爲補録，有《將有皖江之行留别戚友》《姑溪櫂歌》《農家歸》諸詩。

高學沅小傳云："高學沅，字小垞，仁和人，道光丁酉科舉人，官內閣中書"。"小垞少讀書，專務經世之略，發爲詩，風格高騫，後值時艱，當□者引以爲助，亦樂任不辭，而吟詠之事不廢。咸豐五年因勞致疾，尋卒。"而次頁小傳有多處修改，則云"咸豐八年在里辦團，以積勞卒，無子，所嗣亦早世。"集中有《立春日集蘇祠從東坡生日》《讀陳龍川集》《二月二十日子由生日同人集怡園疊用東坡以檀香觀音像印香銀篆盤爲壽韻》《丁未春山偕子翰同游雲濤觀奉和元韻》《己丑年南屏避暑用樊榭韻》《題武林三詩人集後各一首》等，其中《立春日集蘇祠從東坡生日》有句云："公生八百十一載，蘇齋真像宛見之"，"年年祀公有成例，借公勒作編年詩"。而《題武林三詩人集後各一首》《觀明鄭貴妃書泥金普門品經歌》《何尊師雙蝶戲貓圖》等詩題的再次出現，可見高鳳臺、高學沅參加了相同的雅集或唱和。《朵那行》《予名紺雪爲青蓮再集青蓮句》等18題皆標明"删"，其中《猢猻腳迹》上標"下删至《少年行》止"，共删24首；《擬瞿宗吉詠物詩》上標"擬瞿以下諸詩皆可删"，共删28首。

高頌禾小傳云："高頌禾，字蕖仲，仁和人，官福建鹽大使，後改兩淮，補通州，以四品場大使卒於官。”“蕖仲工書法，晚年致力益勤，兼畫山水，於詩之宗派兼熟，……有《暴麥亭集》十六卷，《繪水軒詞》二卷。”又有一種小傳，多修改。詩中有《葛嶺懷古》《蘇子瞻參寥泉》《擬林處士湖山小隱》《題錢雲梯秋陰讀書圖》等，共删除五題，有《賈秋壑後樂圖》《桑拳》等。

高學洛小傳云：“高學洛，字素生，仁和人，候選縣丞。”“素生嗜飲，喜司楷則，未及中壽，所作詩隨時散去。”又有小傳：“高學洛，改名世思，字素生，仁和人，鳳臺三子。”收録《竹屋》一首，共删除《樵斧》《耕蓑》《題夏伊蘭女史吟紅閣集》3題。

高錫恩小傳云：“高錫恩，字古民，仁和人，鳳墀子，候選同知，議敘道銜，有《友石齋詩》。”“君家素封，世有長德，性沉默寡嗜，篤學不衰，博覽方輿，旁及水利，九域十道，枚舉臚分，而尤工韻學，……與郭頻伽、屠琴塢時有唱和，吟興老而愈豪，積詩有八千首，曾自刊《滬瀆近游草》一卷，序者謂具杜陵風調。”收録《羅漢松》《琅圃招集古歡書屋用杏樓城東餞春韻》《坐雨和琅圃再疊前韻》《七月七日琅圃招集報國禪院同人約共賦池中樹影因即事詠之》等詩；標明删除八題，有《西施菊》《題蘋羅庵詩集》《題壽花堂詩集》等。

高炳麐小傳云：“高炳麐，字昭伯，仁和人，錫恩子，候選訓導，有《我庵集》。”“生平寡言笑，於世少所可，杜門不出，以詩古文辭自娱，尤窮心性理之學。……粵寇起，轉縱吴越間，顛沛流離，日益綿惙，以乙丑卒於會稽，年三十有六。”詩中有《癸丑春寓居越州得聞訒庵先生消息》《題林文忠公遺婁江姚春木書後》等詩，《葛將軍寶刀歌》下標“存此兩首足矣”，《秋日寓居越州作歌八首》標“以下皆可删”。

《胡氏群從詩稿》（浙江仁和）

胡珵等撰。南京圖書館藏鈔本，有“八千卷樓丁氏藏書記”“曾藏八千卷樓”印。目次：

胡珵，收詩16首，標明“删”者4首；

胡琨，收詩24首，標明“删”與“似可删”者6首；

胡琮，收詩32首，標明删者19首。

鈔本首頁録胡珵傳，標明“删”。胡珵，字琅圃，仁和人，胡敬長子，道光癸未進士，官刑部主事，有《聽香齋集》。小傳中有語云：“比部承學士遺緒，得西泠諸老宗旨，年未四十即乞養歸里。”胡琨，字次瑶，仁和人，胡敬次子，道光甲辰舉人。胡琮，字季權，胡敬三子，仁和廩貢生，所爲詞章附《敬修堂課鈔》，餘不傳。

所選胡琨詩中有一詩鈔於“國朝杭郡詩三輯”稿紙上，由此可見此鈔本爲編輯《國朝杭郡詩三輯》的底本，故有“刪”“似可刪”等文字標識。

《屠氏昆季詩草》（浙江錢塘）

一卷。屠秉、屠鈞撰。南京圖書館藏鈔本。目次：

屠秉，收詩43首；

屠鈞，收詩2首。

屠秉，字修伯，屠倬長子，錢塘諸生，有《盟山堂集》。詩中有《喜晴同人集小米静寄東軒》《上巳日小米又村招集水北樓雨中修禊以洞口桃花上巳山分韻》《五月二日同人懸樊榭徵君像於水北樓設祀即用集中生日有感詩韻紀事分題於幀付交蘆庵永爲瓣香之奉》《集静寄東軒餞秋》《十月望日書農學士招集古觀書屋出犀角巨觴行酒》《次韻白岩弟自題山水小景》《十月九日書農丈家大人招諸先生集是程堂再展重陽》等。

屠鈞，字鷺伯，屠倬次子。屠彝，字白岩，號寶銘，屠倬三子，有《壽萱堂詩鈔》。據陳來恭《壽松堂詩話》，屠彝歿年三十六。

《汪氏一家稿》（浙江錢塘）

一卷。南京圖書館藏鈔本，有“八千卷樓丁氏藏書記”。無序跋。目次：

汪鉽，收詩37首；

汪秉健，收詩1首；

汪適孫，收詩34首，標明“刪”者15首；

汪邁孫，收詩13首，標明“刪”者6首；

汪述孫，收詩31首，標明刪者13首。

汪鉽，字式金，號劍秋，錢塘人，諸生。所録小傳中有：“先生家貧嗜學，尤工填詞，喜縱游山水，……與曉樓費山人交最密，有投贈詩詞百餘篇。”所收詩中有《題金杏樓（城）孤山探梅園》《雪糕》《題薌泉騎虎圖》《梅雨即事》中《蓄水》一首、《頻婆果》《題少洪瑞石洞天圖卷子》等數首皆用朱筆標明“刪”；收録《題小米松聲池館勘書圖》《費曉樓摹厲君遺像以贈奚君子覆蓋子復所居榆蔭樓即昔年鮑氏溪樓也勝地因緣餘風未沫亦翰墨中一段佳話曉樓屬賸以詩同用徵君溪樓作元韻》《五月二日同人懸樊榭徵君像於水北樓設祀即用集中生日有感詩韻紀事分題於幀付交蘆庵永爲瓣香之奉》《上巳日小米又村招集水北樓雨中修禊以洞口桃花上巳山分韻》等詩。

汪秉健，字實甫，號小逸，晚號蟄翁，錢塘附監生，有《課水山房詩草》。所録小傳云："又輯古今謠諺名《天籟餘音》，晚年思歸不果，没於粤東，年七十三。"録詩一首，爲《五月二日同人懸樊榭徵君像於水北樓設祀即用集中生日有感詩韻紀事分題於幀付交蘆庵永爲瓣香之奉》，此詩汪鉽、汪邁孫詩作中亦有同題之作。

汪適孫，字亞虞，號又村，錢塘人，汪諴子。"小米中翰兄弟六人，皆善繼先志，振綺堂藏書富甲一郡，復多購求以益之。當咸豐間守已五世。辛酉之難，始遭兵劫，較之小山趙氏、瓶花吴氏則傳守過之矣。"集中標明删者有《飛來峰》《春秋宫詞》等九題，另有《費君曉樓摹厲徵君遺像以贈奚君子覆蓋子復所居榆蔭樓即昔年鮑氏溪樓也勝地因緣餘風未沫亦翰墨中一段佳話曉樓屬賸以詩同用徵君溪樓作元韻》，汪邁孫詩作中亦有此作。又《文丞相琴歌爲陳碩士學使（用光）賦》上有批注："此詩似見過，須查，防誤。"

汪邁孫，字我斯，號少洪，錢塘人，汪諴子。國學生，有《道盥齋詩》。"性恬静，淡名利，撫琴讀書，幽然自得。……小米中翰殁後，以所遺著《國語》三種及《漢書·地理志》校本，就正於長洲陳碩甫奂校勘。"小傳有多處修改筆迹。集中標明删者有《芡糕》等六題，另有《題金杏樓（城）孤山探梅圖》、《上巳後一日同人泛舟西溪酹酒厲樊榭先生墓並飲蘆庵舫齋》、《丁未八月二十九日偕費兄曉樓金塀杏樓游瑞石洞曉樓繪圖題詩以紀因次其韻》等詩。

汪述孫，字幼能，汪諴子，錢塘諸生。集中標明删者共十二題，如寫漢代人物《蕭何》《曹參》《陳平》《樊噲》《賈誼》在删除之列；另有《送林殿撰鴻年高編修人鑒》《集慶寺觀宋理宗讌游圖》《烱水磯修禊集蘭亭字》等詩。

《翟氏詩鈔》（浙江仁和）

翟瀚等撰。鈔本，無序跋、目録等。標明"選""删"，有朱筆校改。有"八千卷樓丁氏藏書記""江蘇省立第一圖書館藏書"藏印。南京圖書館藏。目次：

翟瀚，字尊江，仁和人，灝弟。乾隆甲戌進士，與吴西林游，有《紫郇詩集》四卷，收詩 17 首，其中有《梅雨初晴和呈吴丈西林》《杭郡庠觀宋高宗御書石經》等；

翟以權，字巽行，仁和人，乾隆辛卯舉人，收詩 3 首；

翟元，字意圃，仁和人，乾隆丙午舉人，收詩 6 首；

翟以棱，字廉甫，仁和人，瀚子，有《醉石山房稿》，收詩 2 首；

翟熙生，字映薇，仁和人，灝孫，有《中軒初稿》，收詩 2 首；

翟貽孫，有《雨楓詩存》，收詩 3 首；

翟振，有《西雍存稿》，收詩 2 首；

以上録於藍格稿紙，又一册，似爲謄清稿：

《棠村吟稿》，翟瀚，字尊江，乾隆甲戌進士，收詩 11 首；

《醉石山房稿》，翟以棱，字廉甫，收詩 2 首；

《西雍存稿》，翟振，收詩 2 首，無小傳；

《雨楓詩存》，翟貽孫，收詩 3 首；

《中軒初稿》，翟熙生，字映薇，瀚孫，收詩 2 首。

後録趙名振、趙成元、趙澄鑑等多人詩作。附録之作中，又有《仙芣廬詩鈔》，平湖丁泰（卯橋）撰。

《鄒氏一家稿》（浙江錢塘）

一卷。鄒在寅編。南京圖書館藏鈔本，所用爲"國朝杭郡詩三輯"稿紙。目次：

鄒士城，字宗子，號介如，錢塘人，鄒允焕子，乾隆壬申舉人，收詩 7 首；

鄒紳，字袖湖，鄒允焕孫，鄒士城子，收詩 90 首；

鄒淦，原名志春，鄒士城孫，鄒紳子，嘉慶丁卯舉人，有《青瑚館詩稿》，收詩 7 首；

鄒志路，字義衢，鄒紳子，鄒淦弟，嘉慶己卯優貢，有《狷齋遺稿》，收詩 53 首，"自幼講究根柢之學，凡嬴漢以下書皆能以己見達其宗旨，其著作朴茂，於文直入歐柳之奥，於詩克振温李之靡，吾郡自杭、厲而後，足以别樹一幟也"；

鄒志初，字菽原，鄒士城孫，鄒紳子，鄒淦弟，道光丁酉舉人，有《墨稼穡稿》，收詩 26 首；

鄒在衡，字蓉閣，鄒淦子，有《問桃花館詩》，收詩 14 首；

鄒在官，字叔輿，鄒淦子，咸豐乙卯優貢，收詩 34 首；

鄒在寬，字敬敷，鄒紳孫，鄒志路子，收詩 6 首；

鄒在田，字上農，鄒紳孫，鄒志初子，收詩 1 首；

鄒福年，字聖祈，鄒淦孫，鄒在衡子，收詩 8 首；

鄒福昌，字聖耕，鄒淦孫，鄒在衡子，收詩 8 首。

附録2　錢塘丁氏家集二種

《濟陽家集》（浙江錢塘）

二册。丁丙編。清錢塘丁氏當歸草堂鈔本。臺北"國家圖書館"藏。目次：

《湴堂公遺稿》，丁莊撰，《杭城灾異新樂府》10首，其中《冰上人》有小序云："道光二十一年臘月西湖堅凍，冰上可通行人。先是湖心亭僧斷火，船膠不得渡。"《分詠吾家古迹》7首，又其他詩6首。

《子鶴公遺稿》，丁士同撰，收詩2首。卷首録《杭郡詩三輯》中小傳："丁士同，字子鶴，仁和人。子鶴叔少與戴醇士侍郎、謝穀堂孝廉同硯席，頗有奇童之譽。因貧棄學，附糧船入保定習法家言，亦鮮所遇。洋人陷定海，從戎甬東，輒上奇策，頗多制勝，事定，議敘八品官，亦不售就，殁時年已七十。"

《少冶公遺稿》，丁道撰，收詩2首。卷首録《杭郡詩三輯》小傳："丁道，原名葛年，字少冶，錢塘人，候選州同。少冶叔工詩文，屢困童試，慨然有經世志。道光辛丑，寧波海警，投筆從戎，事平，敘七品秩。"

《采堂公遺稿》，丁萊年撰，收詩1首。録《杭郡詩三輯》中小傳："丁萊年，字采堂，仁和人。采堂叔困童試，獨工楷法，嘗入駐防營以課旗生。歲晚輒揮春聯數百紙，懸而賣之。"

《殿揚公遺稿》，丁兆元撰，收詩1首。録《杭郡詩三輯》中小傳："丁兆元，字殿揚，仁和監生。殿揚伯古貌古心，敦厚崇禮，爲負米計遠游濮州，歲晚歸家，周旋族戚。……好説部諸書，船唇鞍背，不廢流覽。"

《松浦公遺稿》，丁兆奎撰，收詩3首。録《杭郡詩三輯》小傳："丁兆奎，字松浦，仁和監生。松浦從叔性和平，躬儉約，仰事俯首，具有法度。……忽被洋人發鎗，而死於皮市街。"

《沖泉公遺稿》，丁葆和撰，收詩19首，文1篇。録《杭郡詩三輯》小傳："丁葆和，字更生，號沖泉，錢塘人，咸豐壬子舉人。"詩中有《癸亥元旦客如皋寄復丁侄滬上》《題馮景亭宫詹桂芬十五蕉書館圖》等作。

《竹舟公遺稿》，丁申撰，收詩7首。卷首有《竹舟公傳略》，録自《杭郡詩三輯》"序略"，其中有語云："丁申，字竹舟，錢塘諸生，候選主事。杭州文瀾閣尊藏《四庫全書》，咸豐辛酉省城再陷，《全書》散佚，時有主事丁申不避艱危，潛拾殘書，深藏僻地，待省城克復，繳存杭州府學，編集書目，尚存一萬餘册。"集中有《題儉卿丈晏七旬學易圖用惠字秋懷詩原韻》等。

《頤生公遺稿》，丁午撰，收詩43首。卷首有《頤生公傳略》，録俞樾《重文序略》，其中有語云："丁午原名正，字頤生，號奚生，錢塘增生。奚生家藏書，爲大江南北最，篤學嗜古，有子勝斐然之志。"又録馮一梅、孫禮煜所撰傳記文字。詩中有《歲朝三日曉起坐九峰居兼懷修甫侄》《西湖櫂歌》等作，《西湖櫂歌》中有寫文瀾閣《全書》、詁經精舍、薛廬、俞樓等作。

《王孺人遺稿》，王孺人撰，收詩1首。

《凌宜人遺稿》，凌祉媛撰，收詩15首。有莊仲方撰《凌宜人傳略》："凌祉媛，字芷沅，錢塘人，光禄寺署正詠女，丙繼配，有《翠螺閣詩詞稿》。……年二十於歸，事舅姑如其親。……卒年二十有二。"其中有《松夢寮主藏有磚硯一方側鐫永和九年四字古趣巉然洵文房佳品也奉題一律未識即墨侯能點頭否》《敬書五世祖姑周太安人節烈記後》《寄懷張沚芳（藻馨妹）》《秋夜同松生坐翠螺閣聞鄰笛感賦》等作。

《有嘉公遺稿》，丁大賓撰，收詩1首。

《獻廷公遺稿》，丁大仕撰，收詩1首，即《花南詩社分詠□貓》。

《言如公遺稿》，丁言如撰，收詩1首。

《楚堂公遺稿》，丁大湘撰，收詩1首。

《治開公遺稿》，丁泰撰，收詩1首。

《濬川公遺稿》，丁澄撰，收詩2首。

《鈺川公遺稿》，丁軾撰，收詩4首。録《杭郡詩三輯》小傳："丁軾，字敬輿，號鈺川，錢塘增生，有《梅溪書屋詩稿》。……座於亳州旅邸，年四十有二。"詩中有《越州福岩展謁祖墓信宿舊廬有作》等作。

《濟川公遺稿》，丁作楫撰，收詩1首。

《鳳岑公遺稿》，丁岑撰，收詩1首。

《心和公遺稿》，丁國安撰，收詩1首。録《杭郡詩三輯》小傳："丁國安，字心和，仁和人。叔祖力學早世。"

《勤甫公遺稿》，丁寶傳撰，收詩1首，即《詠齋分題家大人命作枕菊進呈》。

《采生公遺稿》，丁寶芝撰，收賦1篇，詩4首。録《杭郡詩三輯》小傳："丁寶芝，字采生，泰子，錢塘人，道光己丑歲貢，候選訓導。……甲午秋闈報罷疾卒。"詩中有《詠菊分題家大人命作餐菊敬呈》。

《野鶴公遺稿》，丁晉撰，收詩2首。録《杭郡詩續輯》小傳："丁晉，字晉藩，號野鶴，錢塘諸生。……年未四十，竟以貧死。”

《赤南公遺稿》，丁國璠撰，收詩6首。有小傳云：“丁國璠，字赤南，仁和監生。”

《良玉公遺稿》，丁國琨撰，收詩1首，即《牡丹集古詠牡丹詩句呈鳳罔（疑爲岡）叔》。

《謣卿公遺稿》，丁士元撰，收文1篇，詩10首，賦12篇。録《杭郡詩三輯》中小傳：“丁士元，原名遐福，字辛臣，號謣卿，寶傳子，錢塘人，道光乙巳進士，……有《紅蘭館詩草》。”又録王汝金、邵懿辰撰傳。

《武林丁氏家集》（浙江錢塘）

丁立誠、丁立中撰。民國錢塘丁氏嘉惠堂排印本。上海圖書館藏。目次：

《小槐簃吟稿》八卷，丁立誠撰，己未季春錢塘丁氏嘉惠堂印本；

《禾廬新年雜咏》一卷，丁立中撰；

《和永嘉百咏》一卷，丁立中撰；

《武林市肆吟》，丁立誠撰；

《武林新市肆吟》一卷，丁立中撰；

《小槐簃聯存》一卷，丁立誠撰，庚申錢塘丁氏嘉惠堂刊本；

《王風箋題》一卷，丁立誠撰，徐珂箋，庚申錢塘丁氏嘉惠堂刊本；

《東河新櫂歌》一卷，丁立誠撰，庚申錢塘丁氏嘉惠堂刊本；

《續東河新櫂歌》一卷，丁立誠撰；

《永嘉金石百咏》一卷，丁立誠撰，庚申錢塘丁氏嘉惠堂刊本；

《永嘉三百咏》三卷，丁立誠撰，庚申錢塘丁氏嘉惠堂刊本；

《禾廬詩鈔》四卷，丁立中撰，八千卷樓刊本；

《西溪懷古詩》二卷，丁立中撰，梅溪書屋印本；

《西泠懷古詩》二卷，丁立中撰，留雲賓月館印本。

《小槐簃吟稿》卷首有高敷寫遺像，李輔燿像贊。壬子吴慶坻題辭：“武林先雅未銷沉，小阮名高晉竹林。文獻一家傳世業，湖山終古有清音。偶從南省簪毫記，老向東河倚櫂吟。重過黄壚應腹痛，鐵華零落舊題襟。”“小山綉谷風流沫，突兀城東嘉惠堂。早慧盡窺綈帙秘，暮齡猶誦篋書亡。孤吟江上悲林薄，一别人間换海桑。身後定文吾敢任，遺編鄭重付諸郎。”有樊增祥、李鵬飛序。卷末有吴慶坻己未年跋：“往者，族伯父筠軒先生創鐵華吟社，里中長老若沈輔之、盛愷庭、丁松存諸先生皆與焉。松存先生猶子修甫中翰，年最少，而詩才最雄，慶坻居末坐，輒斂手驚歎。同治間，君家藏書甲浙中，君漁獵百氏，丹黄不去手，尤洽熟里中故事，凡山岩溪壑之勝，前賢之遺躅，以至羽流釋子之所棲息，稱引故籍，使聽者忘倦，其發於詩，滂沛横溢，遠宗鄉先正杭、厲遺軌，近可繼汪氏東軒諸老之流風，是時君方壯盛，以鄉舉第二，有聲於時，既九上春官，不得意，循例爲中書舍人，又不能久居京師，而里中長老多物故，社事罷，君感愴今昔，復憤切時事，所作多蒼凉激楚之言，而詩一變。家故饒裕，松存先生没，而家日落，舉八千卷樓藏書而棄之。君弟道甫歸自嶺表，尋即世。痛門庭之多故，奔走江海，牢愁結憎，昔日徵群命酒、酣嬉顛倒之態，盡銷鑠而無復存，而詩又一變。里居鬱鬱，或爲詩譏切時政，雜以詼嘲，若托於自傅諷諭者。”又有魯堅己未年跋。

《禾廬新年雜詠》卷首有方芸孫己未年序、戊午自敘。此集以七律寫“小年朝”“一日雞”以致“時憲書”“月牌”諸題。

《和永嘉百詠》卷首有唐詠裳甲子年序。

《武林新市肆吟》卷首有王毓岱甲子仲春敘，己未六月自敘。

《小槐簃聯存》卷首有徐珂庚申二月序。

《王風箋題》卷首有程宗裕庚子十月序，徐珂宣統辛亥序。徐序云：“吾鄉丁修甫前輩撰《王風百首》，辭意精妙，暗寓時事，蓋有感於庚子拳變而作也，其題兩兩相耦，中有故實，而未必盡人皆知。晴窗多暇，發願爲之箋注，輒以昔在京師所聞者筆之於篇。”又有孫樹禮光緒庚子題辭。

《東河新櫂歌》卷首有張相謙庚申年序云：“其所詠者，大約卌年以還事。”丁立誠云：“昔姚春漪先生爲《東河棹歌》一卷，吾家叔父續之，搜采大備，無可再詠，兹就卅年近事，語不求工，言皆徵實，删存若干首，以付船娘試新聲焉。”

《永嘉金石百詠》卷首有朱壽保序云：“丁君修甫博雅好古，戊申仲夏，客游且甌，選勝之暇，嘗慕宋仰孝子楊太守永嘉前後百詠，遍徵志乘，存者寥寥，因補詠之，得詩三百首，分上中下三卷，從弟和甫和之，又得百首，較之自昔所傳，其數且倍。金昴玉友，笙磬同音，奚囊之富，足以豪矣。閱歲己酉，再來游，取戴鼇峰廣文《東甌金石志》所紀，復成百詠，屬予爲序。予披而讀之，其考古也覈而精，其涉筆也簡而雋，取古人數行之題識，片石之留遺，表而存諸一篇之中。”

《永嘉三百詠》卷首有鄭一夔宣統己酉序。

《禾廬詩鈔》卷首有吴慶坻癸亥年序，李鵬飛乙丑年序。王培根摹遺像，吴士鑒撰像贊。王毓貸、孫樹禮、金蓉鏡、周慶雲、張宗祥、王紹宗、高變、景崧、徐珂等二十人題辭。有丁文右題記："文右從叢鈔日記及零星故紙迻録而出，先君子好吟詠，手定積稿曰《西溪懷古詩》，曰《西泠懷古詩》，曰《禾廬新年雜詠》，曰《武林新市肆吟》，曰《和永嘉百詠》，凡五種。"

《西溪懷古詩》有周慶雲序，甲寅自序。自序云："西溪爲先世壟墓所在，立中每過風木庵丙舍，輒以書卷楮墨自隨，拜掃之暇，則蓬顆叢箐中，皆尋詩地也。"

《西泠懷古詩》有章箴甲子暮春序，徐珂乙丑閏四月序，丙辰自敘。自敘有語云："曩予積十數寒暑，爲《西溪懷古詩》。至甲寅首夏，裒録成册。"

（作者爲南京大學文學院教授）

丁氏書目題跋的深度整理之建議

石　祥

杭州八千卷樓丁氏是著名的“晚清四大藏書家”之一，於文獻保存流布頗有功績，在藏書史上具有重要地位。在長期的鑒藏活動中，以丁丙、丁申爲首的丁氏家族成員，寫作了大量的藏書題跋，並最終形成了《善本書室藏書志》《八千卷樓書目》這兩部藏書目録。以上藏書題跋與書目，具有重要的文獻價值，自不待言。

關於丁氏藏書題跋與書目的基本情況及其關係，筆者《杭州丁氏八千卷樓書事新考》一書，曾做討論。簡要來説，以書籍部數論，《中國古籍善本書目》著録爲經丁氏題跋者，數量爲1800餘部，若加上現藏於境外機構或私人的丁氏題跋本，總數可能接近2000部。以篇數論，考慮到部分書籍曾經丁氏多次題跋，則題跋數量必超過2000篇。單就以上數字而論，在清代藏書家中，無出其右者。

但另一方面，《中國古籍善本書目》著録爲丁氏題跋的，實際是有明顯差别的兩類文字：一是《丁志》初稿；二是真正意義上的藏書題跋。前者寫於浮簽之上，並將浮簽粘貼在首册卷首，格式體例與《丁志》刊本一致——首具書名，下題版本、舊藏，另起一行爲正文。一般而言，初稿與刊本的内容相當接近，差異止於細處潤色增補，如：

《秋岩詩集》二卷　館底本

元陳宜甫撰

焦竑國史經籍志載陳宜甫秋岩集一卷，下無注語。館臣從《永樂大典》輯編二卷，並考宜甫爲閩人，元世祖時爲侍從，成宗時又爲晉王僚屬。其詩多與盧摯、姚燧、趙孟頫、程鉅夫、留夢炎諸人相倡和。詩則抒所欲言，自有雅音。卷首有翰林院印，中有塗改之筆，似館中底本也。（浮簽初稿）

《秋岩詩集》二卷　舊鈔本

元陳宜甫撰

焦竑國史經籍志載陳宜甫秋岩集一卷，下無注語。館臣從《永樂大典》輯編二卷，並考宜甫爲閩人，元世祖時爲侍從，成宗時又爲晉王僚屬。其詩多與盧摯、姚燧、趙孟頫、程鉅夫、留夢炎諸人相倡和。其詩則抒所欲言，自有雅音。卷首有翰林院印，中有塗改之筆，蓋館中底本也。（《丁志》卷三三）

至於初稿以外的丁氏藏書題跋，或者説嚴格意義上的藏書題跋，則與同時代學者的藏書題跋相同，長短不拘，内容靈活而多樣。其中的某些内容或考證結論，又被《丁志》所吸收利用，足見日常鑒藏活動的心得（題跋）與總結性的研究（《丁志》）之間不可分離的關係。

近年來，書目書志與藏書題跋的整理出版，可謂是文獻學界的熱點之一。很多印本難覓、甚至從未印行的書目書志，有了易於獲得的整理本。題寫於古籍實物之上的諸家藏書題跋，也有不少被彙集影印，乃至標點整理，對應了不同層次與角度的研究需求（最典型的例子是《上海圖書館善本題跋真迹》《上海圖書館善本題跋輯録》）。這兩方面的工作，無疑爲文獻學研究提供了一批基礎性材料與工具，有力推動了相關研究。

但從更高標準來看，書志題跋整理出版的現狀，仍有不少可以改善提高之處。其中最爲突出的弊病是，“爲整理而整理”，或者“就本書而整理”。近年來整理出版的書志題跋，以清代民國時期成書者爲多，版本情況普遍較爲簡單，不少書僅有一個版本，對校無從談起。又因書目題跋作爲“書的書”的這一性質，若要他校，則須廣泛提閲善本實物，費力極大而可能的得益甚小。所以，實際的整理工作，往往僅限於標點文句，修正明顯的誤字。

若僅以爲某一書志題跋提供讀本而言，這樣的整理無可厚非。但書志題跋的本質功用，是著録善本實物，介紹版本特徵，考證版刻源流。就這一意義而言，書志題跋必須與所登載的古籍實物可相對應，纔能發揮出最大的效力；否則，單看書志題跋，仍不免茫然迷惑。正因爲書志題跋的著録與實物的脱節，造成了不少論著引用書志題跋探究版本，衹能“從目録到目録”，“從著録到著録”，導致張冠李戴乃至南轅北轍的情況，時有發生（當然對於此類問題，這些論著的作者自身應負最主要責任）。

而真正有益於學界的書目題跋的整理本，不應僅滿足於文本本身的高質量點校，而是應該著力於構建前述文本與實物之間的聯繫，即確指某則解題或某篇題跋所述，是現藏於何處的某書號之某書。至於具體的形式，可以采取注腳等形式。當然，清代民國的書志題跋所涉及的善本，大多經反復流轉，究竟所著録的是現存於何處的哪一部善本，並不是一個脱口即可回答的問題，也必然有一些業已損毁，無可蹤迹。不過，衹要付出勞動，必然能有所得。比如馬泰來整理《新輯紅雨樓題跋》（上海古籍出版社，2014 年），對紅雨樓書籍的流轉蹤迹進行探究，明確考證出其中部分書籍現存於何處、當代書目著録記載如何等等，在對應各條下做了標注。

相比晚明時期的徐氏紅雨樓，對於晚清的丁氏八千卷樓的書目題跋，進行類似的深度整理，無論是從留存的善本實物數量，還是相關文獻記載等客觀因素來考量，當然更具可行性與優勢。其中，最大的有利之處便是：因係整體售賣，八千卷樓的絶大部分藏書（尤其是善本部分）長期妥善收藏於南京圖書館及其前身國學圖書館。且如前述，現存的《丁志》浮簽初稿在1000件以上，而《丁志》共著録2666部善本；换言之，僅憑藉初稿，就可將半數以上的《丁志》解題與現存南圖的某號藏書相對應。即便那些初稿現已不存的《丁志》著録書，通過實物與解題相印證（如闕卷、藏印等等），也可解決其中大部分的對應問題。此外，對校初稿與《丁志》刊本，不僅可解決一般校勘所關心的所謂“接近原貌”，更可由二者的差異，揭示《丁志》編纂過程及其間的思路變化。綜言之，大部分解題可與具體實物對應、大部分解題的修改痕迹宛然在目的《丁志》，其所能發揮的功用，自然遠大於單純的標點整理。

至於前述“初稿以外的丁氏藏書題跋”，同樣有待這樣的深入整理。以二十世紀後期“國立中央圖書館”編纂《“國立中央圖書館”善本題跋真迹》《標點善本題跋集録》爲先導，近年來不少收藏機構開始著手彙編出版館藏善本中的藏書題跋，多用真迹影印與標點整理並行的方式。南京圖書館是古籍收藏的重鎮，迄今尚未有類似成果出版，是一個很大的遺憾。從歷史上看，南京國學圖書館做了很好的基礎性工作。二十世紀20—30年代出版的該館《年刊》曾有館藏善本題跋的連載，披露了一批名家題跋。同樣在《年刊》上，趙鴻謙連載發表《松軒書録》，從當時的“乙庫”中甄選善本，加以解題，凡遇丁氏題跋，一概照録。以上這些，均可供參考利用。

進入二十世紀以來，重要的私家藏書紛紛轉入公藏，但與八千卷樓規模水準相當的私家藏書，可以説未有别家高度集中收藏於某一收藏單位。八千卷樓藏書的集中收藏，是南京圖書館的一大特色，也是展開相關整理研究的重要有利條件。筆者衷心希望相關整理成果能夠早日問世，惠及學者。

（作者爲復旦大學古籍整理研究所研究員）

黄裳與八千卷樓舊藏《陽春白雪》

蘇 芃

南京圖書館藏有一部元刻本《樂府新編陽春白雪》，展卷開來，可見一幀女子道裝小像，氣韻楚楚。細審書中印鑑，有錢謙益“牧翁”“錢受之”“別花人”印，又有柳如是“惠香閣讀書記”“惜玉憐香”“女史”印，可知這是錢謙益與柳如是的舊物，道裝女子即柳如是（見圖 1）。

圖 1　元刻本《樂府新編陽春白雪》卷首小像

柳如是，自號河東君，工詩能書，是秦淮八艷之一，明末嫁與東林領袖錢謙益。明亡後，柳如是勸錢謙益投水殉節，錢氏不從。其後錢氏降清，僅半年又稱疾辭官，與柳如是暗中從事反清復明的活動，直至去世。錢謙益死後月餘，柳如是爲了保護家産，投繯自盡。柳氏因其才學與志操，被世人稱頌，史學家陳寅恪評價其爲“女俠名姝”“文宗國士”，晚年鈎索沈隱，寫成八十萬字的《柳如是别傳》，以旌其事迹。

錢謙益不僅是明末文壇領袖，更是一位藏書家，他在虞山修建了“絳雲樓”與柳如是居住，也用來藏書，宋元舊刻，插架纍纍。順治七年（1650）初冬，絳雲樓大火，所藏圖籍毁滅殆盡。錢謙益將餘燼諸書俱歸族曾孫錢曾，據張金吾《愛日精廬藏書志》記載，其中就有惠香閣舊物《樂府新編陽春白雪》。[①]

這是元代楊朝英編選的元代散曲集，也是編印最早、流布最廣的元人選元曲。全書分爲前集、後集，各五卷，首載"唱論"，次録所謂"大樂"，有十首宋元人詞，然後收有馬致遠、盧摯、貫雲石、張可久等幾十位散曲名家所作小令、套數。《陽春》《白雪》本是楚國的歌曲名，後泛指高雅的樂曲，而散曲發源於民間音樂，又稱"樂府"或"今樂府"，並非曲高和寡的"陽春白雪"，爲何以之命名？大概編者認爲選輯作品都是散曲中的經典，卷首貫雲石序言已用《陽春白雪》之名，後人也多如此簡稱。

這部書雖僅兩册，卻歷來爲世人奇重，貴爲寶笈。從書中印鑑與跋文看，錢曾之後，又經何元錫、黄丕烈、陳寶晉、丁丙等遞藏。[②] 1907 年，兩江總督端方奏請清政府在南京創設江南圖書館，將丁丙八千卷樓藏書悉數收購，其中就有《陽春白雪》。1929 年，該館改稱"江蘇省立國學圖書館"，1952 年併入南京圖書館。

除了歷代藏家，還有不少風雅之士經眼此書，如乾嘉時期的潘奕雋、清末的梁公約，書中分别鈐有二人的"三松過眼""公約過眼"之印（見圖 2）。值得一提的是，現代散文家、藏書家黄裳先生，也與此書淵源頗深。

圖 2　潘奕雋"三松過眼"、梁公約"公約過眼"印

1946 年 9 月，南京清涼山龍蟠里國學圖書館來了位年輕的讀者，他先後到盋山精舍登樓看書五次。第一次看書時，偶然借到一部蝴蝶裝的元刻本，也就是這部《陽春白雪》，更偶

① （清）張金吾撰、柳向春整理：《愛日精廬藏書志》，上海古籍出版社，2014 年，第 764 頁。

② 南京圖書館藏十卷本《樂府新編陽春白雪》有何元錫的"敬祉""秋神閣"印，黄丕烈的"士禮居藏""蕘夫""黄丕烈印""復翁""求古居"印，陳寶晉的"陳寶晉印""守吾鑒賞""守吾平生珍賞""寶晉印信""陳守吾""守吾過眼""陳守吾文房印""康甫讀本""守吾小印"諸印，書前有丁丙跋。陳寶晉是清代咸豐年間江蘇海陵（今泰州）收藏家，字守吾，號康甫，前人多誤爲陳寶琛二弟福建閩縣（今福州市）陳寶瑨。另有明末清初藏書家朱之赤亦字守吾，但此處"守吾鑒賞""守吾平生珍賞""守吾過眼""守吾小印"與"陳守吾文房印"結合來看，當皆是陳守吾印，非朱之赤印，且陳寶晉不止是經眼，應該曾經收藏過該書，疑丁丙在太平天國運動後收得此種陳寶晉舊藏。

然的是翻到了卷前的河東君小像，引起了他的極大興趣。第二次他又冒雨去拍了一張照片。第三次他花了一個早晨仔細讀了這部書。[①]這位年輕人就是黄裳先生，自此以後半個多世紀，柳如是與錢謙益成了他牽繫一生的關注焦點。2007 年，黄先生在《南京書事》一文中回憶六十多年前在盋山精舍的訪書經歷，説：“我對柳如是研究産生興趣，怕就是此時萌生的。”[②]這六十多年間，黄先生有關柳如是的寫作與收藏尋續不斷。

1947 年 7 月 2 日，黄裳先生在《訪“盋山精舍”》重校記中説：“今年夏天，在來薰閣買到兩册《陽春白雪》，即是那曾經柳如是校過的元本的摹刻本，黄跋也照樣影刻了，可惜書中的校筆，與書前的河東君小像没有辦法照樣刊下來。”[③]當時來薰閣是北京琉璃廠最大的古籍書店，黄先生在初遇《陽春白雪》不到一年之後，就淘到了該書的覆刻本，遺憾的是這個新印本中没有河東君小像。

同年，黄先生在《柳如是》一文中考證了錢謙益弟子顧苓所繪《河東君初訪半野堂小景》：“這與裝於《陽春白雪》卷首的一幅小像相同。那張像畫於宣紙上，作圓形。圖中人戴了幅巾，寬袖，籠手，頗像現在的道士裝。眉目蕭疏，面容豐腴。照全謝山的説法，當時柳年二十四。”[④]

到了二十世紀 50 年代末期，黄裳先生總算得償夙願，“在上海古玩市場，買到一軸柳如是的小像，是李文石的故物，他曾在《舊學庵筆記》中著録過的。像作圓形，是臨鏡小影。儒巾，袖手，也與其他各幅相同，淺著色。”[⑤]“這幀小像的四周，題遍了詩詞，其中有吴山尊、費圮懷、嚴幾道、鄭叔問、李文石、鄧群碧、吴瞿庵、吴湖帆等十餘家。”[⑥]1989 年，黄先生對《陽春白雪》書前的河東君小像又有了新考證，認爲是臨寫了顧苓的《河東君初訪半野堂小景》，“紙墨甚新，最早不過是嘉、道之際作品，可能是黄丕烈請人畫的。”[⑦]

在考證柳如是畫像之餘，黄先生對柳如是、錢謙益詩文著作也有蒐輯與研究。1977 年 11 月撰寫的《關於柳如是》，詳細梳理了柳如是的詩文與經歷，“柳如是的作品，《湖上草》

① 黄裳：《絳雲書卷美人圖》，《金陵五記》，江蘇古籍出版社，2000 年，第 33 頁。
② 黄裳：《南京書事》，《掌上烟雲》，江蘇鳳凰文藝出版社，2018 年，第 159 頁。
③ 黄裳：《訪“盋山精舍”》，《金陵五記》，江蘇古籍出版社，2000 年，第 18 頁。
④ 黄裳：《柳如是》，《金陵五記》，江蘇古籍出版社，2000 年，第 38 頁。
⑤ 黄裳：《河東君小像》，《黄裳文集 5：雜説篇》，上海書店出版社，1998 年，第 556 頁。
⑥ 黄裳：《河東君》，《春回札記》，福建人民出版社，2001 年，第 43 頁。
⑦ 黄裳：《河東君小像》，《黄裳文集 5：雜説篇》，上海書店出版社，1998 年，第 555 頁。

一卷，《尺牘》一卷，有明末汪然明的刻本。高野侯曾得到過原刻，是虞山趙氏舊山樓的藏書，原書經歷林雲鳳、車秋舲、貝簡香、潘椒坡、徐子晉收藏。今藏浙江圖書館。我過去曾買到過一個舊鈔本，是嘉業堂故物，卷中別增附録詩文不少，爲管庭芬手輯。”“過去我也搜集過一些柳如是的佚作。”① 次年，他在《後記》中又説：“十多年前曾寫過幾篇有關柳如是和她的詩集《湖上草》和《尺牘》的小文。後來泛讀明清人集部，注意收集有關材料，更集得資料一小册。凡此種種，前些年都被劫掠以去，至今存亡莫卜。”② 2001年黄先生出版的《春回雜記》收入了《河東君》《關於〈湖上草〉》《河東君尺牘鈔》等舊作③，可見文革期間的逸篇失而復得。關於錢謙益，黄先生也陸續撰有《錢牧齋》《錢牧齋先生尺牘》等文。經過多年思索，他對柳如是的評價也得到了深化：“她是一個很勇敢的反抗封建禮教的被侮辱與損害者，在那樣的社會裏她力所能及地對封建制度、規條進行了輕蔑的抗拒與鬥爭，最後戰死了，但她直至死也没有屈服。她在這方面的言論與表現比起與她同時的顧横波、董小宛等來，無疑要高出許多。”④

2013年黄裳先生去世不久，中華書局編纂出版了一部專輯《絳雲書卷美人圖》，把黄先生有關錢柳的文章結爲一集，這些文章雖然跨越了半個多世紀，然而起因皆是1946年秋天他在“盋山精舍”與《陽春白雪》那場的邂逅。其實，圍繞這部《陽春白雪》，不止是黄裳先生，詞曲學大家任中敏、隋樹森民國時期也先後到“盋山精舍”查勘校録。⑤ 衹因一部古書，不知還有多少往事塵封在了歷史之中。

書籍是人類文明的産物，不僅可以傳承精神内涵，更有物質載體在時空中遷次流轉，與一代代讀書人相遇，演繹出新的故事。剛剛過去的一年適逢丁丙去世120周年、黄裳誕辰100周年，前年是柳如是誕辰400周年，雖然這些歷史人物早已消逝在了雲海蒼茫之中，但

① 黄裳：《關於柳如是》，《過去的足迹》，人民文學出版社，第235—236頁。據《竹笑軒吟草》回憶，黄先生買到嘉業堂藏清鈔本柳如是集（包括《湖上草》《尺牘》和佚事輯存）是在1947年，詳參《收穫》2011年第5期；又收入《絳雲書卷美人圖——關於柳如是》，中華書局，2013年，第145頁。

② 黄裳：《關於柳如是》，《過去的足迹》，人民文學出版社，第238頁。

③ 黄裳：《河東君》，《春回札記》，福建人民出版社，2001年，第1頁。

④ 黄裳：《錢柳的遺迹》，《晚春的行旅》，湖南人民出版社，1986年，第71頁。

⑤ 任中敏先生《散曲叢刊·弁言》説：“計自十年（1921）春日，寓清涼山次，鉢山精舍之旁，校録此書兩種刊本以來，稿存篋衍，已閲五載”，詳參《散曲叢刊》，鳳凰出版社，2013年，第8頁；隋樹森先生《九卷本〈陽春白雪〉校訂後記》説：“解放以前，我曾在南京鉢山精舍以八千卷樓舊藏的元刊十卷本《陽春白雪》校徐刻本”，詳參《元人散曲論叢》，齊魯書社，1986年，第54頁。

是承載了諸種因緣的《陽春白雪》依然真實存在，它在召喚着未來。

2020年1月2日於金陵西園舊址

（作者爲南京師範大學文學院教授）

附記：本文寫作緣於2019年春天受邀參加南京圖書館紀念八千卷樓丁丙逝世120周年會議。我對八千卷樓舊藏素無耽研，但對黄裳先生與這部元刻本《樂府新編陽春白雪》之間的淵源早有關注，因此帶着這個故事去會上分享，講到最後産生了另一番感慨：隨着科技進步，古籍數字化進程不斷加快，大家足不出就能觀覽國内外各大圖書館的珍本秘笈，在享受便利的同時，訪書途中的各種遭際卻消失了，那些意想不到的偶然也不復存在。後來在報紙刊發時，我將這番感慨删去了。今年的新冠疫情，迫使生活的諸多方面都從綫下轉到了綫上，在體驗、適應并且慢慢喜歡上了網課與綫上會議之後，我又想起了之前的感慨，想到了Kevin Kelly的各種預言，是“失控”，還是“必然”，我們應當怎樣去面對文明的變遷，儼然已是不得不思考的問題。

近來浙大高研院蔣玉婷助理聯系我，説因爲疫情，高研院綫下活動全部暫停了，但公衆號擬開辟一些新欄目，她説偶然想起以前讀過的本文初稿，問我是否可以推送，我欣然應允。去年準備南圖會議報告時，正在之江月輪山訪學，玉婷還幫我從西溪、紫金港校區借來幾本黄裳先生的書，這又讓我懷念起那段在空翠烟霏之間感受學術烏托邦的日子。希望疫情早日消解，大家能去努力開啓一個更加多元的世界。

2020年6月15日，時逢黄裳先生誕辰

略談八千卷樓與天一閣

李開升

范氏天一閣與丁氏八千卷樓均爲浙江著名藏書樓，天一閣創立於明中葉，傳承至今；八千卷樓崛起於晚清，清末書已流散，大多入藏南京圖書館。當丁氏藏書事業初起時，天一閣已歷三百餘年，藏書之名甲於東南，有藏書目録刊行於世，且其藏書已有流散，丁氏不僅仿天一閣之式建藏書樓[1]，並向天一閣借鈔藏書、核查書目，且收拾散亡，頗有所得，並形成了自己的藏書特色。

一

丁氏八千卷樓收藏天一閣流散書，前人有所涉及[2]，但似尚無專門討論者。今以《善本書室藏書志》爲主，考察丁氏所藏天一閣流散書。根據《善本書室藏書志》著録，丁氏收藏天一閣流散書共計十三部，按四部排列如下。

（一）經部二部

《儀禮戴記附記》四卷《外記》一卷，明黄潤玉撰。明鈔本。清丁丙跋。十册。南京圖書館藏（索書號 GJ/EB/112263）。《天一閣書目》卷一之二經部著録作“藍絲闌鈔本”[3]。《善本書室藏書志》卷二葉二十著録作“明天一閣舊鈔本”[4]。《江蘇第一圖書館覆校善本書目》經部葉十著録作：“明天一閣舊鈔本，有‘澹園長物’一印，多殘闕。”[5]《中國古籍善本書目》經部一八五一號著録。

---

① 清王棻《濟陽文府記》：“（丁申、丁丙）思所以儲其家藏者，乃辟地於所居之西北隅，鳩工庀材，先作嘉惠堂，翼以兩廡，衛以重門，堂凡六楹，仿范氏天一閣之式，上爲八千卷樓，其后乃作漢晉唐齋、蕉石山房，又拓其西爲善本書室。”載（清）丁丙《善本書室藏書志》附録，《清人書目題跋叢刊》第二册影印清光緒二十七年錢塘丁氏刻本，中華書局，1990 年，第 930 頁。

② 鄭偉章：《文獻家通考》，中華書局 1999 年版，第 1035 頁。石祥《杭州丁氏八千卷樓書事新考》，上海古籍出版社，2011 年，第 40 頁。

③ （清）范邦甸等撰，江曦、李婧點校：《天一閣書目》，上海古籍出版社，2010 年，第 76 頁。

④ 据《清人書目題跋叢刊》第二册影印清光緒二十七年錢塘丁氏刻本，中華書局，1990 年。

⑤ 据民國七年南京江苏第一圖書館鉛印本，中華書局，1990 年。

《增修互注禮部韻略》五卷，存一卷（四），宋毛晃增注，宋毛居正重補。元刻本。清丁丙跋。一册。南京圖書館藏（索書號GJ/KB5009）。《天一閣書目》卷一之二經部著録作“禮部韻略五卷，刊本，殘。”[①]《善本書室藏書志》卷五葉二十二、《江蘇第一圖書館覆校善本書目》經部葉二十六著録作“甬東范氏舊藏”。《中國古籍善本書目》經部四九二九號著録。

（二）子部八部：

《急救仙方》十一卷，明徐守貞輯。明鈔本。清丁丙跋。二册。南京圖書館藏（索書號GJ/KB2268）。《天一閣書目》卷三之一子部一著録作“綿紙藍絲闌鈔本”[②]。《善本書室藏書志》卷十六葉二十著録作“明鈔道藏本，天一閣藏書。”《江蘇第一圖書館覆校善本書目》子部葉九著録作：“天一閣藏書，有闕葉，有‘范氏梁甫’一印。”《中國古籍善本書目》子部二〇四六號著録。

《仙傳外科集驗方》十一卷，明趙宜真撰。明鈔本。清丁丙、丁立誠跋。二册。南京圖書館藏（索書號GJ/EB/110872）。《天一閣書目》卷三之一子部一著録作：“外科集驗十一卷，藍絲闌鈔本。”[③]《善本書室藏書志》卷十六葉二十四著録作“明鈔道藏本，天一閣藏書。”《江蘇第一圖書館覆校善本書目》子部葉十著録作：“天一閣藏書，卷九用白紙鈔配。”《中國古籍善本書目》子部二三九二號著録。

《皇極經世書卦玄玄集》不分卷。明鈔本。清丁丙跋。五册。南京圖書館藏（索書號GJ/110784）。《天一閣書目》卷三之一子部一著録作“藍絲闌鈔本”[④]。《善本書室藏書志》卷十七葉五著録作“甬東范氏藏書”。《江蘇第一圖書館覆校善本書目》子部葉十二著録作：“明藍絲欄鈔本，甬東范氏藏書。”《中國古籍善本書目》子部三六六一號著録。

《燕几圖》一卷，宋黄伯思撰。明萬曆茅一相刻《欣賞編》本。清丁丙跋。一册。南京圖書館藏（索書號GJ/110841）。《天一閣書目》卷三之一子部一著録作：“欣賞編十卷，刊本。明茅一相集。”[⑤]《善本書室藏書志》卷十八葉一著録。《江蘇第一圖書館覆校善本書目》子部葉十七著録作“有‘昆侖山人’‘少明草堂’‘四明范大沖子受氏印’等印”，按范大

① （清）范邦甸等撰，江曦、李婧點校：《天一閣書目》，第92頁。
② 同上，第240頁。
③ 同上，第244頁。
④ 同上，第247頁。
⑤ 同上，第279頁。

衡爲天一閣創立者范欽長子。

《文房圖贊》一卷，宋林洪撰；《續文房圖贊》一卷，宋羅先登撰。明萬曆茅一相刻《欣賞編》本。清丁丙跋。一册。南京圖書館藏（索書號 GJ/110841）。《天一閣書目》卷三之一子部一著録作："欣賞編十卷，刊本。明茅一相集。"《善本書室藏書志》卷十八葉二著録。《江蘇第一圖書館覆校善本書目》子部葉十七著録作"有'少明''昆侖山人''四明范大沖子受氏印'等章"。

《寓簡》十卷，宋沈作喆撰。明鈔本。清丁申、丁丙跋。一册。南京圖書館藏（索書號 GJ/EB/110667）。《天一閣書目》卷三之一子部一著録作"藍絲闌鈔本"[1]。《善本書室藏書志》卷十九葉六著録作"天一閣藏書"。《江蘇第一圖書館覆校善本書目》子部葉二十五著録作："天一閣藏書，藍絲欄紙鈔。"《中國古籍善本書目》子部六〇六七號著録。

《甄正論》三卷，唐釋玄嶷撰。明鈔本。清丁丙跋。一册。南京圖書館藏（索書號 GJ/KB1585）。《天一閣書目》卷三之二子部二著録[2]。《善本書室藏書志》卷二十二葉三著録作："藍絲欄，白棉紙，爲天一閣舊藏。王靄士避亂甬上得之。有湛廬藏書、王金銛、湛廬諸印。"《江蘇第一圖書館覆校善本書目》子部葉四十一著録作："王靄士藏書，有'王印金銛''湛廬'二印，又'湛廬藏書'一印。"《中國古籍善本書目》子部一一四二八號著録。

《道德玄經原旨》四卷《發揮》二卷，元杜道堅撰。明鈔本。清丁丙跋。一册。南京圖書館藏（索書號 GJ/EB/110583）。《天一閣書目》卷三之二子部二著録作"藍絲闌鈔本"[3]。《善本書室藏書志》卷二十二葉十一著録作："明鈔道藏本……此帙棉紙藍格，尤屬明鈔，當是甬東范氏遺籍。"《江蘇第一圖書館覆校善本書目》子部葉四十三著録。《中國古籍善本書目》子部一一六三六號著録。

（三）集部三部：

《忠愍公詩集》三卷，宋寇准撰。明嘉靖十四年蔣鏊刻本。清丁丙跋。一册。南京圖書館藏（索書號 GJ/111088）。《天一閣書目》卷四之一集部一著録作："刊本。首葉有'范氏'及'東明山人''壬辰進士''范氏圖書記'四圖章。"[4]《善本書室藏書志》卷二十六葉

① （清）范邦甸等撰，江曦、李婧點校：《天一閣書目》，第 269 頁。
② 同上，第 304 頁。
③ 同上，第 314 頁。
④ 同上，第 354 頁。

三著録。《江蘇第一圖書館覆校善本書目》集部葉十二著録作“有‘姜渭’‘姜氏所藏’‘范［氏］’‘東明山人’‘壬辰進士’‘范氏圖書之記’諸印”，范欽號東明山人，嘉靖壬辰（十一年，1532）進士。《中國古籍善本書目》集部二一九九號著録。按，此書版本，《善本書室藏書志》《江蘇第一圖書館覆校善本書目》均作弘治刻本，疑誤。

《椒丘文集》三十四卷《外集》一卷，明何喬新撰。明嘉靖元年余罃刻本。清丁丙跋。八册。南京圖書館藏（索書號 GJ/KB2033）。《善本書室藏書志》卷三十六葉十五、《江蘇第一圖書館覆校善本書目》集部葉六十一著録作“四明范氏藏書”“有‘四明西郭范氏家藏’印”。《中國古籍善本書目》集部七〇九八號著録。

《田兵部集》六卷，明田汝棶撰。明鈔本。清丁丙跋。二册。南京圖書館藏（索書號 GJ/EB/111761）。《天一閣書目》卷四之一集部一著録作“朱絲闌鈔本”[1]。《善本書室藏書志》卷三十六葉十五、《江蘇第一圖書館覆校善本書目》集部葉六十八著録作“天一閣藏書”。《中國古籍善本書目》集部七六八〇號著録。

以上十三部書，其中《燕几圖》《文房圖贊》均爲《欣賞編》零種，若合併爲叢書，則總數爲十二部。如按版本分類，則爲元刻本一部《增修互注禮部韻略》，明刻本四種《燕几圖》《文房圖贊》《忠滑公詩集》及《椒丘文集》，其餘八部均爲明鈔本。

二

《善本書室藏書志》對天一閣藏書的著録體例並不統一，大體可以分爲三種情況，一是在藏書來源項直接注明藏書來源或收藏者爲天一閣或范氏。按照《善本書室藏書志》的體例，每部書之書志首行大字著録書名卷數，其下以小字著録版本和藏書來源（只有部分書著録藏書來源），藏書來源主要表明此書曾經名家收藏，以示珍稀。這種情況又可分爲三小類，第一類著録作“天一閣藏書”，有《急救仙方》《仙傳外科集驗方》《寓簡》及《田兵部集》四部。第二類著録作“甬東范氏藏書”或“甬東范氏舊藏”，有兩種，即《增修互注禮部韻略》及《皇極經世書卦玄玄集》。第三類著録作“四明范氏藏書”，僅一部，即《椒丘文集》。第二種情況是在版本項或書志正文中注明爲天一閣藏書。共有三部，即《儀禮戴記附記》，版本項作“明天一閣舊鈔本”；《甄正論》，書志中云“爲天一閣舊藏”；《道德元經原旨》，書志中云“當是甬東范氏遺籍”。第三種情況是在《善本書室藏書志》無明確資訊表明其爲天一閣藏書，根據《江蘇第一圖書館覆校善本書目》著録范氏天一閣藏書印確定，共有三部書，即《燕几圖》《文房圖贊》及《忠滑公詩集》。

丁氏八千卷樓所收天一閣藏書雖然僅有十三部，也能體現出天一閣藏書的一些特徵，比如從内容方面來説，子部書、尤其是跟道教及《道藏》相關的書比較多。從版本上來説，絶大部分都是明刻明鈔本。從流傳方面看，十三部書全部經丁氏收藏、題跋，最終入南京圖書館收藏。

此外還有兩種書很可能也是天一閣流散書：

《四書經疑貫通》八卷，元王充耘撰。明鈔本［四庫底本］。清丁丙跋。二册。南京圖書館藏（索書號 GJ/EB/112320）。《善本書室藏書志》卷四葉十六、《江蘇第一圖書館覆校善本書目》經部葉二十、《中國古籍善本書目》經部三三四一號著録。此本首葉有翰林院印，當爲四庫底本，又《四庫全書總目》著録此書爲“浙江范懋柱家天一閣藏本”①，則此本很可能即天一閣藏書。

《觀林詩話》一卷，宋吴聿撰。明鈔本［四庫底本］。清丁丙跋。一册。南京圖書館藏（索書號 GJ/EB/111980）。《善本書室藏書志》卷三十九葉二十八、《江蘇第一圖書館覆校善本書目》集部葉八十一、《中國古籍善本書目》集部二〇三三二號著録，均未言爲天一閣藏書。此本首葉有翰林院印，卷中多有校語，當爲四庫底本，又《四庫全書總目》著録此書爲“浙江范懋柱家天一閣藏本”②，則此本很可能即天一閣藏書。

三

丁氏不僅收藏了十幾部天一閣流散書，而且結識了范欽十世孫范彭壽。彭壽原名多樞，字寅卿，寧波府學生③。於是丁氏可以通過范彭壽借鈔天一閣藏書。范彭壽爲丁丙所寫挽詩中云：“爰給筆札補闕佚，閣下布席招同儔。”④即指丁氏向借鈔藏書事。檢《善本書室藏書志》，丁氏借鈔天一閣藏書至少有《揚州賦》《續揚州賦》《朝鮮賦》三種，如關於《揚州賦》《續揚州賦》，丁氏云：“范氏天一閣劫後尚存此書，因録之。”⑤關於《朝鮮賦》，丁氏云：“范氏天一閣有藏本，此從而鈔之也。”⑥

① （清）永瑢等：《四庫全書總目》，中華書局，1965年，第300頁。
② 同上，第1785頁。
③ 袁慧：《范欽評傳》，宁波出版社，2003年，第151頁。
④ （清）丁立中輯：《宜堂類編》卷十二，周膺、吴晶主編《杭州丁氏家族史料》第二卷，當代中國出版社，2016年，第162頁。
⑤ （清）丁丙《善本書室藏書志》卷十二葉十四，第538頁。
⑥ 同上，第541頁。

丁氏在撰寫《善本書室藏書志》時，多次利用天一閣的有關書目來討論相關問題。如關於《增修互注禮部韻略》，丁氏云“今檢《天一閣見存書目》”云云[1]，其所檢當即薛福成主持編刊之《天一閣見存書目》。如《范圍易數明斷精義》，丁氏云“按《天一閣書目》術數類”云云[2]。如《庾開府詩集》，丁氏云：“錢氏述古堂、范氏天一閣所藏皆是此本。”[3]如《杜審言集》，丁氏云：“天一閣范氏、海源閣楊氏書目均載此書。”[4]如此類者甚多，據不完全統計，當在二十條以上。

四

中國古代的藏書家可以分爲兩種基本類型，文本性收藏和文物性收藏。文本性收藏大體與書籍出現同步，而文物性收藏則出現很晚，直至明代纔逐漸開始，至明代中期成爲一種較爲普遍的藏書理念[5]。自此之後，逐步成爲主流藏書理念。凡大藏書家，無不重視書籍之文物性。范欽創立天一閣在明中葉，正值此種理念初步形成之時，當時從事書籍的文物性收藏者尚屬少數，范欽的藏書以實用爲主，因此屬於文本性收藏。丁氏八千卷樓起於晚清，作爲晚清四大藏書家之一，重視書籍文物性是必然的。也就是說，在那個時代，凡是有意從事藏書之事者，無不喜收珍稀善本古籍。但丁氏在此之外，又有自己的特色，在四大藏書家中，丁氏特別重視文本性收藏，這一理念突出地表現爲其對四部基本典籍的廣泛搜羅。如《八千卷樓書目》以《四庫全書》爲標準編排，頂格者爲文淵閣著録書，低一格者爲四庫存目書，低兩格者爲四庫未收書[6]。繆荃孫稱贊丁氏《善本書室藏書志》：“實能上窺《提要》，下兼上禮居之長，賞鑒、考訂兩家合二爲一，可謂書目中驚人秘笈矣。”[7]如果用這句話來評價整個丁氏藏書，是很恰當的。

（作者爲天一閣博物館副研究館員）

① （清）丁丙：《善本書室藏書志》卷十二葉二十，第461頁。
② 同上，第595頁。
③ 同上，第674頁。
④ 同上，第676頁。
⑤ 李開升：《古籍之爲文物——明代出現的新型藏書家》，載其《古籍之爲文物》，中華書局，2019年，第3—17頁。
⑥ 羅榘：《八千卷樓書目》敘二，《續修四庫全書》第921册影印民國十二年錢塘丁氏鉛印本《八千卷樓書目》，第63頁。
⑦ 繆荃孫：《善本書室藏書志序》，載（清）丁丙《善本書室藏書志》卷首，第391頁。

後　記

2017 年是南京圖書館建館 110 周年，作爲一批入館不久的年輕人，我們深深感受到了南京圖書館悠久的歷史文化傳統。而南圖得以在公共圖書館古籍收藏領域有如此重要的地位，其基礎正是清末四大藏書樓之一的丁氏八千卷樓藏書的整體入藏。不過，當我們這些年輕人去翻閱南圖館史的時候，發現由於種種原因，南圖在建館的歷史上並未真正舉辦過一次活動，以紀念和表彰丁氏家族在中國藏書史上的貢獻。這讓我們深切感受到，南圖如此悠久的歷史文化傳統，怎樣纔能更好地傳達給大衆，傳達給現在的年輕同事們。

2019 年正值八千卷樓主人丁丙逝世 120 周年，於是在 2018 年末的時候，歷史文獻部活動組的年輕人萌發了以舉辦藏書展的形式紀念這位藏書家的想法。經過一段時間的準備，我們在資料收集和藏品選擇上有了較爲成熟的考慮，於是就向領導提出了這個想法。部門領導和館領導都對此十分重視，積極支持這一活動，並更進一步將此次展覽定位爲長三角地區公共圖書館館間的聯合活動。因爲丁氏藏書雖大部分爲江南圖書館（今南京圖書館）購得，但仍有部分圖書在售出之前已流散，或在戰爭年代從館内散出，而這些零星的八千卷樓藏書主要在長三角的浙、滬兩大省級公共圖書館中。並且，作爲丁氏故里的浙江，以及丁氏曾流寓的上海，兩地與丁氏家族有著千絲萬縷的關係。同時，長三角一體化已上升爲國家戰略，在這一戰略中，文化領域的合作自然也是題中之意。所以，在積極布展的同時，館領導也向上海圖書館、浙江圖書館發出了邀請，希望能有兩地所藏八千卷樓藏書參展。終於，在三地領導的統籌協商下，浙江圖書館藏的八千卷樓珍本來到了南圖，其中還有丁氏刻《武林掌故叢編》的雕版，這在以往的展覽中較難得見。隨後，上海圖書館藏五部古籍也來到了南圖，其中的《丁氏家譜》更是讓我們見到了之前許多不爲人知的丁氏家族“秘密”，和八千卷樓歷代主人的“真容”。

最終，在2019年4月12日，“家國書運——八千卷樓藏書特展”於南京圖書館隆重開幕。此次活動由南京圖書館、江蘇省古籍保護中心、江蘇省圖書館學會古籍整理與文獻保護專業委員會主辦，南京圖書館承辦，上海圖書館與浙江圖書館提供部分藏書支援。這是南圖首次從他館借展，實現了八千卷樓丁氏文獻一次歷史性的合展。開幕式於早上9點30分在南圖負一樓展廳舉行。中國古籍保護協會會長劉惠平、南京圖書館黨委書記韓顯紅、浙江省圖書館古籍部主任陳誼、南京十竹齋董事長陳衛國出席，另有特邀專家學者、圖書館界同仁到場參加。儀式由南京圖書館副館長、江蘇省古籍保護中心主任全勤主持。劉惠平、韓顯紅、陳誼分别致辭。劉惠平會長在致辭中肯定了江蘇省古籍保護中心重視支持、積極推動古籍保護的各項工作，高度評價了丁丙等古代藏書家對古籍與文化傳承的巨大貢獻，鼓勵公共圖書館繼續挖掘古籍的使用價值，進一步發揮社會教育功能，實現中華傳統文化的創造性轉化與創新性發展；韓顯紅書記對各位領導與嘉賓的到來表示歡迎，對上海圖書館和浙江圖書館對此次展覽的大力支持表示感謝，並着重介紹了丁丙和八千卷樓書歸南圖的歷程，以及南圖對八千卷樓藏書的保管與整理利用情況，體現了南京圖書館薪火相傳、服務社會的精神；陳誼主任在致辭中贊揚了丁氏家族藏書護書、化私爲公的家國情懷，簡述了兩館的歷史淵源與文化使命，表達了在新時期加强館際合作交流，構建長三角公共圖書館服務一體化的期望，並預祝此次活動圓滿成功。而爲了深化此次展覽的内涵與學術價值，南圖還舉行了“2019古籍整理與保護學術研討會：丁丙先生逝世一二〇周年紀念”。南京師範大學研究員江慶柏、南京大學教授徐雁平、浙江大學教授陳東輝、南京師範大學副教授蘇芃、天津師範大學副教授石祥、天一閣博物館副研究員李開升、國家圖書館出版部副研究員馬學良等專家學者，圍繞八千卷樓藏書的歷史、文化以及丁氏家族做了七場高品質的學術報告。

劉惠平會長致辭

韓顯紅書記致辭

全勤副館長主持開幕式

與會專家合影

展覽甫一開幕，便受到了社會廣泛關注，反響熱烈。衆多專家學者、高校師生以及廣大市民前來參觀交流，許多人更是專程從外地趕來看展。現場設置的古籍刷印和鈐印互動體驗區，更是吸引了大量讀者參與其中。各大媒體對展覽也表現出了極大的興趣，展覽預告發布之後，《現代快報》記者便主動聯繫采訪，發布《南圖曬“家底”了！八千卷樓藏書特展 4 月 12 日開幕》的報導。展覽開幕後，《新華日報》《揚子晚報》《現代快報》《藏書報》《中國文化報》等報紙陸續推出專題報導；江蘇電視臺、南京電視臺、浙江廣電等多家電視臺的記者前來采訪，播報展覽盛况；“學習强國”平臺以及國家古籍保護中心、中國古籍保護協會等微信公衆號也先後推送了相關信息。4 月 16 日下午，展覽現場迎來了一位特殊的觀衆——丁氏後人丁如霞女士。丁女士是西泠印社創始人之一丁仁的孫女，爲丁申的五世孫，目前長期居住在日本。近日她恰巧在杭州，得知此次展覽在南京圖書館舉辦，立即退了返日機票，親赴南京觀展。在仔細觀覽了數十部丁氏藏書後，她表達了自己的感動之情，“這次展覽在丁丙逝世 120 周年舉辦，非常有意義，這是對丁氏先人最好的紀念，非常感謝南京圖書館在守護傳承這些遺産的同時能夠辦一場這樣的專展。”她激動地説。

丁如霞女士（中）與工作人員合影

讀者參觀

展覽結束後我們仍有很多遺憾，還有很多不足的地方有待改進，但這種將藏書爲公衆展示的理念深深地印在了我們心中。今日公藏的蔚爲大觀，從某種程度上來説是昔日私藏的苦心經營。而今日公藏能爲更廣大的人民群衆服務，這又是昔日私藏難以做到的。我輩職司，當守住前人苦心經營的遺澤，並不斷將這些藏書披露給公衆，爲中國藏書文化的傳承與發揚做出自己的努力。

南京圖書館歷史文獻部